JN127840

1850年のマルクスによる

経済学研究の再出発

橋本直樹

八朔社

凡　例

本書では，もっぱら章ごとに参考文献を示したが，表記の簡略化のために略号・略称，記号等が用いられている場合もある。それらの示すところは，割注・脚註等で特別の断り書きがない限り，以下のとおりである。

（文献）

1. Karl Marx/Friedrich Engels Gesamtausgabe (MEGA), Berlin 1975-. 略号：*MEGA*² これに，I/10 などと続くローマ数字および算用数字は，それぞれ部門および巻を示す。略称：新『メガ』
2. *MEGA²*, *Probeband*, Berlin 1971. 略号：*Probeband* 略称：新『メガ』試作本
3. Karl Marx/Friedrich Engels historisch-kritische Gesamtausgabe, Frankfurt am Main/Berlin/Moskau 1927-1935. 略号：*MEGA¹* 略称：旧『メガ』
4. Karl Marx/Friedrich Engels Werke, Berlin 1960-1990. 略号：*MEW* これに，Bd. 7 等と続く算用数字は，巻を示す。略称：『著作集』。邦訳は『マルクス／エンゲルス全集』（大月書店）が対応しているので，訳文を示すさいには『全集』とも略記する。
5. Der Bund der Kommunisten. Dokumente und Materialien. 3 Bde, Berlin 1970/1982/1984. 略号：*BdK* これに続く Bd. 2 ないしは 2 等の算用数字は巻数を示す。略称：『史料集』
6. マルクス・エンゲルス研究者の会 編集・発行『マルクス・エンゲルス・マルクス主義研究』（発売：八朔社，1985 年～）。略号・略称：『研究』
7. Herwig Förder: Zu einigen Fragen der Reorganisation des Bundes der Kommunisten nach der Revolution von 1848/49. In: *Beiträge zur Marx-Engels-Forschung*, H. 4, Berlin 1978, S. 23-67.（拙訳「1848/49 年革命後の共産主義者同盟の再組織の若干の問題について」（上）『研究』第 2 号，1988 年 1 月，81～103 ページ；（中）同誌，第 3 号，同年 4 月，49～59 ページ；（下）同誌，第 4 号，同年 7 月，19 ～ 35 ページ）。略記：Förder 1978

（記号）

1. ……：引用において，原著者の省略
2. ［　］内：引用にさいしての引用者による補足。［……］は引用者による省略
3. ／：引用原文においては段落切れである箇所
4. 引用中で，傍点・圏点等は特に断らない限り原著者による。

まえがき

1

1848 年革命の退潮とともに，1849 年 8 月 24 日，マルクスは大陸からロンドンへと亡命を余儀なくされた。その翌年，1850 年は彼の思想形成においてかなり大きな比重を占める時期であるとされている。

同年 3 月の，マルクス／エンゲルスの手になる共産主義者同盟中央指導部の「よびかけ」や，『新ライン新聞。政治経済評論』第 2 号ならびに第 4 号に掲載された「評論〔1-2 月〕」と「評論〔3-4 月〕」では，革命の高揚の再来が予測され，それに対応して同盟のとるべき戦略が定められていた。[(1)] しかしながら，同年 11 月に発行された『新ライン新聞。政治経済評論』第 5・6 号の「評論。5-10 月」では，現在の情勢は新しい革命のきっかけがあたえられたりするようなものではなく，反対に，諸関係の基礎がきわめて安定しており，本当の革命は問題にならないことが述べられている。[(2)] さらに，9 月 15 日の同盟中央指導部の議事録では，「われわれはただちに政権を握らなければならない。それができなければ寝てしまってもかまわない」と主張するヴィリヒ／シャッパーらに対して，そうした主張は結局は小ブルジョア層までをもプロレタリアートと称することになり，真の革命的発展を革命という空文句にすり替える反共産主義的な主張，社会＝民主主義的な主張であると批判されている。[(3)]

マルクスはその後，6 月から利用しはじめたブリティッシュ・ミュージアムで，現在「ロンドン抜粋ノート」[(4)] として知られている 24 冊にのぼる膨大な成果に帰

---

(1) *MEGA*^{2} I/10, S. 254-263, S. 211-223, S. 301-304; *MEW*, Bd. 7, S. 244-254, S. 213-225, S. 292-295.

(2) *Ibid*., S. 466/467; *Ibid*., S. 440.

(3) *Ibid*., S. 578; *Ibid*., Bd. 8, S. 598; *BdK*, Bd. 2, S. 268.

(4) *MEGA*^{2} IV/7 にノートI～VI（1849 年 9 月～1851 年 2 月），IV/8 にノートVII～X（1851 年 3 月～6 月），IV/9 にノートXI～XIV（1851 年 7 月～9 月）が収録されて刊行済み，IV/10 にノートXV～XVIII（1851 年 9 月～1852 年 6 月），IV/11 にノートXIX～XXIV（1852 年 7 月～1853 年 8 月）が収録され，今後刊行される予定である。

着する経済学研究を，9月頃から本格化させていく。

当面する革命についての情勢評価の変化や経済学研究の本格化の原因についてはこれまでに多くの議論がある[(5)]。にもかかわらず，1850年前後にマルクスがどのような経済学研究をすすめていたのか，またそれがどのような内容をもっていたのかについては必ずしも十分明らかになっていたとは言い難い。

この間，当該時期に直接関係する新『メガ』諸巻の刊行およびそれにともなう諸資料の公刊があった。① *MEGA*^{2} I/10, Berlin 1977, ② *MEGA*^{2} III/3, Berlin 1981, ③ *Der Bund der Kommunisten. Dokumente und Materialien*, Bd. 2, Berlin 1982, ④ [Nachdruck] *Neue Rheinische Zeitung. Politisch-ökonomische Revue*, rd. v. Karl Marx, Leipzig 1982, ⑤ *MEGA*^{2} IV/7, Berlin 1983 である。これらの資料によって，1848年革命の退潮過程におけるマルクスとエンゲルスの活動にかんして理論・運動・思想各側面から検討することを可能にする基盤が整えられた。

『1850年のマルクスによる経済学研究の再出発』と題する本書は，この検討を試みたものである。

2

この時期について，著者の念頭にはつぎのような理解があった。

1848年革命を迎えるにあたってマルクスとエンゲルスに前提されていたのは，各恐慌を分かつ好況期が失われ，近代社会の存立の手段が革命にしか見出せない時期が到来しつつあるという認識である。そのような時期は，17・18世紀の英仏の諸革命の歴史から，政権掌握階級の転変する永続革命として展望された。その過程では少数者革命が多数者革命に推転する可能性も見込まれていた。この展望下，亡命後も『エコノミスト』の利用等，経済研究を深める努力と共産主義者同盟の再建も試みられる。

---

(5) わが国では，1850年9月の共産主義者同盟の分裂にともないマルクスとエンゲルスの恐慌把握に大きな変化があったとする諸見解が，1970年前後に提起されたことがある。これに対して筆者は，1848年革命の経験は踏まえられつつも，『共産党宣言』以来の基本的な枠組に変化はなく，一貫性を見るべきではないか，との考えを抱いている。恐慌の経済学的把握に変化が生ずるのは，1860年代前半の『資本論』手稿の作成過程においてである。

1850 年中の二人の情勢認識自体はかなりリアルで，好況を捉えていた。彼らの変化はもっぱらその評価のみである。アウグスト・ヴィリヒやカール・シャッパーら分離派による綱領的見地からの離脱とマルクス／エンゲルスの情勢評価における変更とを同一視するのは論外である。フランスの政治情勢の変動により，またドイツおよびロシアのそれも手伝って，マルクス／エンゲルスは5月までは，当初の前提どおり好況を恐慌の一時的中断と見ており，それに応じて革命の第一幕は未だ終わってはいないものと判断していた。いずれ恐慌が再開され，それと同時に革命の再高揚も生じるというのである。が，6月以降，現在の好況は先の革命を生んだ恐慌の終息した結果であり，革命も第一幕は閉じられたとの判断に変わるのである。とはいえ第二幕を開く新たな恐慌の勃発の展望は 1852 年に見込まれていた点に留意する必要がある。

この時期，マルクスとエンゲルスには恐慌論を中心とする経済理論の深化とその普及，革命の総括と新たな展望の提示が求められていた。6月以降のエヴァンズやトゥックの著作，『エコノミスト』等の研究，経済学講義の再開，また，結社の時代錯誤を認め，労働者の党の設立へ向けた努力の開始はその対応であった。

3

本書に収めた各章の役割とそのねらいは以下のようである。

まず第1章には，総論として，本書各章の結論をあらかじめ提示する序論の位置付けをもつ章を置いた。諸結論の提示に際しては，1850 年のマルクス／エンゲルスによる革命の展望と経済学研究とを，共産主義者同盟の諸活動をも視野に収めながら概観し，近年の研究でもっぱら新たに判明した事項を概括的に整理する形式をとった。この時期には，本来詳論すべき論点が多い。それらの詳論が本書でかなわなかった欠を，このような形式でいささかなりとも補おうと試みたのである[(6)]。

---

(6) 本来，この時期について見るには，共産主義者同盟の再組織化の過程を背景とする必要がある。この過程を，『共産主義者同盟。文書および資料』第2巻所収の諸史料を利用して再構成することに努めた拙著『『共産党宣言』普及史序説』第8章をさしあたり参照されたい。そこでは，この過程を便宜的に 1849 年中と 1850 年 3月までと二つに分け，前者では，指導機関たる中央指導部の再構成，各基礎組織からロンドン中央指導部へ

第2章からが各論となる。

第2章ではロンドン亡命直後のマルクスの経済学研究の実際を見た。その素材として，新『メガ』第Ⅳ部門第7巻に初めて収録された「1849年の『エコノミスト』からの覚え書」を用いた。採用した手法は，この「覚え書」と『新ライン新聞。政治経済評論』第2号所収の「評論〔1-2月〕」ならびに第4号所収の「評論〔3-4月〕」との比較検討である。その結果，①新『メガ』編集者らの結論を，執筆時期のより詳細な確定等を行いつつ，追試・確認し，②マルクスがすでにロンドン亡命直後から1848年革命の分析の中心に恐慌とイギリスの問題とを据え，この研究のための具体的知識を『エコノミスト』に求めていたこと，しかしながら，③そこからはまだ不備な材料に基づく半ば先験的な大きな制約をもつ結論しか得られていなかったことを，明らかにしている。

第3章はマルクスの経済学研究とともに重要な共産主義者同盟での活動を見ている。素材として利用したのは「六月のよびかけ」である。その起草者は，通説ではマルクス／エンゲルスを中心とする共産主義者同盟中央指導部であるとされている。それに対して，ヴォルフガング・シーダーは「六月のよびかけ」の起草に両人が大きな役割を演じたとは思えないとの新説を提起した。本章では，シーダーの諸論拠をつぶさに検討し，その新説には必ずしも十分な説得性が備わっていないことを明示して，依然，通説の蓋然性が高いことを説いた。この検討により，この時期には同盟の一定の再建が，困難をともないつつも，果たされたことを確認している。

第4章から第7章までの四つの章では，『新ライン新聞。政治経済評論』第5・6合冊号所収の各論稿を扱った。それらが共産主義者同盟の分裂と密接に関連しているからである。

第4章では，『ドイツ農民戦争』第Ⅵ章第2段落における革命党による時機尚早の政権掌握に対するエンゲルスの懸念表明を素材とし，その背景と意義を考察した。その結果，①そこにはむしろ懸念される諸困難を克服するための目的意識的活動の展開の可能性が潜在していること，②それが考慮されなか

の連絡の漸次的回復過程，機関誌とともに当時の党の意思形成にとって重要であった特使の派遣が中央指導部によって決定される意味について考察し，後者では，1849年末頃より開始された中央指導部の各地方班にたいする新たな指導とそれにたいする各班の対応を跡付け若干の考察を加えている。

った事情には，トーマス・ミュンツァー描写という文脈，小ブルジョアジーが次の政権を掌握するとの展望を彼らに抱かせた遅れたドイツ，労働運動の弱体等，主・客両面の制約があり，③殊にこれらに無思慮な共産主義者同盟分離派の冒険主義への批判となっていたこと等を，詳細に明らかにした。素材はエンゲルスの論説であるが，筆者は，この論点では当時マルクスもエンゲルスと同じ見解であったものと考えている。

第5章では『新ライン新聞。政治経済評論』第5・6合冊号に掲載されたヨハン・ゲオルク・エッカリウスの論文「ロンドンにおける仕立て（裁縫）業」を取り上げ，その内容を立ち入って紹介した。この論文は，マルクスの協力を得て執筆された可能性の高いものである。そのため，マルクスが1850年夏以降行った経済学研究の内容を伝える資料の乏しいなかで，その一端をかいま見せてくれる貴重な文書である。1850年9月のマルクスらの経済情勢評価の変化や当時の社会運動の動向にも目配りしながら，この論文の理論史的意義と運動史的意義とを確定することに努めた。

第6章では，新『メガ』第Ⅳ部門第7巻に初めて収録されたマルクスによるエヴァンズ著『商業恐慌』からの「抜粋」を検討した。その結果，①マルクスらが「評論。5-10月」の前半三分の一で1847年の恐慌史を描いた部分が，ほとんど本「抜粋」ならびにエヴァンズの著書を利用してのものであること，そこから，②マルクスらの積極的主張はこの部分の導入部にある過剰生産視点からの恐慌把握にあることを，③エヴァンズの著作自体の紹介とともに，明らかにした。

第6章末に置いた【補論】では，マルクスが唯物論的歴史観を定式化するさいに，「上部構造（Überbau）」という用語は『エコノミスト』のいくつかの論説におけるsuperstructure等の用例に想を得た可能性があることを指摘している。試論としてご検討いただければ幸甚である。

第7章では，新『メガ』第Ⅳ部門第7巻で初めて公にされた「ロンドン・ノート」第Ⅲ冊の「エコノミスト抜粋」を検討した。その中で，①マルクスらが「評論。5-10月」の中間三分の一で1848年革命後のヨーロッパの繁栄を論じた部分の多くがこの「抜粋」を利用してのものであること，それゆえ，②1850年10月12日～18日の作成であるとその日付を確定するとともに，③「評論」におけるマルクスらの積極的主張を「抜粋」利用箇所以外の箇所にあると特定し，それらを7点にわたって抽出した。

補論として，三つの章を置いた。

第8章は，1850年にローラント・ダニエスルによって作成されたマルクスの蔵書目録について，その重要性に鑑みて，再調査の必要性を指摘したものである。『ドイツ・イデオロギー』「フォイエルバッハ」章における唯物論的歴史観の端緒的形成や『共産党宣言』の執筆に際して，どのような源泉が潜んでいるのかを明らかにする上で，マルクスの蔵書が確定していることは非常な便宜となるからである。とはいえ，この蔵書目録には依然として未解明の点が多く残っている。そのため，本章では，マルクスが付した星印と番号付の問題を論じた初出稿に，この問題にのみ限定して，現時点での筆者の暫定的推定を加えることとした。

第9章は，レーニンの『なにをなすべきか？』のエピグラフに据えられている「党派闘争」にかんする章句についての考察である。その章句が記された手紙の執筆者ラサールと受信者マルクスとのあいだの関係を，1852年当時に遡及して検討し，その章句の含意を明らかにしようと試みている。併せて，亡命中のマルクスと大陸の活動家ラサールとの関係を，亡命中のレーニンとロシア国内の活動家との関係と対比して考察する視点を提出した。

第10章は第9章の補節である。第9章の立論にさいして基礎的問題となったのは，F. メーリング編の4冊本『カール・マルクス，フリードリヒ・エンゲルス，フェルディナント・ラサールの文献的ナーッハラスから』のうちマルクス，エンゲルスに宛てられたラサールの書簡集の出版時期であった。それを確定しようと努めたさいのエピソードである。併せて，雑誌の製本にさいして表紙を取り去る弊害を論じた。表紙にのみ記載されている諸情報が保持されないことになり，研究上に困難が生じるからである。そのような場合があることを，『ノイエ・ツァイト』誌の発行日により例証した。また，現在稀覯となった感のある未製本の同誌の表紙写真を紹介している。

目　次

装幀：高須賀優

第1章　マルクス／エンゲルスの諸活動（1849/50年）

I　恐慌・革命の展望と錯綜する情勢観

カール・マルクスとフリードリヒ・エンゲルスは，すでに二月革命勃発以前に，共産主義者同盟の委託に応えて起草したその綱領『共産党宣言』において，経済恐慌と革命についての理論的把握を行っていた。恐慌は過剰生産にその根源をもつ。近代的生産諸力が，ブルジョアジーと彼らの支配との生存諸条件である近代的生産諸関係にたいして，巨大になりすぎたことで引き起こされる。それは恐慌を介して「ブルジョア社会全体を無秩序におとしいれ，ブルジョア的所有の存立をあやうくする」(*MEW*, Bd. 4, S. 468) に至る，と。また，彼らはそれまでのイギリスやフランスの市民革命を「お手本」として，差し迫る革命の過程を見通した。革命は仏独のブルジョア民主主義革命として勝利して以降も，長期の変転に満ちた多数者革命への過程をたどる。はじめのうち革命は少数者たちによってのみ指導される。共産主義者同盟員など自覚した人々であって，彼らは革命の目標を社会の最下層にある大多数者，プロレタリアートの利益のための社会変革に据えている。だが，革命がイギリスを含むヨーロッパ全域へと拡大してゆくのにともなって，のちにはプロレタリアート自らが革命の意義を理解し始める。彼らが立ち上がり，闘争の先端へと押し上げられ，この革命はプロレタリアートの究極の勝利をもってのみ終わらざるをえない，というのであった[(1)]。

『宣言』における戦術はこのような見通しに即して定められていた。ブルジョアジーにたいするプロレタリアートの闘争は国際的である。とはいえ，各国のプロレタリアートはまずもって自国のブルジョアジーをかたづけなければならな

(1)　マルクス／エンゲルス『共産党宣言』(*MEW*, Bd. 4, S. 473, 479, 481/482) およびエンゲルス「マルクス『フランスにおける階級闘争』1895年版序言」(*MEGA*², *Probeband*, S. 222-224; *MEW*, Bd. 7, S. 514-516) の回想による。

い。それゆえ，ブルジョアジーがすでに優勢な国々では，プロレタリアートはそれに対してのみ戦闘を行う。他方，ブルジョアジーがまだ政権に就いていない国，例えば「ドイツでは，共産主義者の党は，ブルジョアジーが革命的に立ち現れるやいなや，ブルジョアジーと共同して，絶対君主制，封建的土地所有および小市民層にたいしてたたかう」(*MEW*, Bd. 4, S. 492)。ヨーロッパ各国の状況にあわせてプロレタリアートの運動は，このように種々の形態をとることが求められていた。だが，いずれにせよ，「労働者たちのあいだに，ブルジョアジーとプロレタリアートの敵対的対立についてのできるだけはっきりした意識をつくりだすことを，いかなる瞬間もおこたりはしない」のであって，民主主義運動の最左派の立場を貫くこととなっていた (*ibid*, S. 493. 下線は引用者)。

1848 年の二月／三月革命勃発後，その年の末頃までには，周知のように二人の抱いていたブルジョアジーに対する期待が裏切られたことが明らかとなる。翌 1849 年の春に彼らはその戦術を変更する。1847 年末にすでになされていた講演，資本と労働とのあいだの敵対的関係を明瞭にする「賃労働と資本」が『新ライン新聞』に連載される[(2)]。

後から見れば革命の潮はほとんど引いてしまっていたと分かるその 8 月 26 日，マルクスは以後そこで過ごすこととなる亡命地ロンドンに到着する。エンゲルスも 11 月 10 日頃，合流する。彼らが直面した最重要課題は，共産主義者同盟を再建することであった。中央指導部の再組織や各地の同盟班ならびに労働者協会との連絡の回復，ドイツ人政治亡命者の救援活動のための委員会設立とそこでの小ブルジョア民主主義者との闘争，同盟の思想的な脈管系統となる『新ライン新聞。政治経済評論』の発行準備等である。『評論』誌上には，同盟の諸文書や彼らの周囲の人々への手紙で表明されたものにもまして，この時点で革命を総括した理論的諸成果が公にされた。同盟を再建するためには，当面の政治的展望を種々の形で示すことが不可欠であった。

彼らの目はまず政治情勢に注がれた。日々変動する政治情勢の変化と発展のなかに当面の革命の見込みを吟味し，その都度の同盟の対応を定めようとし

---

(2) 1848 年革命における戦術転換については，Rjazanov, D., *Marx und Engels nicht nur für Anfänger*, Berlin 1973, S. 71-86 ならびに服部文男「二月革命のなかで──『新ライン新聞』──」杉原四郎・佐藤金三郎編『資本論物語』有斐閣，1975 年 9 月，91～93 ページ。

たのである。とりわけ注目されたのは，新たな革命の起点となりうる各地のさまざまな政治的危機であった。多くはフランス社会内部の階級戦がフランスで革命を勃発させる見込みである。また神聖同盟諸列強との「世界戦争」が，あるいはロシアの軍事的介入をきっかけとした「ヨーロッパ戦争」が勃発する見込みである。情勢分析に占めるそれらの比重はそれぞれの時点で変化した。また，その他の諸事件も注目されて彼らの情勢評価を大きく制約した(3)。

彼らの革命の展望における「主要問題はイギリス」(*MEGA*^{2} Ⅲ/3, S. 34；*MEW*, Bd. 27, S. 503) の動向であった。つまり，諸事件によって引き起こされる初発の革命がコップのなかの嵐にとどまらず継続されるためには，世界市場を支配するイギリスがそのような大陸の動きに巻き込まれなければならない。フランスにはプロレタリアートが単独で政権を掌握するための諸条件が欠けているのに対して，イギリスでは多数者のための革命の諸条件がもっともよく備わっているからである。イギリスのプロレタリアートが運動の先頭に駆り立てられ，彼らが政権を掌握することが，長期にわたる革命の第一の過程の成果であり，かつ「労働者の任務」(*MEGA*^{2} Ⅰ/10, S. 182；*MEW*, Bd. 7, S. 79) が解決される息の長い革命の第二の過程のようやく出発点をなす，というのである。

次に彼らが注目したのは当面の経済情勢であった。あいたたかう諸党の性格や政治運動全体の基礎をなす経済的諸関係を詳しく科学的に究め，根本的な社会的発展傾向を把握しようとする彼ら本来の姿勢にほかならない。これは政治情勢分析を究極的には制約しつつも，そこからの反作用を余儀なくされた。その分析には二つの焦点があった。一方には全般的好況というリアルな像が現れた。それは亡命直後から一貫して見出され，情勢観全体に占める比重を漸増させつつ1850年11月までには鮮明な像を結ぶに至る(4)。もう一方には恐

---

(3)　5月31日のフランス普通選挙法の廃止をめぐる情勢下，フランスにおける革命の勃発が期待できなくなって以降も，ドイツの情勢はまだ流動的に見えていた。7月初めからシュレスヴィヒ＝ホルシュタインをめぐるプロイセンとデンマークとのあいだの対立が始まっていたし，8月末／9月初めから11月初めにかけてのヘッセンをめぐるプロイセンとオーストリアとのあいだの対立があった。

(4)　1849年12月19日付でマルクスがワイデマイアーに宛てた手紙では，イギリスの政変と大陸での工業，農業および商業のひどい恐慌の勃発への見込みが語られはするものの，「商業がたえず昇り坂にある現時点では，フランス，ドイツ等の労働者大衆は，全商人階級と同様，おそらく口先だけ革命的で，実際にはまちがいなくそうでないから」（下線

慌の勃発という虚像が生じた。現在の全般的好況は1845年秋にイギリスでくるべくして勃発した商業恐慌が，1846年の初めと同様，ただ中断されているだけなのであって，恐慌は間もなく再開される，というこの時期固有の見方に基礎づけられていた（*MEGA*² I/10, S. 217；*MEW*, Bd. 7, S. 219）。

1849年から50年中にかけてのマルクスとエンゲルスの情勢評価[(5)]については，従来，種々の見解が見られた[(6)]。マルクスとエンゲルスは革命家である。「革命へのなんらかの望みが存在しているかぎりは，1850年における新たな革命の勃発を期待していた[(7)]」。それは「主観的待望」ではなくて，「革命的情勢をつくりだすかもしれない」諸契機を探りつつ「可能な見通しの一つとして書い

は引用者），「もし〔大陸の〕革命がそれ〔恐慌〕以前に突発すれば〔……〕私の考えでは困ったことになるだろう」（*MEGA*² III/3, S. 52；*MEW*, Bd. 27, S. 516）と懸念が表明されている。また，1850年11月に発行された『新ライン新聞。政治経済評論』の最終号である第5・6号合冊中のマルクス，エンゲルス「評論。5-10月」での表明は周知のところである。「すべての商業部門に改善が生じ，繁栄への決定的傾向をもった新しい産業循環が始まっている」（*MEGA*² I/10, S. 455；*MEW*, Bd. 7, S. 428）。イギリスでは，1848年革命によって大陸から多量の資本がもたらされたために，3月から5月にかけて恐慌は終了した。「このような全般的好況の場合は，ブルジョア社会の生産力がおよそブルジョア的諸関係内で発達しうるかぎりの旺盛な発展をとげつつあるのだから，ほんとうの革命は問題にならない。そうした革命は，この二要因，つまり現代的生産力とブルジョア的生産形態が，たがいに矛盾に陥る時期にだけ，可能である。〔……〕新しい革命は新しい恐慌につづいてのみ起こりうる。しかし革命はまた，恐慌が確実であるように確実である」（*ibid*, S. 466-467；*ibid*, S. 440），と。とはいえ，この時点でも彼らの恐慌勃発の予測は1852年であったことに留意したい。

(5)　これら情勢評価の諸指標は，すでに「1849年12月19日付ワイデマイアー宛マルクスの手紙」のなかに見出される（Förder, Herwig: Zu einigen Fragen der Reorganisation des Bundes der Kommunisten nach der Revolution von 1848/49. In: *Beiträge zur Marx-Engels-Forschung*, H. 4, Berlin 1978, S. 48〔拙訳「1848/49年革命後の共産主義者同盟の再組織の若干の問題について」（下）『研究』第4号，1988年7月，20ページ〕）。

(6)　主なものとして，三宅義夫『マルクス・エンゲルス　イギリス恐慌史論　上巻』（大月書店，1974年），山之内靖『マルクス・エンゲルスの世界史像』（未来社，1969年），淡路憲治『マルクスの後進国革命像』（未来社，1971年），今村仁司「48年2月革命とマルクス歴史理論」（東京経済大学『東京経大学会誌』第72号，1971年5月），西村弘「マルクスの恐慌分析と資本主義認識――1850年代を中心に」（専修大学大学院紀要『経済と法』第14号，1981年9月，133ページ），高須賀義博『マルクスの競争・恐慌観』（岩波書店，1985年）。

(7)　Vgl. Förder, *ibid*, S. 57（拙訳（下）『研究』第4号，30ページ）.

た」[(8)]ものなである。彼らの諸活動を見る場合にはこのような見地がきわめて重要である。

II　正確な情勢分析への努力と共産主義者同盟の分裂

1849年末から経済学講義がマルクスによって始められていた。「ブルジョア的所有とは何か？」といったテーマで，「賃労働と資本」や「土地所有」についてなされ，一時は『評論』への掲載も計画された[(9)]。また，彼はこの頃「1849年の『エコノミスト』からの覚え書」(*MEGA*² IV/7, S. 5-25)[(10)]を書き残している。経済的諸関係の研究には恐慌・革命・イギリス等についての具体的知識が不可欠であった。『エコノミスト』〔『エコノミスト，週刊商業タイムズ，銀行家ガゼットおよび鉄道モニター，政治的・文学的・一般的新聞（*The Economist, WEEKLY COMMERCIAL TIMES. Bankers' Gazette and Railway Monitor: A POLITICAL, LITERARY, AND GENERAL NEWSPAPER*）』〕（第316～321号，1849年9月15日，22日，29日，10月6日，13日，20日の各号）がいち早く利用されていたのである[(11)]。

『評論』の第1号は1850年3月8日に現れる。その「1848～1849年〔のフランスにおける階級闘争〕I」においては「革命の勃発を早めた第二の経済的大事件は，イギリスにおける全般的な商工業恐慌であった」(*MEGA*² I/10, S.

---

(8)　В. И. Ленин, О нашей революции. В: В. И. Ленин полное собрание сочинений⁵, том. 45, Москва, 1982, стр. 378（邦訳『レーニン全集』第33巻，大月書店，1959年，496ページ）。

(9)　*MEGA*² III/3, S. 55; *MEW*, Bd 27, S. 518/519. また「マルクスがここのところ労働者にたいして無料で国民経済学の講義を行っていることは，諸君もすでによくご存知のところである」（『ヴェストドイッチェ・ツァイトゥング』第154号，1849年11月20日付，*BdK*, Bd. 2, S. 49）。

(10)　この「覚え書」は「評論〔1-2月〕」，「評論〔3-4月〕」でも利用されている。詳しくは，本書第2章を参照。

(11)　Vgl. Müller, Wolfgang: „The Economist“ und die Ausarbeitung der revolutionären Theorie durch Marx und Engels. In: *Beiträge zur Geschichte der Arbeiterbewegung*, 1982, 24. Jg., H. 3, S. 388; Jones, Leonard/Müller, W.: Marx und der 'Economist'. In: *Beiträge zur Marx-Engels-Forschung*, H. 6, Berlin 1980, S. 139-147.

123;*MEW*, Bd. 7, S. 16)として，恐慌と革命との密接な連関が把握される。また，「労働者階級のディクタトゥール」(*MEGA*^{2} I/10, S. 139;*MEW*, Bd. 7, S. 33)という概念も初めて顔を出す。[(12)]

フランスにおける3月10日の選挙結果は，革命情勢の再高揚への期待を招いた。[(13)] マルクスとエンゲルスの他，ハインリヒ・バウアー(H. Bauer)，ヨハン・ゲオルク・エッカリウス(J. G. Eccarius)，ザロモン・フレンケル(S. Fränkel)，アルベルト・レーマン(A. Lehmann)，カール・プフェンダー(K. Pfänder)，コンラート・シュラム(C. Schramm)，アウグスト・ヴィリヒ(A. Willich)で再建された同盟中央指導部では二人が中心となり，全同盟員へ宛てた「三月のよびかけ」を起草する。『宣言』における前記の革命構想が1848年革命後，共産主義者同盟内であらためて明瞭に提示されたのである。来たるべきドイツの革命では小ブルジョア層が，三月革命でブルジョアジーの演じたのと同じ役割を演ずる。同盟は小ブルジョアと分界しなければならない。ドイツの労働者は長い革命的発展を経過しつくすことになるのであるが，最後の勝利を得るためには，「自分の階級利益をはっきりと理解し，できるだけはやく独自的な党的立場を占め，一瞬間といえども民主主義的小ブルジョアの偽善的な空文句にまよわされずに，プロレタリアートの党の独立の組織化をすすめなければならない」

---

(12) 「労働者階級のディクタトゥール」概念の初出は，これまでの研究ではこの箇所に先立つ可能性があった。というのは，「ベルンシュタインはそれを「1849年後半」と，モムゼンは「1850年2月12日」と，日付確定して」(M. I. Michailow: Der Kampf von Karl Marx und Friedrich Engels für die proletarische Partei 1849-1852. In: Aus der Geschichte des Kampfes von Marx und Engels für die proletarische Partei. Eine Sammlung von Arbeiten. Berlin 1961, S. 132. 拙訳「カール・マルクスとフリードリヒ・エンゲルスによるプロレタリアの党のための闘争　1849－52年」(上)『研究』第17号, 1992年12月, 102/103ページ)いたミーケルの手紙が先在したからである。が，この手紙の新『メガ』への収録にさいしての考証ではその執筆時期が1850年夏と変更された(*MEGA*^{2} III/3, S. 1324)。なお，*MEGA*^{2} I/10, S. 192; *MEW*, Bd. 7, S. 90; *BdK* 2, S. 133をも参照。

また「1848～1849年〔のフランスにおける階級闘争〕」において「プロレタリアートの階級ディクタトゥール」が詳論されなかった理由を，検閲を考慮したであろうハンブルクの出版者に求める見解にも留意したい(Karl Bittel: Einleitung. In: *Neue Rheinische Zeitung. Politisch-ökonomische Revue*, rd. v. Karl Marx. Eingeleitet v. Karl Bittel, Berlin 1955, S. 11)。

(13) 「3月10日は一つの革命であった」(*MEGA*^{2} I/10, S. 194; *MEW*, Bd. 7, S. 92)。

（*MEGA*² I/10, S. 263；*MEW*, Bd. 7, S. 254）。このような方針は直ちに『評論』第4号の編集にも具体化される。論説「ゴットフリート・キンケル」では小ブルジョア民主主義者キンケルが「仮借ない批判をくわえ」られる。シュニュ（A. Chenu）の著書『陰謀家』の「書評」では，当時の職業的陰謀家たちの節度を欠いた日常と一揆主義や官憲との事実上の内通が本書にもとづいて暴露され，「近代の革命では，全プロレタリアートだけが革命を遂行しうることを，証明した」（*MEGA*² I/10, S. 285；*MEW*, Bd. 7, S. 276）と結論される。

「よびかけ」はまだカール・シャッパー（K. Schapper）を欠いていたものの，ヴィリヒも含め中央指導部で全会一致をみた。展望された革命的高揚の再来は経済の「全般的好況」の到来によって遠退き，その後の政治情勢も変化するなかで，ヴィリヒらは『宣言』や「よびかけ」の方針から逸れて行くことになる。

5月31日のフランス普通選挙法廃止以降の情勢はマルクスとエンゲルスにその評価とそのための理論の厳密化を強いた。ことに基礎過程分析の用具である経済学研究の本格的な再出発が必須となった。マルクスは6月頃から8月頃にかけて経済学の講義を再開し，ブリティッシュ・ミュージアムの入館証を6月19日付で交付される。こうして，彼は6月頃から9月頃にかけて，エヴァンズの『商業恐慌。1847〜1848年』（D. M. Evans：*The Commercial Crisis, 1847-1848*, London 1848）他の経済学書から抜粋をつくり始める。「ロンドン・ノート」の作成開始である(14)。他方，ケルン班の動向をはじめ大陸の同盟組織の状況が特使H. バウアーの帰国報告等によって次第に正確に把握されるに至った。同盟中央指導部の「六月のよびかけ」は革命前の1847年9月の「よびかけ」以来ほぼ2年半ぶりに組織問題を報告したものであって，政治情勢の評価については「新たな革命の勃発は，そう長いあいだ起こらないままでいるわけにはいかない」（*MEGA*² I/10, S. 342；*MEW*, Bd. 7, S. 312）という慎重さの秘められた言い回しがなされるだけとなる(15)。

---

(14)　*MEGA*² IV/7−9.「ロンドン・ノート」については，新『メガ』各巻の「序文」を参照（邦訳〔いずれも八柳良次郎訳〕は IV/7「序文」『研究』第1号，1987年10月，33〜58ページ；IV/8「序文」『研究』第3号，1988年4月，1〜32ページ；IV/9「序文」『研究』第21号，1994年9月，53〜87ページにそれぞれ収録）。なお，八柳良次郎「マルクス「ロンドン抜粋ノート」における貨幣・信用論」東北大学研究年報『経済学』第44巻第1号，1982年6月，65〜83ページをも参照。

(15)　通説ではマルクス／エンゲルスを中心とする共産主義者同盟中央指導部が「六月のよ

このような状況のなか，7月1日にシャッパーがロンドンに到着する。これ以降，中央指導部に分裂の芽が萌してくる。彼は釈放後の2月下旬とロンドンへの途次6月21日頃――したがって「三月のよびかけ」を携えたバウアーの二度にわたるケルン訪問後の時点においてもなお――ケルンを訪れた。彼はいずれの折にもケルン班のメンバーに対してつぎのような計画を語り，「六月のよびかけ」にその批判が垣間見えるケルンの分派的な組織上の試みにさいして有力な役割を果たしたようである。すなわち，「ケルンを全ドイツの指導地区にする」，「同盟の大会を即時に，しかもドイツ国内で招集する」(*MEGA*² I/10, S. 340; *MEW*, Bd. 7, S. 310)(16)といった提案であり，「臨時政府の組閣について語」りもした(*MEGA*² III/3, S. 655)。彼はおそらく7月半ば頃に開かれた会議でも同様の計画を持ち出した(17)。ヴィリヒもドイツにおける革命的行動を準備する提案を行った。

8月の中央指導部の会議では小ブルジョア民主主義者が接触してくるのにともない，それらの運動にどのような態度をとるのかという問題が彼らによって蒸し返された。ドイツ人亡命者社会民主主義救援委員会やロンドン・ドイツ人労働者教育協会においても対立が次第に深まった。協会の多数の労働者はヴィリヒを支持する。マルクスは一時はアメリカへ11月に移民する計画を立てる。9月1日の中央指導部の会議で激論となったシュラムとヴィリヒは，9月11日にアントワープで銃による決闘さえ行うに至った。

この対立は同盟の分裂という事態にまで達するのであるが，それを決定的にしたのが，9月15日の中央指導部の会議である(18)。そこでのシャッパーの見解

びかけ」の執筆にあたったとされている。ヴォルフガング・シーダーによって両人が大きな役割を演じたとは思えないとの異論が提起された(Schieder, Wolfgang: Der Bund der Kommunisten im Sommer 1850. Drei Dokumente aus dem Marx-Engels-Nachlaß. In: *International Review of Social History*, Vol. XIII, 1968, S. 29-57)。が，それには十分な説得性は備わっておらず，依然，通説の蓋然性が高いように思われる(詳しくは，本書第3章を参照)。

(16) Wermuth, C. G. L./Stieber, W.: *Die Communisten-Verschwörungen des neunzehnten Jahrhunderts*. Erster Theil, Berlin 1853, S. 269; *BdK* 2, S. 721.

(17) Vgl. Förder, *ibid*, S. 38 (拙訳(上)『研究』第2号，1988年1月，98ページ).

(18) 以下の三つの段落における引用は，いずれも9月15日の同盟中央指導部の議事録から(*MEGA*² I/10, S. 577-580; *MEW*, Bd. 8, S. 597-601; *BdK*, Bd. 2, S. 268)。

に特徴的なのは，『宣言』から「三月のよびかけ」に至るまで同盟内で一致していたはずのドイツにおける革命についての見通し，とりわけ「来たるべき革命におけるドイツ・プロレタリアートの立場」が否定され，プロレタリアートによる即時の政権掌握が主張されたことである。

この点をマルクスは詳細に批判した。「『宣言』の普遍的な見解の代わりに，ドイツの民族的見解が主張され，ドイツの手工業者の国民感情にこびへつらっている。『宣言』の唯物論的見地の代わりに，観念的な見地が主張されている。現実の諸関係ではなくて意志が革命の眼目だと主張されている。われわれは労働者にこう言っている，「諸君は諸関係を変え，諸君自身が支配能力をもつようになるためには，なお15年，20年，50年間というもの，内乱をとおらなければならない」と」。来たるべき革命についてのマルクスらの展望から見れば，シャッパーらのように同盟とプロレタリアートが「ただちに政権をにぎらなければならない」と主張することは，諸階級の混同に行き着く。政権掌握に至る過程を行く小ブルジョアジーをプロレタリアートであると宣言し，相互の混同を誘発するからである。それは小ブルジョアジーを，唯一革命を遂行しうる階級であるプロレタリアートと称することであり，「「プロレタリアート」という言葉がたんなる空文句としてつかわれて」しまっている。小ブルジョア，手工業者の多い「ドイツの民族的見解が主張され，ドイツの手工業者の国民感情にこびへつらっている」ことにもなろう。また，万一プロレタリアートに時機尚早の政権が獲得された場合，このような混同によってどのような政策的な歪みが引き起こされるのかは，のちに「ドイツ農民戦争」のなかでエンゲルスによって詳しく批判されるであろう（本書第4章参照）。

この会議でのマルクスの提案にもとづき，中央指導部の移されたケルン地区は，12月に同盟員に宛てた「よびかけ」を出すが，そこではこう述べられている。

> 「その〔ヴィリヒらの主張の〕根底におかれているものが，同盟の諸原則や，この諸原則にもとづいて従来同盟が遂行してきた政策に真っ向から反する原則であることを確認するにいたった」，「それは，1848年の党宣言や，党の政策をくわしく展開した本年の第一の『中央指導部のよびかけ』の筆者たちを非難しているのであった。いな，それは，そうすることで，『宣言』と党の政策そのものを非難しているのであった」（*BdK*, Bd. 2, S. 324/325; *MEW*, Bd. 7, S. 562/563）。

なお，革命の時期については，マルクスらも前述のとおり1852年であって，ヴィリヒらとは「一年半の差しかなく」，そもそも問題となりえなかった。[(19)]

Ⅲ 『評論』最終号収録諸論説――経済学研究の再出発と分離派批判

『新ライン新聞。政治経済評論』第5・6合冊号には4篇の論説が掲載された。巻頭にエンゲルスの「ドイツ農民戦争」。ついでマルクス／エンゲルス名義の「社会主義的，共産主義的文献」，エッカリウスによる「ロンドンにおける仕立て（裁縫）業，あるいは大資本と小資本の闘争」。巻末がマルクス／エンゲルスの「評論。5-10月」である。

「ドイツ農民戦争」はエンゲルスが1849年末以来暖めていた構想の具体化であった。シュトゥットガルトで1841～43年に刊行されたヴィルヘルム・ツィンマーマンの著作『大農民戦争全史。未刊・既刊の資料による』第1～3部を素材とし，このドイツ史の一大事件を唯物論的歴史観の立場から描いたものである。とはいえ実際執筆に充てられたのは1850年夏のようであり，内容的にも革命敗退の省察とともに，分離派批判の諸章句が加えられている。まず，「Ⅲ［大農民戦争の前史（1476～1517年）］」の冒頭にはこうある。「プロレタリアートそのものがますます革命的になっていくにつれて，この都市平民的・プロレタリア的禁欲主義がその革命的性格を失っていく」（*MEGA*^{2} I/10, S. 394；*MEW*, Bd. 7, S. 360）。のちにケルン中央指導部は「12月のよびかけ」のなかで分離派を「あの昔の一般的な禁欲主義の立場」として批判する。エンゲルスはこの立場の歴史的意義と限界とをあらかじめ指摘したのであった。また，「Ⅵ［テューリンゲン，エルザス，オーストリアの農民戦争］」の第2段落では革命党による時機尚早の政権掌握に懸念が表明される。「およそ極端党の指導者が遭遇する

---

(19) Vgl. Förder, *ibid*, S. 56/57 u 59（拙訳（下）『研究』第4号，29～32ページ）．ヴィリヒとその支持者であるシェルトナー，ディーツとシャッパー，フレンケル，レーマン，ゲーベルトら古参の同盟員とで構成された分離派のロンドン中央指導部は1851年春，各地区に第二の「よびかけ」を宛てたが，その政治情勢概観では1851/52年に世界戦争か社会革命かいずれかが始まる公算が大きいと見ていた。なお，同盟の分裂については，さしあたりMichailow: *ibid*, S. 145-167（拙訳（中）『研究』第18号，1993年9月，86～89ページならびに拙訳（下）『研究』第19号，1993年12月，52～72ページ）を参照。

ことでこれ以上悪いもののありえないのは，自分の代表する階級が支配権をにぎりうるほどにも，またこの階級の支配に必要な方策を実行しうるほどにも，まだ運動が熟していない時期に，政権をにぎることをよぎなくされる場合である」（*MEGA*² I/10, S. 431; *MEW*, Bd. 7, S. 400）。その懸念の諸根拠は，当時のエンゲルスらにドイツにおけるつぎの政権掌握階級は小ブルジョアジーであるとの展望を抱かせた遅れたドイツという客観的諸要因ならびに共産主義者同盟の弱体など当時の主体的諸要因の重視であり，これらの諸要因にまったく無思慮なまま冒険主義へと向かう分離派のメンバーに対する批判であった[20]。9月15日の中央指導部の会議におけるマルクスの発言を織り込めばこうもなろうか。“彼は，彼の党派〔共産主義者同盟〕，彼の階級〔プロレタリアート〕を代表するのではなく，その支配にとって運動がまさしく成熟している階級〔小ブルジョアジー〕を代表するよう強いられている。彼は，運動そのものの利益のために，彼とは無縁な階級〔小ブルジョアジー〕の利益を実施しなければならず，彼自身の階級〔プロレタリアート〕を空文句と約束で，その無縁な階級〔小ブルジョアジー〕の利害が彼自身の階級〔プロレタリアート〕の固有の利害であるという誓言で，はねつけねばならない”。

マルクス／エンゲルスの「社会主義的，共産主義的文献」とは，『共産党宣言』の第Ⅲ章「社会主義的，共産主義的文献」の部分の再録である。『宣言』の執筆者が誰であるのかはこのときに初めて起草者自身によってはっきりと明らかにされた。第Ⅲ章では，48年革命直前までの社会主義・共産主義運動に影響力のあったそれら諸思想に対して同盟の見地からほぼ網羅的な批判がなされていた。1849年末から50年前半にかけての同盟組織の再建過程で，『宣言』は理論的武器として大きな役割を果たし，増刷・再刊をもとめる声が高まっていた。が，これに応えるためだけの公表ではなかった。それに若干先立って，ヘレン・マクファーレン（H. Macfarlane）によって英訳された『共産党宣言』の大部分が「ドイツ共産党宣言」として，ジョージ・ジュリアン・ハーニー（G. J. Harney）の編集するチャーティストの週刊紙『レッド・リパブリカン（The Red Republican）』に連載されていた（第21, 22, 23, 24号，1850年11月9, 16, 23, 30日付。*MEGA*² I/10, S. 605-628）。『宣言』のほとんど全文が起草者名

（20） なお，詳しくは本書第4章を参照。

をマルクス／エンゲルスと明記して公表されたのはこれが初めてのことであった。相前後して英独において『宣言』の起草者が明らかにされたことになる[21]。同盟の分裂にともなって，以前からの綱領であった『宣言』が，分離派にではなくて，マルクス，エンゲルスら中央指導部多数派に帰属することが明示されたのである。また，第Ⅲ章の内容が再確認されて，分離派のもつ冒険主義的性格とその小ブルジョア性が鮮明となった。

仕立て職人であったエッカリウスが「ロンドンにおける仕立て業」を執筆するに際しては，マルクスが協力した蓋然性が高いと推定されている。副題に見られるとおり小ブルジョア的仕立て業と工場生産によるそれとの対比が行われ，前者の没落の必然性が生産過程にまで立ち入って確証された。恐慌は，消費者に支払い能力が失われてしまい，生産の継続が現存の所有関係一般の内部では不可能となる一点であると捉えられている[22]。また，この論説の末尾にはマルクスのものとされる編集部の注がある（*MEGA*^{2} I/10, S. 446；*MEW*, Bd. 7, S. 416）。そこでは「この論文の筆者自身，ロンドンの一仕立て職場の労働者」であり，ドイツのブルジョア著作家に勝るとも劣らない分析力を示しており，こうして「バリケードと戦線でその勝利を収めるまえに，プロレタリアートは自分の支配の到来を一連の知力の勝利によって告知する」と述べられる。分離派はつぎのように批判されている。

> 「読者はお気づきと思うが，ワイトリングその他ものを書く労働者が現存の状態にたいしてむけているような，感傷的な道徳的・心理的な批判の代わりに，ここでは，むら気にわずらわされることなく，純然たる唯物論で，いっそう自由な理解がブルジョア社会とその運動に対置されている。主としてドイツで，かなりの程度フランスでも，手工業者は自分たちの半ば中世的な立場の没落に抵抗して，手工業者として団結しようとしているが，ここでは，手工業が大工業に圧倒されることは進歩であると解され，祝福されていると同時に，大工業の諸結果と産物とは，歴史そのものによってもたらされ，かつ日々新たに生まれているプロレタリア革命の条件と認め

(21)　この英訳の詳細については，拙著『『共産党宣言』普及史序説』（八朔社，2016 年）第９章第Ｉ節第２項「『レッド・リパブリカン』に連載された最初の英訳へのエンゲルスの寄与」および第 10 章「『共産党宣言』最初の英訳」を参照。

(22)　Vgl. *MEGA*^{2} I/10, S. 604. なお，詳しくは本書第５章を参照。

られ，そうしたものとして明らかにされているのである」(*ibid.*)。

マルクス／エンゲルスの「評論。5-10月」(*MEGA*^{2} I/10, S. 448-488; *MEW*, Bd. 7, S. 421-463) は，「現実の基礎を観察する」経済評論と「最近6ヵ月間の政治的出来事」を論じた政治評論とからなっている。経済評論は序論部分に二つの本論部分が続いている。前半は1847年恐慌を論じた「最近10年間の経済史」であり，後半は各国に即しての新たな繁栄を確認する現状分析であって，いずれにも所拠資料があった。

序論に相当する箇所では，現実の基礎を観察するにさいしてのマルクスとエンゲルスの基本的な立場が明らかにされている。それは繁栄が過剰生産と投機をへて恐慌を勃発させ生産の撹乱をまねく一連の諸契機についての認識である。そこには後の『資本論』における恐慌論体系にも連なるつぎのような諸特徴が見出せる。すなわち，マルクスとエンゲルスにあっては，①恐慌の最奥の根拠は過剰生産に他ならないこと。②投機が過剰生産から生じた過剰資本の無政府的運動の一典型として位置づけられていること。したがって彼らは，③投機とその崩壊のみを軸として恐慌を待望するような態度とは無縁であったこと。また，④過剰資本の工業への投入は，投機に比べれば確かに繁栄の要因になるとはいえ，そのような作用はあくまでも一時的でしかなく，結局は価値実現されなければならない過剰生産を創出し，それだけ恐慌を激化させる要因となり，ある意味では投機よりもなお一層始末におえぬものと位置づけられていたこと，である。ところが，このような問題意識と分析視角であるにもかかわらず，この序論に続く1847年恐慌を論じた「最近10年間の経済史」部分の前半では，1843〜45年の鉄道投機と穀物投機の叙述が中心となっている。それは，「われわれは現在1843-45年の時期の完全な歴史を述べることはできないので，過剰生産のほかならぬこれらの徴候のうち最も重要なものだけをまとめておく」(*MEGA*^{2} I/10, S. 449. 下線による強調は引用者による)[(23)]と

(23)　この章句は，新『メガ』以前には，「われわれは現在1843〜45年［後］の恐慌の完全な歴史」(*MEW*, Bd. 7, S. 421. 下線は引用者）と［　］内が補われて印刷されていた。歴史的事実として，1843〜45年は恐慌の年ではなく，その後1847年に恐慌となったからである。マルクスが編集した『新ライン新聞。政治経済評論』の初出稿にはもちろん[後]という補足は見られない。従来のこの補足は歴史的事実との齟齬を糊塗するためであったろう。新『メガ』の校合によって，下線部の「恐慌」は「時期」〔あるいは「繁栄の年」〕と訂正されるべきであることが分かった（その仔細については，M. Хундт: Исправле-

いう限定から生じた。

過剰生産の態様に着目して本格的な恐慌前史を描くことができなかった事情の一つには資料上の制約があった。彼らの藍本の一つにエヴァンズの『商業恐慌。1847～1848年』がある。「ロンドン・ノート」第1冊中の「エヴァンズ抜粋」(*MEGA*² Ⅳ/7, S. 52-61) である。「評論」の経済史部分の前半，1847年恐慌前史では，本書の「鉄道マニアとその影響」章と「食料・貨幣パニック」章の前半が，「評論」の経済史部分の後半，1847年恐慌と二月革命の部分では，「食料･貨幣パニック」章後半と「フランス革命」章が利用されている。「評論」の経済史部分の諸叙述のうち，この「抜粋」を介してエヴァンズの著書にその直接の根拠を見出せる箇所は30数ヵ所に及ぶ。内容的に依拠した箇所も加えれば7割にのぼる[(24)]。彼らの上記の恐慌観に立って，エヴァンズの著書ならびに本「抜粋」で統計資料として有益な箇所が多く利用された。

残り3割の彼ら自身に由来する叙述にはつぎのような特徴が見られる。恐慌前史が資料の制約から投機中心に述べられた一面性を補足して，いろいろな箇所で投機を生産の過剰ないしは市場での商品の過剰，さらには恐慌および破産と関連づけて把握しようとしている。ある現象の根拠を分析的に指示したり，逆にある根拠から一つの現象が生じていることを上向的に示し，諸現象の規定，被規定の関係に注意を払っているのである。恐慌時の経済的中心とその周辺との関係に関する周知の言及もそうである。革命が恐慌を促進したよりは，恐慌が革命を促進したほうが無限に多いとする二月革命についての評価も同様である。

経済評論の後半，各国に即しての新たな繁栄を確認する現状分析部分は『エコノミスト』第366～372号 (1850年8月31日，9月7日，14日，21日，28日，10月5日，12日〔，19日〕) 各号に依っている。前述のとおりマルクスは『エコノミスト』に注目していた。ここでの資料となった同誌からの抜粋は「ロンドン・ノート」第Ⅲ冊中にあり，1850年10月12日から10月18日の間に作成されたものと

ния Маркса и Энгельса на экземплярах "Neue Rheinische Zeitung. Politisch-ökonomische Reue". В: Институт Марксизма-Ленинизма при ЦК КПСС Научно-Информационный Бюллетень Сектора Произведений К. Маркса и Ф. Энгельса, № 28, Москва 1976, стр. 66-79 を参照)。

(24) 詳しくは，本書第6章を参照。

推定される。「1850年8月31日〜10月12日のエコノミストからの抜粋（Exzerpte aus : The Economist. 31. August–12. Oktober 1850）」（*MEGA*^{2} Ⅳ/7, S. 227-235）と称される。「評論」での利用箇所は「新たな繁栄」の確認を試みるうえで，まずもって必要な基本的指標を与えるものばかりであり，ここでなされた革命情勢評価の明示にとっての論拠であった。その確認にどの記事が採られたかという点を措けば，マルクスとエンゲルスの積極的見解はこれらの利用箇所の外に求められよう。

そのような積極的見解のうちには彼らのつぎのような展望が見出される。資本の利潤獲得から生ずる過剰資本の投下によって，現代の大工業がいかに巨大なまでの生産力へと急速に高められるかは，ロンドンの工業大博覧会やアメリカならびにオーストラリアとの新しい世界市場交通が示すところである。だが，その巨大な生産力は同時に，ブルジョア的諸関係の内部ではそれがもはやブルジョアジーの手に負えなくなっていることを的確に立証する恐慌をも勃発させる。そして，この生産力は新社会の物質的基礎を生み出しまた生み出しつつあるのであり，「ヨーロッパの賃労働がもはや生産にとって必然的な形態でなくなるのみならず，生産にとって桎梏とさえなるやいなや，賃労働は廃止されるであろう」（*MEGA*^{2} Ⅰ/10, S. 459 ; *MEW*, Bd. 7, S. 432）という認識に真の基礎を与えるものである[(25)]。このような展望は，『共産党宣言』や「賃労働と資本」に見出される1840年代後半の構想と，また，『経済学批判』「序言」に見出される生産力と生産関係の矛盾についての1850年代後半の論及とも，軌を一にしている。

（25）　詳しくは，本書第7章を参照。

第2章 「評論〔1-2月〕」「評論〔3-4月〕」と「『エコノミスト』覚え書」

はじめに

新『マルクス／エンゲルス全集』第Ⅳ部第7巻（1983年）は，1850年から51年にかけて作成されたとみられる「ロンドン・ノート」第Ⅰ～Ⅵ冊をその主たる収録内容としている。本巻には，これらとともにはじめて公にされた「カール・マルクス。1849年の『エコノミスト』からの覚え書」と題された資料〔以下，「覚え書」と略記〕も含まれている。

この「覚え書」は，より大きな紙（Bogen）を約299×227ミリメートルの大きさに切りとった用紙を3枚分，中央で折り（＝3ボーゲン），6葉，12ページに仕立てたノートにマルクスの筆蹟で記載されている。マルクスによるページ付があり，第4ページからすぐ第7ページとページ付けされているために第13，〔第14〕ページが存在する。表紙はなくて，第1ページに「1849年の『エコノミスト』からの覚え書」とタイトル付けされたすぐ次の行から「覚え書」の内容が記されている[(1)]。

記載内容はタイトルどおり，『エコノミスト』誌，1849年9月15日，22日，29日，10月6日，13日，20日（第316～321号）の各号からの抜粋であり，マルクスの若干の評註も見出される。この「覚え書」を本章で扱うのは，新『メガ』解説がその執筆時期を推定しているなかで次のように述べていることに関わる。

> 「成立時期は，必ずしも正確には定め難い。それら［「覚え書」］がまとめられているノートはマルクスによってノート番号も日付も付されていない。／しかしながら，多くの事情は，それらが1849年末から1850年始に出来て，マルクスが『新ライン新聞。政治経済評論』への彼の論説，それも

(1)　これらの「覚え書」の状態については *MEGA*[2] Ⅳ/7, S. 638 による。

「評論〔1850 年 1-2 月〕」と「評論〔1850 年 3-4 月〕」のための基礎として利用したという仮定を可能にする」[2]。

この「多くの事情」とは，特に二つの「評論」と「覚え書」との内容上の一致である。

新『メガ』解説のとおり，この「覚え書」が二つの「評論」の基礎として利用されたとすれば，1850 年におけるマルクスとエンゲルスの革命情勢評価の変化をみるさいに一定の資料的意味をもつ。

1850 年におけるその変化とはこうである。1848 年革命の退潮によって，マルクスは 1849 年 8 月 24 日，その後の一生をそこで過ごすこととなる亡命地ロンドンに出発する。この 1849 年後半から翌 1850 年にかけては彼の思想形成史上，大きな比重を占める時期だとされている。その例証としてよく言及されるのがこの革命情勢評価の変化である。

1850 年 3 月の，マルクス／エンゲルスの筆になる共産主義者同盟中央指導部の「よびかけ」や，『新ライン新聞。政治経済評論』第 1〜3 号所収のマルクス「1848 年から 1849 年まで」，また，第 2 号ならびに第 4 号にそれぞれ掲載された当のマルクス／エンゲルス「評論〔1-2 月〕」と「評論〔3-4 月〕」では，恐慌の早期の勃発と革命の高揚の再来とが予測され，それに対応して同盟の採るべき戦略が定められていた。しかしながら，同年 11 月に発行された『新ライン新聞。政治経済評論』第 5･6 合冊号のマルクス／エンゲルス「評論。5-10 月」では，現在の情勢は新しい革命のきっかけが与えられたりするようなものではなく，反対に，産業的繁栄が全盛に達しており諸関係の基礎が極めて安定しており，恐慌や本当の革命はまったく問題にならないことが述べられている。

当面する革命についての情勢評価のこのような変化は，共産主義者同盟の分裂の原因やマルクスによる経済学研究の本格化の原因などとも密接に関連しており，どのように理解すべきかで大きな問題を残し，さまざまな解釈を生じさせている。

本章では，この当面する革命についての情勢評価の変化以前の時期[3]に，マ

---

(2) *MEGA*^{2} Ⅳ/7, S. 636.

(3) したがって，本章で扱うのは『マルクス年譜』などで次のように述べられている『エコノミスト』研究とはまた別の，それ以前の時期のものである。

「6 月頃〜9 月頃　マルクス，とくにロンドンの『エコノミスト』誌を利用して，最近 10

ルクスとエンゲルスが執筆した二つの「評論」の基礎として利用された「覚え書」を検討し，そこから生じてくる研究課題の提示がなされる。

そのさいに重要な作業となるこの「覚え書」と二つの「評論」の内容上の対比は，すでに新『メガ』解説ならびにその編集準備作業[(4)]のなかでかなりの程度まで果たされている。したがって本章では，まず，その作業の紹介と追試を行う。その後，「覚え書」が当時のマルクス，エンゲルスのどのような新たな側面を明らかにするのかを示すとともに，その新たな側面についてどのような研究課題が生じてくるのかを探り，提示する。そして最後に，この新たな研究課題遂行の前提作業として，当時のマルクス，エンゲルスの理論活動について一つの見通しをつける試みがなされる。本章で提示される新たな研究課題の解決は，本書第6章および第7章において果たされる。

I　二つの「評論」と「覚え書」との対比

本節では，新『メガ』解説で指摘されている「評論〔1-2月〕」ならびに「評論〔3-4月〕」と「覚え書」の内容上の一致をみる。執筆の実際の時間的順序とは逆になるが，一致が明瞭に見出されるため「評論〔3-4月〕」との対比を先に行う。

1　「評論〔3-4月〕」と「覚え書」との対比

「評論〔3-4月〕」の叙述の流れを追いながら対比しよう。

年間の立入った研究に着手し，「1847年の世界的商業恐慌が，二月革命と三月革命の本当の生みの親であった」ように，「1848年の半ばから次第に回復し，1849年と1850年に全盛に達した産業の好況」が「新たに強化したヨーロッパの反動を活気づけた力」であるという「決定的な」結論に到達する」。「9月下旬　マルクス，[……]『エコノミスト』誌を毎号，必ず徹底的に研究する」（*Karl Marx Chronik seines Lebens in Einzeldaten*, Moskau 1934, S. 92 u. 96）。

1850年9月下旬の『エコノミスト』研究の成果として残存するものは，「ロンドン・ノート」第Ⅲ冊の35ページから39ページまでに見出される（*MEGA*² Ⅳ/7, S. 227-235）が，新『メガ』Ⅳ/7公刊後の現時点では『マルクス年譜』のこれらの記載は必ずしも正確なものではなかったことが分かる（本書第7章参照）。また，引用の典拠となっている，K. マルクス『フランスにおける階級闘争』へのエンゲルスの「序文」については後述する。

(4)　Jones, Leonard/Müller, Wolfgang: Marx und der 'Economist'. In: *Beiträge zur Marx-Engels-Forschung*, H. 6, Berlin 1980, S. 139-147.

マルクスとエンゲルスの共著になる「評論〔3-4月〕」は，1850年5月20日頃に発行された『新ライン新聞。政治経済評論』第4号の62〜66ページに5ページにわたって掲載された。形式的には大きく二つの部分に分かれる。前半部分は，本来「第3号のために1850年3月半ばに書き上げられ，その後1850年4月5日までにハンブルクへ送られた［にもかかわらず,］第3号への掲載は紙面の不足のため行われず」[(5)]に終り，このうちイギリスについて書かれた部分に相当する五つの段落を第4号に繰り延べて掲載したものである。後半部分は，「われわれが一ヵ月前に書いた，始まろうとしていた商業恐慌についてのこの記事［前半部分］に付け加えることはごくわずかしかない」[(6)]という一文に始まる四つの段落であり，1850年4月18日と日付が打たれている。

（1）前半部では，イギリスの「秩序」を最も多く脅かしている商業恐慌についてもっぱら論じられているが，まずはじめに，前々号の「評論〔1-2月〕」でも指摘されていた「恐慌の切迫」について「幾多の事情が恐慌を早めた」として，その事情がつぎのように記されている。

「1845年の前回の恐慌の前には，余分の資本は鉄道投機に流れ込んだ。そうしているうちに過剰生産と法外な鉄道投機は非常に高まったので，鉄道事業そのものが1848〜49年の繁栄期にあってさえ回復せず，この種のもっとも堅実な企業の株式も今なお異常に低いのである。穀物の低価格と1850年の収穫見込みもまた同じように少しも資本投下の機会を与えなかったし，各種の国家証券は，大規模な投機の対象となりうるには，危険が大きすぎた。だから繁栄期の余分の資本の流れていく通常のはけ口が閉ざされた。余分の資本としては，残るところは，全幅的に工業生産と，植民地商品ならびに決定的な工業原料，綿花と羊毛の投機に跳び込むことだけであった。いつもは違ったふうに使用される資本のこのように大きな部分が，直接に工業に流入することにより，当然に工業生産は異常に急速に増大し，それとともに市場の飽和状態，したがってまた恐慌の勃発は著しく早められざるをえなかった」[(7)]。

（5） *MEGA*² I/10, S. 895.

（6） *MEW*, Bd. 7, Berlin 1960, S. 294.

（7） *Ibid*., S. 292/293.

新『メガ』解説によれば,「これらの評論は,マルクスが「拡大された鉄道生産」の終了,農業生産の拡大,見込まれる豊作および安価で値が下がりつつある穀物価格についての1849年9月15日の『エコノミスト』の情報に付した注記と一致している」[8]という。新『メガ』解説の指摘する箇所は次の部分であろう。

>「「広範囲に及ぶ鉄道建設,それは二,三年前に行われたものであって,またそれは農民に甚だ多くの便宜を与えたのだが,今や終了している。」(1 022ページ以下)
>
> **この鉄道建設の終了は重要である。すなわち,現在繁栄のなかで急速に推転している資本は,1825年の恐慌以来,投機の主なはけ口であった鉄道証券には,もはや投じられえない。他方,公債もまた貯蔵所を提供していない。最初のカリフォルニア・ラッシュは過ぎてしまった。**
>
> **したがって,過剰資本は,それによって過剰生産を強化してしまう生産に投ぜられる一方で,他方,収穫の思わしくない原材料,特に綿花への投機に投ぜられる以外には何もなかった。この投機は,恐慌のなかでひっくり返ってしまうであろうところの生産内部における大規模な成功を促進した。穀物についていえば,この秋は一般にいつもより良好である。すなわち,**「大陸を通じて,農業生産は……上まわっているといってよい。そして同時にイングランドでは豊作であり,わが国の農業生産物の価格は全般的な停滞をともにしている。」**工場主たちは国内市場でのその販売でまもなくそれを感づくであろう。**現在(1849年9月15日),穀物の価格は,古い穀物の欠乏にもかかわらず比較的に低いが,1835年にそうであったほど低いものではない。それは今ほぼ40シリングである。つまり,1835年の対応する週においては38シリングであった。その期間には国内においても国外においても妨害事はなかった。すなわち,税金は減少してきていたし,減少の過程にあった。すなわち,「国内の商工業は際立って健全かつ健康な状態にあった(トゥック)。等々。」〔1 022ページ〕」[9]。

---

(8) *MEGA*² Ⅳ/7, S. 637.

(9) *Ibid*., S. 9. 三つの抜粋のうち,マルクスが最後に記しているトゥックに言及した叙述部分の方が,『エコノミスト』の記事では,他の二つよりも前にある。

先の「評論」からの引用とこの引用とを一読すれば，新『メガ』解説の指摘するいくつかの一致点，さらにはこれが特に重要であると思われるが，余分な資本ないしは過剰資本の投下先が鉄道投機ではなく実際の工業生産や原料農産物投機に充てられ，ことに前者では過剰生産から恐慌を惹き起こすことになると述べている点で，両者の一致は容易に見てとれる。

「評論〔3-4月〕」の続く部分では，「最も重要な工業部門と投機のうちに，現在すでに恐慌の最初の徴候が現われつつある」ことを，工業部門（木綿工業，羊毛工業，鉄），投機（工業原料の綿花，植民地商品とりわけ茶）について順に見ている。

（2）さらにこれに続く部分では，「今襲いかかっている商業恐慌の影響は，以前のどの恐慌よりも重大であるだろう」という予測のもとに，来たるべき恐慌の特徴を三点見通している。第一。「イギリスは，はじめて工業恐慌と農業恐慌を同時に体験しつつある」。第二。この二重の恐慌が，せまりつつある大陸の動乱によって拡大される一方，他方で，逆に，イギリスの恐慌が世界市場へ反作用を及ぼすために，この大陸の諸革命は「比較にならないほどに一層際立った社会主義的性格をとる」。第三。「ドイツがイギリスにとって大陸最大の販売市場であり，ドイツの主要輸出品である羊毛と穀物はイギリスを格段に決定的な販路としているため」ドイツがこのイギリスの恐慌の影響を最も被ることである(10)。

「評論」のこれらの叙述について新『メガ』解説は次のように述べる。「これらの論拠は，マルクスがイギリスとドイツとの経済的関連の広がりと内容とについての情報を書き留めた，1849年の『エコノミスト』からのマルクスの最初の抜粋と一致している」(11)，と。

マルクスのこの「覚え書」は次のような抜粋で始まっていた。

「「いかなる光の下でわれわれがドイツを見ようとも，それはわが国が誇りうる最も重要な「対外関係」であることは疑いない。それと比較しうるなんらかの権利を有している唯一の他の国はアメリカ合衆国である。大ブリテンの工場製品はどんな他の国々でよりもドイツでより多くの量が消費さ

---

(10) *MEW*, Bd. 7, S. 294.

(11) *MEGA*² Ⅳ/7, S. 636.

れる。他方，ドイツはわが国に羊毛や木材，亜麻，麻，そして穀物を，合衆国を除く他のすべての国々からのわが国への輸入を越える額にのぼって供給している。もしわが国の直接的輸出にベルギーやオランダそして他の経路を通じての輸出をも付け加えるならば，ドイツで処分されるイギリスの製品の額は，毎年1千2百万を下らない。換言すれば，ドイツは，わが国の財貨の市場として，東インド会社の保護領やセイロン，全オーストラリア植民地，喜望峰，そして北アメリカにおけるイギリスの保護領を合わせた市場に匹敵する。昨年（1848年），ドイツ市場が麻痺し混乱に陥ったとき，数ヵ月の間わが国の輸出は5,000,000ポンド以上も低落した。同じほど急速にわが国の輸出は同じ年に上昇した。商務省の諸表によれば，今年7月の輸出は，昨年同月と比較して，2百万以上の増加を示しており，他方，1849年の7ヵ月間の輸出は1848年と比較して，5百万以上の増加を呈している。」（ザ・エコノ［ミスト］。1849年9月15日。）[(12)]」。

この抜粋が「評論」でのイギリス＝ドイツ関係についての叙述の基礎となっているであろうことは疑いえない。

さらに，恐慌の特徴の二点目として，それが惹き起こす大陸の諸革命の性格を「比較にならないほどにいっそう際立った社会主義的性格」としている点は，基本的にはマルクスの恐慌・革命観からくるものではあるが，あえて「覚え書」に関連する記述を求めれば，甚だ現象論的ではあるが次のような「フランスの出版物の統計について」と題された記事からの抜粋が見出される。

「1840年1月1日から1849年8月1日までにフランスでは87,000の新刊が発行されたが，そのうち20,000は社会科学，フーリエ主義，共産主義およびあらゆる党派の社会主義に関するものである。〔1 069ページ〕[(13)]」。

（3）さて，「評論〔3-4月〕」の展開に戻れば，この同じ段落の続く部分にはこうある。

「歴史は秩序の友についての次の警句を喜んでいるように思われる。いわく，労働する階級が消費不足のため暴動を起こすと同時に，上層階級

---

(12) *Ibid.*, S. 5. マルクスの抜粋には若干の省略がある。

(13) *Ibid.*, S. 15.

が生産過剰のため破産している，と」[14]。

新『メガ』解説は，ここで「労働する階級が消費不足」に陥ると述べている恐慌評価と相通ずる評価が『エコノミスト』からの「覚え書」に存在すると指摘している。「マルクスは9月15日の『エコノミスト』からコーヒーと砂糖の消費の減少に関するデータをも抜粋しており，それを，繁栄とともに労賃は「必ずしも甚だしく上昇しない」ということの「証明」として評価した」[15]というのである。

そこでのマルクスの抜粋と註記はこうなっている。

「コーヒーはとりわけ，そしてわずかの程度砂糖の消費も（1018ページ以下）1849年8月には1848年と比較して，増加してはおらず減少している。コーヒーは約1,500,000ポンドほど，砂糖は（1848年7月5日から8月5日まで）1,060,444，1849年の同じ月にはただ772,069cwt（ハンドレド・ウェイト）。（1018ページ以下）。**繁栄にもかかわらず労賃は必ずしも甚だしく上昇しないことを証明している。**シュナップスの消費は，コレラのためもあって，顕著に増大した。〔1 022ページ〕」[16]。

「評論」の叙述の直接の根拠となっているかどうかについては，さらに考慮の余地を残すところである。が，恐慌を過剰生産と労働者階級の狭隘な消費限界との矛盾としてみる点で，新『メガ』解説のように，相通ずる内容の叙述と評価してよい[17]。

（4）「評論〔3-4月〕」のこれに続く部分，前半部の最終段落は，この恐慌がイギリスの政治に与えるであろう影響の展望である。すなわち，ウィッグの政権喪失，トーリーの短命内閣，工業家を先頭にした反トーリー全野党連合，そしてこの連合が政権につきうる条件としての議会改革に始まるプロレタリアートへの議会開放，プロレタリアートの要求の下院議事への上程，そしてイギリスのヨーロッパ革命への投入である[18]。

（14） *MEW*, Bd. 7, S. 294.

（15） *MEGA*² Ⅳ/7, S. 637.

（16） *Ibid*., S. 9. マルクスによる内容をとった自由な抜粋。

（17） このような恐慌観は，『新ライン新聞。政治経済評論』第4号に同じく掲載されているエンゲルス「イギリスの十時間労働法」にも見出される（*MEW*, Bd. 7, S. 238 u. 242）。

（18） 同様の展望が，「1849年7月31日付フェルディナント・フライリヒラート宛マルクスの手紙」や「1849年12月19日付ヨーゼフ・ワイデマイアー宛マルクスの手紙」で示さ

（5）付け加えられた四つの段落からなる後半部では，まずはじめの二つの段落で，予測されている恐慌と背反する二つの事態，すなわち，春の工業の活況と東インドでの取引の高揚をそれぞれ取り上げ，どちらもまったく一時的なもので恐慌の発展にはほんのわずかの影響しか及ぼさず，恐慌をくいとめるものではないとしている。

逆に，「決定的なのは［……］アメリカの市場であり」「同地の市場が完全に沈滞していることを述べた報道がちょうど今着いたばかりである」。アメリカから本来の恐慌は端を発し，イギリスに対するその直接的な，急激な，抑えようのない反作用が始まる，と述べられている。

最後の段落では，このように「アメリカが過剰生産によって惹き起こされた後退運動に入った以上，われわれは，恐慌が来月はこれまでよりもやや急速に発展するものと期待してよい」と述べ，さらに，「私がこの「評論」で何回も述べた商業恐慌と革命の同時の到来も，ますます不可避となるであろう。／どうか運命が実現されますように！」と，恐慌と革命の不可避性・必然性を高らかに宣言[(19)]して稿を閉じている。

この後半部での叙述，ことに「春の工業のこの一時的な活況」や「東インドでの一時的な取引の高揚」また「アメリカから，同地の市場が完全に沈滞していることを述べた報道」というような叙述の基礎として利用されたものについては新『メガ』解説ではなんら触れられていない。実際「覚え書」中にはこれらに対応する記述は見出されない。

以上，「評論〔3-4月〕」を中心に，その展開に沿って，新『メガ』解説の指摘する「覚え書」との三点にわたる内容上の一致を見てきた。新『メガ』解説

れている。

「イギリスの自由貿易論者は，どこまでも自由に支配するために貴族制と徹底的に断絶しようとしている急進的ブルジョアジーだ。彼らが見のがしていることは，彼らが自分たちの意志に反して民衆を登場させ，支配の座につけつつあるという事実だ」。「［……］ウィッグ党に代わってトーリー党が政権をとるならば，これらの諸党派［保護貿易論者，自由貿易論者，平和党，チャーティスト］間の闘争は大がかりになり，煽動の外的形式は革命的で激烈になるだろう」（*MEW*, Bd. 27, 4. Aufl., 1973, S. 504 u. 516）。

(19)　末尾の一文について，恐慌を待望しているものと受け取られることが多いようである。しかしながら，その含意はむしろ，文脈からすれば恐慌の必然性を強調して述べたものとみるべきである。

では，さらに，「評論〔1-2月〕」と「覚え書」との内容的同一性をも付加的に二点指摘している。「評論」の掲載時期からすれば逆の順序となるが，以下これをみてゆくことにしよう。

2 「評論〔1-2月〕」と「覚え書」との対比

「評論〔1-2月〕」は，1850年3月25日頃に発行された『新ライン新聞。政治経済評論』第2号の第69ページから第80ページにかけて12ページにわたって掲載された。やはり二つの部分からなり，つぎのような執筆の経緯をもつ。前半部は「1850年1月31日」と日付が打たれている。当初第1号（結局は1850年3月8日に発行された）のため，前年末頃から計画と準備が進められていた。第1号所収の他の論稿の分量過多により第2号に繰り延べて掲載された。内容的にはヨーロッパ各国の政治経済情勢についての評論である。対して，後半部は当時のスイスをめぐるプロシア，オーストリアの軍事情勢についてのものであり，直接第2号のために2月半ばから末頃までに執筆された。

ここで対象とするのは，前半部のうちイギリスの政治経済情勢について論じている段落である。「大陸が最近二年間に，革命，反革命，それからこれと不可分のおしゃべりを事としていた一方で，工業イギリスはまったく別のことに，つまり繁栄にたずさわっていた」[20]というのが，ここでのマルクスとエンゲルスの全体的な事実認定である。そして以下ではこの繁栄の根拠と展望とが記されている。

イギリスのこの繁栄の根拠はつぎのように把握されている。「ここ［イギリス］では，1845年の秋に順をおって勃発した商業恐慌が，二度――1846年はじめに議会の自由貿易についての議決によって，1848年はじめに二月革命によって――中断された」。本来ならば一層激化してゆくはずであった1845年秋の恐慌はこのように二度にわたって中断され，ことに二月革命による大陸経済の荒廃は，海外市場におけるイギリス工業の競争者を除去し，海外市場に堆積していたイギリスの在荷を根本的に一掃することによって，「1849年春をもって始まる新しい産業好況を可能にした」という1845年以来の情勢についての評価である。

（20） *MEW*, Bd. 7, S. 219.

恐慌はただ中断されているだけにすぎないのだから，現在の好況も「いずれにせよ，非常に長い間続きはしないであろう」し，「たぶんもう春の終り頃には，遅くとも7月か8月にはそう［在荷過剰と「パニック」に］なるであろう」と展望されることになる。

「そのうえ大陸工業の大きな部分にもひろがったこの好況は，最近三ヵ月の間に非常な程度に達したので，工場主たちは，こんなに恵まれたときは未だかつてなかったと主張している――こうした主張はいつでも恐慌の前夜になされるものである(21)」。

そして，「この恐慌は，それが大陸における大衝突と時を同じくするに違いないために，在来のすべての恐慌とはまったく違った実を結ぶであろう」。すなわち，「イギリス工業が，1843年から1845年までと，1846年および1847年と，とりわけ1849年に，在来の生産力に付け加えてきた，そしてまた今なお日一日と付け加えつつある巨大な生産力」に見てとれるとおり「これまでどの恐慌も，新しい進歩の信号であり，土地所有と金融ブルジョアジーに対する産業ブルジョアジーの新しい勝利の信号であったとすれば，今度の恐慌は，現代のイギリスの革命の，コブデンがネッケルの役割を引き受ける革命の始まりとなるであろう(22)」と予測する。

「評論〔1-2月〕」のこの部分での叙述と「覚え書」の内容との同一性を新『メガ』解説はつぎのように二点指摘している。「これらの展開が映し出している多くのデータを，マルクスは同様に「1849年の『エコノミスト』からの覚え書」で捉えている。とりわけ，イギリスの輸出入に関するデータ。／また，マルクスは，1835年――1836～1837年恐慌前夜――の，（トゥックによれば）当時，商業および生産は際立って健全な状態にあったことが分かるところの，経済状況の評価を書き留めていた(23)」。

第一点目で新『メガ』解説が念頭に置いているのは，「覚え書」中の多くの統計数値であろう。なかでもそれに該当するのは『エコノミスト』1849年10月20日付，第321号の記事からのものであろう。それは「連合王国の輸出。

---

(21) *Ibid.*

(22) *Ibid.*, S. 220.

(23) *MEGA*² Ⅳ/7, S. 637.

イギリス農産物および工業製品」と題されており，1836 年から 1849 年までのその数値が，1845 年から 1849 年までについては 1 月 5 日から 9 月 5 日までの 8 ヵ月分についての数値とともに，抜粋されているものである。そこには，さらにつぎのようなマルスの註記もはさまれている。

「1849 年のイギリスの輸出が，残り 4 ヵ月においても 1845 年の最初の 8 ヵ月の輸出を残り 4 ヵ月が越えた分と比例しているとするならば，1849 年のイギリスの輸出はつぎの額となる，すなわち，

64,303,279 ポンドないしは 450,122,953 ターレル。

1849 年は最初の 8 ヵ月間で（1 月 5 日から 9 月 5 日まで）39,203,392。これは同じ期間に 36,408,595 ポンド・スターリング輸出された繁栄の 1845 年よりもほとんど 3 百万ほど多い。〔1 159 ページ〕」[24]。

このような抜粋ならびに評註の内容は，「評論〔1-2 月〕」での，1845 年秋の恐慌が中断されているとして，1845 年以来の時期区分で概観を行っている先の記述と符合しているとみなしてよい。

また，新『メガ』解説の挙げているトゥックに関連する第二点目は，すでに本章において先に紹介しておいた 1835 年についての叙述の一つ，「「国内の商工業は際立って健全かつ健康な状態にあった（トゥック）。等々」〔1 022 ページ〕」という抜粋（本章 35 ページ参照）を念頭に置いてのものであると思われる。「評論」での「工場主たちは，こんな恵まれたときは未だかつてなかったと主張している――こうした主張はいつでも恐慌の前夜になされるものである」という叙述の背後にあるものが「覚え書」のこの箇所であるとの推測とみてよい。

直接の典拠とみてよいかどうかについては断言し難いが，恐慌直前の繁栄についての同一内容のものであって，相通ずる評価とみなすことができよう。

以上，新『メガ』解説の指摘する二つの「評論」と「覚え書」との一致について追試してきたが，この作業によって，二つの「評論」の基礎として「カール・マルクス。1849 年の『エコノミスト』からの覚え書」があることは疑いえぬところとなる。

（24） *Ibid.*, S. 21.

Ⅱ マルクスの『エコノミスト』利用

このように，二つの「評論」が，『エコノミスト』から抜粋された「覚え書」をその基礎としているという事実は，1849～1850年当時のマルクスの新たな一側面を照らし出すものである。

1 「覚え書」の執筆時期

新『メガ』解説によるこの「覚え書」の執筆時期の推定は，前節での「評論」との対比自体がその一部を成しているわけだが，「ほぼ1849年末から1850年始」というものである。新『メガ』編集の準備作業段階では「1849年の最後の四半期と1850年の最初の四半期とを包括する時期に出来上った[(25)]」とされている。したがって，新『メガ』解説の推定もこの範囲内とみてよいのであろう。この推定の直接の根拠となるのは，早いほうの時点については，抜粋された『エコノミスト』のもっとも新しい号が1849年10月20日の第321号であるということ，遅いほうの時点については，「評論〔1-2月〕」前半部に1850年1月31日の日付が打たれていること，この二つである。

2 「覚え書」の意義

当時の彼らの課題は，「まさに現在のような一見して停滞的な時期こそ，経過してきた革命の時期，相闘う諸党の性格，これらの諸党の存在および闘争を条件づける社会関係を解明するために，利用しなければならない」という見地から，「政治運動全体の基礎を成す経済的諸関係を詳しく，科学的に究めること[(26)]」に置かれていた。この究明にさいして焦点となったのは，これまで扱ってきた「評論」からも窺えるように，恐慌と革命そしてイギリスという問題であった[(27)]。

このようにみるとき，「覚え書」はつぎのような当時のマルクス，エンゲルス

---

(25) Jones/Müller: a. a. O., S. 143.

(26) *MEW*, Bd. 7, S. 5.

(27) Vgl. *MEGA*² Ⅳ/7, S. 24*. *MEW*, Bd. 6. S. 149/150.

の一側面を新たに照らし出している．

> 「これらの問題にいっそう深く立ち入り，それらをより良く把握し叙述することができるためには，マルクスとエンゲルスは，時事的な報道資料にも依拠しなければならなかった。そのさい，マルクスは非常に急速に雑誌エコノミストの意義を認識し，またそれから最初の抜粋を作り上げたのであった[(28)]」。

「政治運動全体の基礎を成す経済的諸関係を詳しく，科学的に究める」ために，1849 年末ないしは 1850 年初頭の時点ですでに，時事的な報道資料の重要性を認識し，『エコノミスト』にその一つを認め，通読し抜粋さえ作成し，さらにそれをもとにして月間時事評論を書き上げていたという事実は，極めて注目に値するものである[(29)]。

3　マルクスの『エコノミスト』利用に関して生ずる諸問題

マルクスの『エコノミスト』利用について，一般的には以上のように言うことができよう。が，これを今少し当該「覚え書」に即してみるならば，さらにつぎのような諸種の疑問が生じてくる。その多くは，「覚え書」の執筆時期についていっそう立ち入った確定を要請するものであるのだが，疑問の生ずるゆえんは，この「覚え書」に抜粋された『エコノミスト』の各号が 1849 年 9 月，10 月発行の時期のものに限られているということにある。

（1）まず，マルクス，エンゲルスが当時，『エコノミスト』を恒常的に読みえていたのかという問題である。

「覚え書」での抜粋が『エコノミスト』の 1849 年 9 月，10 月のものからだけであるという事実は，『エコノミスト』を利用し始めたばかりであることや，ブ

(28)　Jones/Müller: a. a. O., S. 143.

(29)　「1849 年の『エコノミスト』からの抜粋は，高い蓋然性をもって，この雑誌への取り組みの最初の成果とみなされる」(*ibid.*)。「マルクスとエンゲルスは，彼らが 1848/49 年の革命的諸事件の後に，労働者階級のさらなる革命的闘争のためにその利用を開始し，そしてこの目的のために雑誌『新ライン新聞。政治経済評論』を発行したときに，彼らの革命理論の仕上げにとっての『エコノミスト』の重要性を，すでに認識していた」(Müller, Wolfgang: „The Economist“ und die Ausarbeitung der revolutionären Theorie durch Marx und Engels. In: *Beiträge zur Geschichte der Arbeiterbewegung*, 1982/3, S. 388)。

リティッシュ・ミュージアムの本格的利用が1850年6月からであることなどと併わせて，確かに，彼らは『エコノミスト』を当時は毎号読むことはできなかったとする推測を許すかのようにみえる。しかしながら，すべての資料にあたりつくさねばおさまらないというマルクスの一般的な仕事の進め方を想起すれば，そうした推測は成立し難いように思われる。やはり，少なくとも「覚え書」を作成した時期以降は，毎号『エコノミスト』に接していたと想定するのが妥当なところであろう。

（2）このような想定からは，読んだものについてはノートをとることの多いマルクスが，毎号読んでいる『エコノミスト』について，1850年後半までは，「覚え書」以外にノートを残していないのは何故か，という疑問が生じる。

それについては，なるほど，「覚え書」以外にも多くの『エコノミスト』ノートが記されたはずなのだが，なんらかの理由で散逸し現在まで残されていないという推測も確かに可能であろう。とはいえ，そのような推測は，「ロンドン・ノート」をはじめ，マルクスの他のノート類の伝存の程度を考え合わせれば，多くの『エコノミスト』ノートが書かれたにもかかわらず，唯一「覚え書」しか残らなかったという推測に帰着することとなり，蓋然性はかなり低いと言わざるをえない。やはり，「覚え書」は特別の目的をもって作成されたと推定するのが妥当なところである。

その事情は，1850年10月[(30)]の「ロンドン・ノート」第Ⅲ冊における「エコノミスト抜粋」[(31)]と同じところにあったとみてよい。そこでは『エコノミスト』1850年8月31日付，第366号より，10月12日付，第372号に至る毎号から抜粋が作成されている。この抜粋は，時期的にみても『新ライン新聞。政治経済評論』第5･6合冊号の「評論。5-10月」の執筆を念頭に置いてのものであろうし，またその内容の大半が「評論。5-10月」で実際に利用されてもいるのである[(32)]。

当該「覚え書」についても，これと同様，二つの「評論」，ことにはじめの「評論〔1-2月〕」執筆の準備作業として作成されたと想定することが許容されてよい。

（30） *MEGA*² Ⅳ/7, S. 703.

（31） *Ibid.*, S. 227-235. なお，本章の脚註（3）の後半部分をも参照されたい。

（32） *Ibid.*, S. 712. 本書第7章を参照。

（3）が，しかし，さらに生じてくる疑問がある。「覚え書」を基礎として書かれた二つの「評論」の作成時期はおおよそつぎのようである。「評論〔1-2月〕」前半部は1850年1月31日，後半部は1850年2月半ば～末。「評論〔3-4月〕」前半部は1850年3月半ば，後半部は1850年4月18日。「覚え書」の執筆時期の推定，は見られるとおり，それほど厳密には確定しえずかなり幅の広いものとなっている(33)。とはいえ，「評論〔1-2月〕」執筆の時点では「覚え書」で抜粋された後，1849年11～12月中に発行された『エコノミスト』に接することは可能であったろうし，マルクス，エンゲルスはそれらを読んでいたであろうと先に想定した。「評論〔3-4月〕」についていえば，『エコノミスト』1850年1～2月分について同じことが言われうる。しかしながら，これらの『エコノミスト』からの追加の抜粋を含む新たな「覚え書」は作成されていない（少なくとも伝承されていない）。これは何故であろうかという疑問である。

この疑問からは，1849年11月以降1850年3月までの『エコノミスト』各号の二つの「評論」への利用の有無を吟味すること，そのための両者の内容的対比の必要が生じてくるとともに，「覚え書」の執筆時期のより一層の正確化の努力をはじめ，当時のマルクス，エンゲルスの『エコノミスト』利用について今少し突込んだ検討が要請されているといえよう。

Ⅲ　エンゲルス「序文」と「覚え書」

ここでは，そのような作業を行う前提として必要な，この時期のマルクス，エンゲルスの理論活動についての一定の見通しをつけておくことにしよう。

想起されるべきは，マルクスの『フランスにおける階級闘争』(1895年版）にエンゲルスが付した「序文」中の一叙述である。そこではマルクスが『フランスにおける階級闘争』を執筆した当時の事情が回顧・省察されている。なるほ

(33)　マルクスが「覚え書」の抜粋のなかで「昨年（1848年）」（*MEGA*^{2} Ⅳ/7, S. 5）とか「現在（1849年9月15日）」（*ibid*., S. 9）と記している点は，丸括弧内が『エコノミスト』の記事そのものにはなく（German commerce. The new German federal empire. In: *The Economist*. London. №. 316, September 15, 1849, p. 1017. One element of the price of corn. *ibid*., p. 1022）マルクスの補足であることから，執筆時期を推定する際のなんらかの手懸りの一つとなるであろう。

ど直接の対象は『フランスにおける階級闘争』であって，本章で扱ってきた「評論」や「覚え書」とは関係しないようにみえる。しかし，『フランスにおける階級闘争』自体，本来は1850年に『新ライン新聞。政治経済評論』第1号～第3号に連載されたのであった。[(34)] したがって，このエンゲルスの「序文」における叙述は，単に『フランスにおける階級闘争』のみならず，「評論」や「覚え書」にも妥当するところ多いとみてよいのである。

（1）エンゲルスは「序文」のはじめの部分で，1895年の時点から1850年当時を振り返り，『フランスにおける階級闘争』のもつ意義を述べている。

> 「ここに新たに出版される著作は，マルクスが彼の唯物論的な見解によって現代史の一時期を，所与の経済状態から説明しようとした最初の試みであった。[……] ある一定の時期の経済史に関する明瞭な概観は，決して同時代的には得られない [……]。だから現に進行中の時代史を書く場合，[……。……] 研究すべきすべての出来事の本来の基礎である経済状態の，同時に起こる諸変化が，このようにやむをえず無視されることが，誤謬の一つの源泉とならざるをえない [……]。マルクスがこの著述を企てた当時は，上述の誤謬の源泉は，なおいっそう避け難かった」[(35)]。

それではマルクスも同様の誤謬に陥ったのであろうか。エンゲルスの叙述からすれば否である。[(36)]

> 「このような不利な状況にありながら，マルクスは，二月革命以前のフランスの経済状態や二月革命以降のフランスの政治史の正確な知識をもっていたので，見事に諸事件の叙述をなしとげることができた。その叙述は，

---

(34) マルクスの『フランスにおける階級闘争。1848年から1850年まで』は，当初は『新ライン新聞。政治経済評論』第1号から第3号（1850年3月から4月）に連載された「1848年から1849年まで」と題する論説であった。それが，1895年になってはじめて，エンゲルスによって，『新ライン新聞。政治経済評論』第5・6合冊号（1850年11月）所収の「評論。5-10月」中のフランスに関する叙述を付し，さらにタイトルもこの付加にともない「1848年から1850年まで」と拡大されてサブタイトルとされ，『フランスにおける階級闘争』と改められ，一書とされたのである。

(35) *MEW*, Bd. 7, S. 511/512.

(36) マルクスも同様の誤謬に陥ったとみなされることがあるようであるが，そのような見方は謬見であろう。少なくとも『フランスにおける階級闘争』の叙述にはそうした誤謬は影響を及ぼしていないことを確認したい。なお，政治経済情勢の評価については後述する。

それ以後も及ぶもののないほどに当時の諸事件の内的関係を明らかにしており，後にマルクスが自分で課した二度の検証にも，見事に合格したものである」[37]。

二度目の検証とは，『ルイ・ボナパルトのブリュメール 18 日』の前半で同一時期を叙述するにさいしてのものである[38]。ここで注目すべきはそれに先立つ一度目の検証である。

「第一回の検証は，1850 年の春以来，マルクスが再び経済学研究の余暇を得て，最初にまず最近 10 年間の経済史に着手したことによってなされた。この研究によって彼がこれまで不備な材料に基づいて，半ば先験的に結論していた次のことが，事実そのものから完全にマルクスにはっきりとしてきた。すなわち，1847 年の世界的商業恐慌が，二月革命と三月革命の本当の生みの親であったこと，そして，1848 年半ばから次第に回復し，1849 年と 1850 年に全盛に達した産業の好況が，新たに強化したヨーロッパの反動を活気づけた力であったということである。それは決定的なことであった」[39]。

第一回目の検証，「最近 10 年間の経済史」研究によって検証されたものは何であったか。1847 年恐慌が二月・三月革命を生み出したこと，そして，1849～50 年の産業上の好況が反動を活気づけたこと，このように政治上の諸事件は，経済的原因の作用するところから説明しうるとの構想を，1847 年恐慌と二月・三月革命およびそれに続く事態に適用して得られる認識である。そして，ここで「検証」といわれていることからも明らかであるように，この認識は「最近 10 年間の経済史」研究に着手する以前に，すなわち，1850 年春以前に，すでに保持されていたものとみるべきである[40]。

---

(37) *MEW*, Bd. 7, S. 512.

(38) 両著における時期区分の相違などについては，さしあたり，古賀英三郎「マルクス／エンゲルスの革命論」『講座 史的唯物論と現代 5――国家と革命』青木書店，1978 年，79～82 ページ参照（後，古賀英三郎『国家・階級論の史的考察』新日本出版社，1991 年に収録）。

(39) *MEW*, Bd. 7, S. 512.

(40) これまでの諸論者にあってはこの点が曖昧にされていた。すでに保持されていたとしたうえで，さらに「最近 10 年間の経済史」研究前後での変化を論定するべきだったのである。

認識の基本的内容がこのように「最近10年間の経済史」研究の前後で変りがないとするならば，それではこの研究の前後で一体何が変化しているというのであろうか。何も変化がないというのであれば，検証とはいえ，「最近10年間の経済史」研究の積極的な意味はなくなるであろう。エンゲルスの「序文」に従えば，その変化は，ただつぎのところにおいて存在しているといえる。同一の認識内容であろうとも，「経済史」研究以前は「不備な材料に基づいて，半ば先験的に結論していた」のに対して，研究以降は「事実そのものから完全に［……］はっきりとしてきた」ことである[(41)]。

ここでいう「不備な材料」にしか基づけなかった事態が，まさに本章において「覚え書」と二つの「評論」との関係について見てきたところであろう。

（2）さて，この研究の前後でのこのような相違は，理論上の問題として一般化するならば[(42)]，認識するさいの素材の量・質ならびに，それに基づいて獲得される認識内容の明瞭さの点での相違であるといえよう。この点が，結果としては同一の認識内容であるにもかかわらず，エンゲルスにいわせれば「決定的」なのである。何故であろうか。エンゲルスはつぎのように続ける。

> 「最初の三論文（『新ライン新聞。政治経済評論』1月，2月，3月号，ハンブルク，1850年）には，まもなく革命のエネルギーが新たに高揚するだろうという期待がまだ全文に見られるが，最後の1850年秋発行の合冊号にマルクスと私が執筆した歴史的概観（5-10月）のなかでは，すでにきっぱりとこうした幻想を捨てている。「新しい革命は新しい恐慌に続いてのみ起こりうる。しかし革命はまた，恐慌が確実であるように確実である」と。ところで，これはまた加えなければならないただ一つの本質的な訂正であった[(43)]」。

すなわち，「最近10年間の経済史」研究以前には，「まもなく革命のエネルギーが新たに高揚するだろうという期待」ないしは「幻想」を抱懐していたのに対して，研究以後は，「すでにきっぱりとこうした幻想を捨てている」こと，

---

(41) これまでの諸研究にあっては，この決定的な点についての確認が欠けていたのである。

(42) マルクスの眼前でのイギリスの経済情勢やフランスの政治情勢（ことに1850年4月28日の選挙以降の事態）の変化とその確認というような歴史的契機を一応捨象したとしてである。なおこの歴史的契機については別個に固有の検討がなされなければならない。

(43) *MEW*, Bd. 7, S. 512.

そして周知の「新しい革命は……」の一文が明言されるに至ったのである。

つまり，たとえ同一結論の認識であろうとも，その結論の獲得方法の相違はつぎのような帰結を生む場合もあるということである。すなわち，期待や幻想を抱かぬほどに認識が深化しているのかいないのか，また，認識への確信の強弱の度合がどの程度であるのかという点での相違である。ここには，ある認識について，その素材の量・質と認識の深さ，認識への確信の度合，ならびにそこからする期待・幻想の形成ないしは克服という甚だ重要な問題が伏在しているのである。

このような点をまったく把握しえず，またそのためにエンゲルスの言う「ただ一つの本質的な訂正」の含意はじめ先の叙述をも誤って理解している場合が多かった[(44)]。

このような誤解の原因の一部をなしているのは，1850 年前後のマルクス，エンゲルスの諸活動を全面的かつ系統的に把握する作業が資料的制約もあったため，これまで行われていないという状況に求められよう。本章では，まさにこの欠を補うための一作業として，新『メガ』第Ⅳ部第 7 巻で参看すること

---

(44)「新しい革命は新しい恐慌に続いてのみ起こりうる。しかし革命はまた，恐慌が確実であるように確実である」という一文のポイントは「新しい」という形容詞にこそある。それがなければ，「最近 10 年間の経済史」研究以前の，経済的諸要因の変化が政治的諸事件の出来を惹き起こすという基本的認識とまったく同一であり，まったく意味不明の一文となってしまう。同じエンゲルス「序文」のもう少し後に出てくる「われわれは，少なくとも革命期の第一局面は終ったこと，そして新しい世界経済恐慌が勃発するまでは，何事も期待できないということを，すでに 1850 年秋に声明したのだ」という表明と符節を合わせているのである。つまり，マルクスとエンゲルスは「最近 10 年間の経済史」研究の以前も以後も，恐慌が革命を生み，好況が反動を活性化するという基本的認識ではまったく同一不変なのである。異なるのは，研究以前には，依然恐慌は中断されたままであるため，目前の好況はすぐにも恐慌に転化し革命を招来するであろう，それゆえ，革命の第一局面はまだ継続中である，とみていた（本章第Ⅰ節第 1 項（5）および *MEW*, Bd. 7, S. 16）のに対して，研究の以後においては，恐慌は終了してしまい，目前の好況は持続的なものであるという評価に変わったことである。すなわち，情勢評価の点においてのみ変化があるのであり，決して先の基本的認識が変化しているわけではない。それだからこそエンゲルスは「しかし革命はまた，恐慌が確実であるように確実である」と付記しているのである。とはいえ，この政治経済情勢評価の点での変化は，革命の戦略や戦術を立てるうえでは極めて重要な意味をもつ変化であったため，エンゲルスは「ただ一つの本質的な訂正」というのである。しかし，「ただ一つ」だけであるとの自己認識なのである。

が可能となった，二つの「評論」の資料「カール・マルクス。1849年の『エコノミスト』からの覚え書」を考察してきたのである。

おわりに

本章では，「覚え書」についての新『メガ』解説ならびにその編集準備作業の成果に依拠しながら，「覚え書」と二つの「評論」の内容上の対比を行った。その結果は，「覚え書」を二つの「評論」の基礎とみなす新『メガ』解説の主張の妥当性を追認するものであった。

そしてこの事実は，一方では，マルクスがロンドンに亡命した直後から，二月・三月革命評価の軸心に恐慌・革命・イギリスという論点を据え，この研究のためのより具体的な知識を時事的な報道資料からも得ようとし，『エコノミスト』のそうした点での意義をいち早く認め利用していたことを示した。が，他方では，恐慌と革命との関連，また反動と好況との関連について正しく認識していたにもかかわらず，それは「最近10年間の経済史」研究を行う以前の時期に属するものであったために，「不備な材料に基づく」「半ば先験的な結論」を導かざるを得ないものであって，「まもなく革命のエネルギーが新たに高揚するだろうという期待」や「幻想」を捨て去ることができないという制約をともなうことが避けられなかったことが示された。

本章における以上の作業に続いてつぎに果たされるべきは，「覚え書」から生ずる諸問題の一層の検討，「最近10年間の経済史」研究そのものの内容の究明，ならびに，その結果としての「事実そのものから完全に［……］はっきりとしてきた」ことの意義および内容を考察することである。その考察は本書の第6章および第7章において果たされる。

第3章 「六月のよびかけ」の執筆者問題

はじめに

共産主義者同盟のロンドン中央指導部は1850年6月頃に[(1)]全同盟員に宛てて，同盟の現状について報告した回状を起草した。通常，「六月のよびかけ(Junianspracheé)」と呼ばれている[(2)]。「六月のよびかけ」は，一般に，同年の「三月のよびかけ」とともに1848年革命敗北後の同盟の再建とこれに続く発展を示すマルクス／エンゲルスの起草になる文書として知られている[(3)]。マルクスの諸活動ならびにその思想的発展を見る場合，1849年8月のロンドン亡命直後から，後の『資本論』へと直接に連なる経済学研究を再出発させる1850年9月までは，特に重要な時期である。「六月のよびかけ」もこの時期の彼らの動向を追跡するうえで，見逃すことのできない一資料である。

ところが，「六月のよびかけ」の内容に責任を負う著作者はマルクス／エンゲルスとはみなし難いとする見解がある。わが国でもよく知られているのは，デイヴィッド・マクレラン『マルクス伝』によってであろう。すなわち，

「その仰々しい文体，リアリズムの欠如，労働者の諸組織や軍隊との接

---

(1) 起草時期について，新『メガ』の推定は，早ければ5月後半から，遅くとも6月7日（おそらくその数日前）となっている(*MEGA*[2] I/10, S. 924)。早いほうは「三月のよびかけ」を持参した特使 H．バウアーのロンドン到着，遅いほうは「六月のよびかけ」の持参特使 C. W. クラインのロンドン出発が，それぞれ基準となっている。起草時期とマルクスの現状認識の転換との関連については，本章の後論〔おわりに〕を参照。

(2) フェルダーらの発見した写しでは „Die Central-Behörde an den Bund“となっている（H. Förder/G. Ziese: Zur Geschichte der „Ansprache der Zentralbehörde an den Bund vom Juni 1850“und zur Tätigkeit der Mitglieder des Bundes der Kommunisten in Leipzig (1850/51). In: *Aus der Frühgeschichte der deutschen Arbeiterbewegung*, Berlin 1964, S. 234-285, Anhang, S. 278)。当時，普通には，Rundschreiben。イギリスの労働運動で一般的であったaddressの訳語としてAnspracheが当時も時折用いられ，後に，普及したようである（*MEGA*[2] I/10, S. 849)。

(3) *MEW*, Bd. 7, Berlin 1960, S. 306-312の扱い等。

触にかんする過度の楽観論からみて，これの起草にあたってマルクスとエンゲルスが大きな役割を演じたとは思えない。もっとも，彼らも，一度としてこの文書を否認したことはなかったし，エンゲルスはそれを再版さえしているのだから，その最終形態を黙認していたのにはちがいないけれども」[(4)]。

D. マクレランはヴォルフガング・シーダーの主張を拠り所としている[(5)]。「六月のよびかけ」に関連した資料（カール・ブルーンの二通の手紙とペーター・レーザーの手紙一通）を紹介したW. シーダーの一文に見出されるものである[(6)]。

シーダーのこの主張は「この文書の矛盾した性格を指摘したい」ためであって，執筆者の認定については「疑いもなくこの回状は，中央指導部の共同作業だったのであり，そのさい，誰が筆をとったのかは未解決のまま」としている。とはいえ，続けて「この回状はマルクス（およびエンゲルス）によって責任をもって編集（redigieren）されたものでは決してない」[(7)]と述べており，マルクス／エンゲルスを主たる執筆者ないしは起草者と認定する見解に疑義を提出していることはまちがいない。マクレランのような見解も生ずるのを見れば，一文書の執筆者認定問題とはいえ，非常に大きな問題提起である。実際シーダー自身にも，マルクスと共産主義者同盟との一体性を前提とする理解を打破しようという意図が窺われる[(8)]。

1970年に刊行が開始された『共産主義者同盟。文書および資料』は，1984年に全3巻の完結を見[(9)]，また，新『メガ』も当該時期に直接関係する諸巻は，すでに刊行された[(10)]。当然，「六月のよびかけ」も新たな編集で収録されてい

---

(4)　McLellan, David: *Karl Marx. His Life and Thought*, London 1973, pp. 234/235（D. マクレラン〔細見 英・杉原四郎・重田晃一・松岡 保 訳〕『マルクス伝』（ミネルヴァ書房，1976年，232ページ）.

(5)　*Ibid.*, p. 235, footnote 1（同上書，248ページ，注(23)）.

(6)　Schieder, Wolfgang: Der Bund der Kommunisten im Sommer 1850. Drei Dokumente aus dem Marx-Engels-Nachlaß. In: *International Review of Social History*, Vol. XIII, 1968, S. 29-57.

(7)　*Ibid.*, S. 35.

(8)　*Ibid.*, S. 36/37.

(9)　*Der Bund der Kommunisten. Dokumente und Materialien*. 3Bde, Berlin 1970/1982/1984. このうち，本章に直接関連するのは第2巻。

(10)　*MEGA*^{2} I/10；III/3, 1981；IV/7, 1983.

る[11]。その解説では，この文書の執筆者はマルクス／エンゲルスであるとする見解が引き続き採用されている。シーダーの疑義についての明瞭な言及はないものの，それを暗に意識しての反論ともみなしうるものとなっている[12]。

この「六月のよびかけ」の執筆者についての問題を検討することなしには，この時期のマルクス／エンゲルスの共産主義者同盟における活動を正当に評価することは不可能である。

本章の目的は，この問題について検討し，一定の見通しを得るところにある。

あらかじめ容易に推測されるとおり，この作業は，単に「六月のよびかけ」の執筆者認定という外面的な問題にのみとどまるものではない。その内容理解にも本来大きく関わっている。しかしながら，本章では問題をこの認定のみに限定する。行論上必然的に生じてくる内容把握に関わる諸問題は，単に確認するだけにとどめ，今後の検討に委ねられる。

I

シーダーの論拠[13]は，「六月のよびかけ」の執筆者問題という点に注目して整理すると，三つに大別できる。本章では，以下，これらをそれぞれ考察するが，そのさいまず，シーダーの主張をいま少し詳細に紹介したうえで，これに新『メガ』編集者たちの見解を対置し，しかるのち若干の検討を加える。

（1）シーダーは，「今日まで，六月のよびかけがマルクスおよびエンゲルスによって起草された，ないしは少なくとも編集された，と前提されてきた。しかしながら，意外なことにこれについての直接的な証拠（direkter Beleg）は存在しないのである」[14]と述べる。つまり，「六月のよびかけ」を起草したオリジナル・テクストそのものが現存していないため，この問題を文書に直接あたって確認

(11)　*MEGA*^{2} I/10, S. 336-342. *BdK*, Bd. 2, S. 195-201.

(12)　本章後論 I（1）参照。

(13)　シーダーの論拠は，自ら参照指示している箇所もあるとおり，そのほとんどがもっぱら S. Na'aman に依拠してのものである（S. Na'aman: Zur Geschichte des Bundes der Kommunisten in Deutschland in der zweiten Phase seines Bestehens. In: *Archiv für Sozialgeschichte*, Bd. V, Hannover 1965, S. 5-82, ことに，S. 55-59）。

(14)　Schieder, *ibid*., S. 34.

することができないということである。このオリジナルに最も近いのは，ヘルヴィッヒ・フェルダーらによってライプツィヒで発見された1850年6月のもの[(15)]だが，これも結局は一つの写しでしかないとみる。また，エンゲルスによる再録も若干の修正はあれ，かなり確実に，ヴェールムートおよびシュティーバーに基づいており，エンゲルスの手元にも当初のオリジナルは存在していなかったと推論している。

これにたいして，新『メガ』解説は「マルクスおよびエンゲルスが執筆者であること(Autorschaft)を肯定する直接的な証拠(direkter Beleg)は存在しない」と，シーダーを意識して書き出すが，「しかしながら，彼らの同盟内における指導的役割――マルクスは，このとき中央指導部の議長（Präsident）であった――を考慮すれば，この執筆者であることについての合理的な疑義は不可能である」[(16)]と，一蹴している[(17)]。とはいえ，「直接的な証拠」の存在しないことは，「六月のよびかけ」の普及経過を詳細に追跡した新『メガ』解説（「成立と伝承」，「系統図（Stemma）」，「典拠文献」）[(18)]に明らかである。

したがって，この点については，シーダーはそれをほとんど当てにすることはできないとしているが，自らが執筆者であるということを明瞭に語ったマルクスやエンゲルスの手紙等も含め，「直接的な証拠」の新たな発見がないかぎり決着をつけることはできない。

（2）シーダーのつぎの論拠となっているのは，後年，エンゲルスが「六月のよびかけ」に言及するさいの，シーダーに言わせれば独特の態度である。

従来，「六月のよびかけ」のエンゲルスによる再録が，そのままこれを起草したのもマルクス／エンゲルスである証拠とみなされてきたとして，これに疑義をとなえるシーダーは，さらに「共産主義者同盟の歴史によせて」での「六月の

---

(15) Förder/Ziese, *ibid.*, S. 278-285.

(16) *MEGA*² I/10, S. 924.

(17) 新『メガ』編集者もつぎのように述べてはいる。「広義の意味での著者は，マルクスならびにエンゲルスとともに中央指導部のすべてのメンバー――ハインリヒ・バウアー，ヨハン・ゲオルク・エッカリウス，フレンケル，アルベルト・レーマン，カール・プフェンダー，コンラート・シュラム，アウグスト・ヴィリヒ――であった。つまり，三月のよびかけは中央指導部の議論の後に投票で承認されたので，この経験が六月のよびかけにも適用されたはずである」（*MEGA*² I/10, S. 924）。

(18) *Ibid.*, S. 925/926, 928/929.

よびかけ」にたいするエンゲルスの言及は，むしろ自身の起草した文書にたいしてなされたものとは思えないと，つぎのように述べる。

「エンゲルスは，1875年[(19)]の彼の論文「共産主義者同盟の歴史によせて」のなかで，なるほど明瞭に，1850年3月の「よびかけ」をマルクスとともに「編集した」と言及している。しかしながら，六月のよびかけのところでは，それがドイツにおける共産主義者同盟の「支配的役割」を「確認しえた」ということについて，エンゲルスはまったく独特の距離をおいて（nur eigentümlich distanziert）語った。だが，彼とマルクスが執筆者であるということについての指摘はなに一つ与えなかった！[(20)]」。

この疑義にたいして新『メガ』編集者は，「エンゲルスによって提案された1885年の再刊もまた原著者の認可（Autorisierung）と理解されうる[(21)]」という見解であって，1885年6月16日付ヘルマン・シュリューター宛のエンゲルスの手紙の参照を求めている。

この手紙のなかでそれに該当するのは以下の章句であろう。

「文書庫のなかに，シュティーバー，ヴェールムート共著『19世紀の共産主義者陰謀』をおもちでしょうか？　[……] いわゆる「黒書」です。この書のなかには同盟にたいする中央指導部の二つのよびかけが載っています。付録として転載されているのかもしれません（die als Anhang abgedruckt werden könnten[(22)]）」。

参照指示のみなので新『メガ』解説の意図を計りかねるところであるが，この文面からこの時点でエンゲルスは『陰謀』を所持していなかったことが分かる。ここからエンゲルスが「よびかけ」のなんらか別の写しを保有していた可能性を新『メガ』解説は推測しているのかもしれない。しかしながら，この手紙の

---

(19)　『ケルン共産党裁判を暴く』の当初の再刊時と混同しての錯誤，あるいは単なる1885年の誤記ないしは誤植と思われる。

(20)　Schieder, *ibid.*, S. 34.

(21)　*MEGA*² I/10, S. 924.

(22)　*MEW*, Bd. 36, S. 333.『全集』川口 浩訳。なお，『陰謀』では，付録XIV（C. G. L. Wermuth/W. Stieber: *Die Kommunisten-Verschwörungen des neunzehnten Jahrhunderts*, Berlin 1853-1854（Nachdruck）Hildesheim 1969, Teil 1, S. 260-265）。この両者の校合は，エンゲルスの再録の底本が『陰謀』の付録であったとするシーダーの推定を妥当とするものである。

後に『陰謀』を入手して，再録の準備をすすめた可能性を完全に排除することには成功していないように思われる。「六月のよびかけ」再刊時のエンゲルスのシュリューター宛手紙をあげるならば，むしろ同年10月9日付のつぎの部分が重要である。

> 「ロンドン中央指導部のよびかけは三月のものと六月のものと，二つだけしか再録しませんでした。1850年12月の「ケルン［中央指導部］のよびかけ」は理論的にはなんら新しいことを提供しておらず，分裂にかんする一部始終に立ち入っており，今日では当時の運動の詳しい歴史のうえでしか重要性がありません[23]」。

ここでエンゲルスは，「三月のよびかけ」と「六月のよびかけ」のみを再録した理由を明らかにしている。理論的に新しいことを提供しているか否か，が基準である。

「三月のよびかけ」は，「現在の瞬間における，および革命が起こった場合における[24]」「彼ら［小ブルジョア的民主党］にたいするプロレタリアート，とくに同盟の態度を説明した[25]」，「要するに民主主義にたいする戦争計画以外のなにものでもない[26]」回状としてあまりにも有名である。したがって，「三月のよびかけ」の理論的な新しさとは，1848年革命の敗北からマルクス／エンゲルスが獲得した前衛党の組織的独立を基軸とする革命の戦略・戦術であることは疑いない。

では，「主な目的は，同盟の現状について報告することである[27]」という「六月のよびかけ」には，どのような理論的な新しさがあるというのか。

1849年末頃になると1848年革命の敗北から徐々に回復し，ドイツ各地で革命党の強固な秘密組織を要望する機運が生じた。これに応じて「スイスでは新しい秘密団体をつくろうとする企てが生まれ，またケルン班は，みずから中心となってドイツに同盟を組織しようと企てた[28]」。「六月のよびかけ」はこれら

---

(23) *MEW*, Bd. 36, S. 367.『全集』川口訳。

(24) *MEGA*² I/10, S. 336.

(25) *Ibid.*, S. 258.

(26) *MEW*, Bd. 27, S. 278.『全集』岡崎次郎訳。

(27) *MEGA*² I/10, S. 336（『全集』村田陽一訳。引用文は，本書を利用したが，底本の相違で一部変更した箇所がある。なお，以下では煩瑣を避けて訳者名は省略する）。

(28) *Ibid.*

の企てにたいして，つぎのように批判を加えている。

「すべてこうした企図は，同盟と同じ目的をもつもの，すなわち労働者党の革命的組織化を目的とするものであるか──それなら，これは，分散によって集中化と党の力を破壊するものであり，したがって断然有害な分離派である──，それとも，労働者党をまたしても党に無縁な，あるいは党とまっこうから敵対する目的のために悪用することを目的とするものでしかありえないか，どちらかである[29]」。

反労働者党的な企図については，「三月のよびかけ」のなかで，ことに小ブルジョアジーを対象としてすでに明瞭に批判していた。ここで新たに取り上げられているのは，「同盟と同じ目的をもつ」企図である。つまり，分派にかんして，「分散によって集中化と党の力を破壊する[……]断然有害な分離派（Sonderbündeleien）」という理論化が新たになされたのである。

エンゲルスが先のシュリューターに宛てた手紙で記していた理論的な新しさのうち「六月のよびかけ」に見出していたものとは，まさにこの点にあるであろう。小ブルジョア民主党その他の諸勢力から組織的にも戦略・戦術的にも独立することが最重要事であることを述べた「三月のよびかけ」を，前衛党組織論としていっそう理論的に発展させている。マルクス／エンゲルス両人の執筆と判明している「三月のよびかけ」の延長線上にあることは明らかであって，「六月のよびかけ」の前半部を占めるこの分派把握にかんする限りは，マルクス／エンゲルスに由来しているものと考えるべきである[30]。

（29）　*Ibid*., S. 338.

（30）　これにたいして，すぐにつぎのような反論が予想される。まず，エンゲルスが「六月のよびかけ」にたいして理論的な新しさをこのようなかたちで見出すなどということは1850年当時には存せず，それ以降，社会主義者鎮圧法下での党活動の教訓を得る対象として共産主義者同盟の時代を見直したことで，1885年にはじめて生じたとみる推測である。また，この分派把握がマルクス／エンゲルス以外の中央指導部メンバーに由来する可能性を考慮する推測である。実際，ナアマンやシーダーは，後者の推測によって「六月のよびかけ」にヴィリヒの強い影響を認め，後の分裂の予兆を見出そうとしている。しかし，そうであるとすれば，エンゲルスは自身の先の基準に反して「分裂にかんする一部始終に立ち入った[……]今日では，当時の運動の詳しい歴史のうえでしか重要性がない」ものを再録したことになる。

これらの推測は，1848年革命敗北後の共産主義者同盟の再建に苦闘していた1850年当時のマルクス／エンゲルスの活動に照らせば，その維持が著しく困難なものである。

シーダーが問題にする「六月のよびかけ」にたいするエンゲルスの独自の態度というのはこの分派についての部分ではない。「六月のよびかけ」の後半部，「同盟の状態について報告」しているうちドイツについて述べた部分にたいしてのものである。

エンゲルスはこう書いている。

「同盟は労働者協会や農民協会や体操協会のなかで，1848 年以前よりもはるかに大きな支配的役割を演じはじめたので，小ブルジョア民主主義派のためにドイツを巡歴した［……］シュルツ［……］が「有用な勢力はすべてすでに同盟の手ににぎられていることを見いだした」［……］ということを，はやくも次の四半期にあたる 1850 年 6 月にだした各班へのよびかけは確認できたのである」(31)。

シーダーはこのエンゲルスの叙述が「六月のよびかけ」にたいして一定の距離をおいてなされたものだとみている。しかしながら，エンゲルスのこの叙述が，同盟の意義を強調しようとして「六月のよびかけ」を肯定的に紹介している文脈にあることは，この叙述につづく章句からみて明らかである。すなわち，「同盟は，無条件に，ドイツでなんらかの意義をもっていた唯一の革命組織であった」(32)。また，先の叙述の直前の箇所でも，バウアーの特使旅行の成果についてまさに「六月のよびかけ」での評価と一致する紹介がなされている(33)。

これをシーダーが「独特の距離をおいて」いると受け取るのは，実は彼自身に「六月のよびかけ」の内容，ことにドイツにおける同盟の活動報告についてあらかじめ一定の判断が存在しているからである。彼が「六月のよびかけ」の文

加えて，「断然有害な分離派」という用語法は，「六月のよびかけ」での分派把握がマルクスら中央指導部多数派に根ざすことを傍証している。1850 年 9 月の同盟の分裂以降，ヴィリヒ／シャッパー派にたいして用いられた呼称「分離同盟（Sonderbund）」同様，「分離派」という呼称も，「マルクスとエンゲルスが，19 世紀の 40 年代にスイスの反動的なカトリック諸州がつくった分離派団体になぞらえ，［……］皮肉に呼んだ」（*MEW*, Bd. 14, S. 769, Anm. 352.『全集』北条元一訳）ものとみなしてよい。なお，*BdK*, Bd. 2, S. 71,76 および拙著『『共産党宣言』普及史序説』（八朔社，2016 年）第 6 章，140/141 ページも参照。

(31) *MEW*, Bd. 8, S. 590.『全集』山辺健太郎訳。「共産主義者同盟の歴史によせて」は本訳を利用するが，以下では煩瑣を避けて訳者名は省略する。

(32) *Ibid.*

(33) 後論Ⅱ（2）2）参照。

体にマルクス／エンゲルスらしさがないと主張するのも一面ではこのゆえである。

II

（1）シーダーは，シュローモ・ナアマンに依拠してこう述べている。三月のよびかけは，たとえ明確な執筆者の認定がなくとも文体から彼らのみが起草し得たものであると容易に判明する。「それに反して，六月のよびかけは，「マルクスとは縁遠い」「誇示する調子（prahlerischer Ton）」[34]で起草されている」[35]と。

新『メガ』はなんら触れるところがないが，これは，文体に直接影響する清書時の最終的な執筆者・起草者は誰かという形式的な問題にのみ限定してみれば，聞くべき見解であろう[36]。また，「六月のよびかけ」のオリジナルないしはケルンに届いた写しの筆跡がコンラート・シュラムのものであったらしいとの推定[37]も同様である。しかしながら，本章において問題とし，また同盟史把握においても重要なのは，「六月のよびかけ」の起草にあたって誰が最も大きな影響力を持っていたのかという実質的な執筆者の問題なのである。その議論のさいには，シーダーらのこの主張はあくまでも一つの傍証にしかなり得ない。

彼らが「六月のよびかけ」の文体から「誇示する調子」を受けるのは，文体そのものの問題もある。しかし，むしろ，「よびかけ」前半部での分派批判のうちのブルーン批判などを個人攻撃とみたり，後半部にみられる活動報告の内容が誇張にすぎるとの判断[38]などが加わって，より一層そのような印象をもつのである。

（2）シーダーはマルクス由来とはみなし難い「六月のよびかけ」の諸内容を指摘する。

1）ブルーンに関係した事柄である。

---

(34)　Na'aman, *ibid.*, S. 56.

(35)　Schieder, *ibid.*, S. 34.

(36)　文書の起草者と清書者はかならずしも同じ人物である必要はない。

(37)　Schieder, *ibid.*, S. 35. ライフのノートブックのメモが根拠。Na'aman, *ibid.*, S. 39.

(38)　F. Balser: *Sozial-Demokratie 1848/49–1863. Die erste deutsche Arbeiterorganisation. „Allgemeine deutsche Arbeiterverbrüderung" nach der Revolution.* Stuttgart 1962, S. 219/220. Na'aman, *ibid.*, S. 55-59.

まず，ブルーンの同盟からの放逐について，「ヴィリヒは個人的な敵対から［……］貢献していたように思われる」[39]と述べている。シーダーがこう述べるさいの根拠となっている1850年8月26日付シンメルプフェニヒ宛のテヒョーの手紙については，後に（Ⅲ（2）で）詳しくふれる。

それに，シーダー自身も「ブルーンのような人々を彼の「党」[40]から追い出すことは，マルクスの意図にもあったに違いない。その限りでは，マルクスの影響は確かに六月のよびかけのなかにも捉えられる」[41]としており，少なくともこの部分についてはマルクスを事実上は執筆者として認めているとみてよい。[42]

つぎにシーダーは，このように「六月のよびかけ」でブルーンの除名を報知したにもかかわらず，その同じよびかけのなかでシュレスヴィヒ＝ホルシュタインの動静を報告するさいには，当のブルーンからシュラムに宛てられた手紙の内容を利用しているとみて，これを問題視する。いったん除名した人物からの「あいまいな」情報の利用を「マルクスがどうして了承」[43]するのであろうかというのである。

ここからシーダーは，ブルーンの手紙の受取人であるシュラムの，この箇所

（39） Schieder, *ibid.*, S. 35.

（40） シーダーらの「マルクス党」把握がかなり特殊な，問題の多い把握であることについては，Hundt, Martin: Zur Entwicklung der Parteiauffassungen von Marx und Engels in der Zeit des Bundes der Kommunisten. In: *Beiträge zur Geschichte der Arbeiterbewegung,* 23. Jg., 1981, H. 4, S. 516（後に Bund der Kommunisten 1836–1852, hrsg. v. Martin Hundt, Berlin 1988 に収録。拙訳「共産主義者同盟の時期におけるマルクスおよびエンゲルスによる党把握の発展について」鹿児島大学法文学部紀要『経済学論集』第77号，2011年10月，121/122ページ）参照。

（41） Schieder, *ibid.*, S. 35.

（42） この論拠そのものについては甚だ疑問があり，多々問題が残っている。詳論は後日に期したい。この点をはじめシーダーらの1848年革命敗北後の共産主義者同盟とマルクスとの関係についての見解への批判のひとつは，Hundt, Martin: Das Kommunistische Manifest und die Tätigkeit des Bundes der Kommunisten nach der Revolution von 1848/49. In: *Zeitschrift für Geschichtswissenschaft,* 22（1974）, S. 325-330［In: *125 Jahre Kommunistisches Manifest und bürgerlich demokratische Revolution 1848/49. Referate und Diskussionsbeiträge,* Berlin 1975, S. 131-138 に若干改稿のうえ収録］.

（43） Schieder, *ibid.*, S. 35.

への影響をみようとする[44]。

「六月のよびかけ」のなかで，このシュレスヴィヒ＝ホルシュタインの情勢についての報告はつぎの二ヵ所である。

> 「シュレスヴィヒ＝ホルシュタインやメクレンブルクのように，農民協会や日雇労働者協会のあるところでは，同盟員は，それらにたいして直接の影響力を獲得し，その一部を完全に掌握することに成功した[45]」。
>
> 「シュレスヴィヒ＝ホルシュタインで軍隊との結びつきができた[46]」。

この報告内容の正当性をも，シーダーらは大いに疑問視している[47]。さらに，軍隊についてのこのような考え方は，ヴィリヒの楽観的なそれが反映しているとも，推測している[48]。

しかしながら，シーダーのこれらの主張は，シュレスヴィヒ＝ホルシュタインからの情報源がブルーンただ一人しかいなかったとの前提に立っているからこそ成立している。しかしながら，ブルーンの他にもシュレスヴィヒ＝ホルシュタインの別の同盟員がほぼ同じ内容の報告を送っていたとするならば，上の報告内容の客観性も高まるであろうし，さらにブルーンへの依拠，シュラムならびにヴィリヒの影響とのみ断言することはできなくなる。

新『メガ』解説は，シーダーのこの資料紹介を参照指示しつつも，ブルーンとシュルツの活動については多くの同盟員から中央指導部へ情報のもたらされたことを述べ[49]，シュレスヴィヒ＝ホルシュタイン情勢についてもブルーン以外の情報源が存在したことをほのめかしているように思われる。

シーダーは別の主張の論拠として指摘しているのだが，「六月のよびかけ」でこの軍隊との結びつきができたことを述べた箇所について，「同盟がそこでどれだけの影響力を獲得できるかについての詳しい報告が待たれている[50]」と記されている一文に注意すべきである。除名前に届いた手紙の利用ならまだしも，

---

(44)　*Ibid.*

(45)　*MEGA*^{2} I/10, S. 339/340.

(46)　*Ibid.*, S. 340.

(47)　前掲脚注(38)参照。とりわけ，Na'aman, *ibid.*, S. 56.

(48)　Schieder, *ibid.*, S. 35.

(49)　*MEGA*^{2} I/10, S. 925.

(50)　*Ibid.*, S. 340.

除名を伝えたこの「よびかけ」で，このような「詳しい報告」までブルーンを当てにして待つことなど，とうてい想定し難い。少なくとも起草者はこの地方のブルーン以外の同盟員に向けて書いているのである。そうだとすれば，「六月のよびかけ」のシュレスヴィヒ＝ホルシュタインの情勢についても，この一文が向けられているブルーン以外の同盟員の報告のあったことが，たとえ伝承されていないにせよ十分想定されてしかるべきなのではなかろうか。

また，最近の研究は，このような想定を裏付ける方向に進んでいると思われる。(51)

2）シーダーは「六月のよびかけ」のうち二ヵ所をバウアーに由来するものと推定している。

ひとつは，バウアーの特使旅行を評価している記述である。すなわち，「バウアーがドイツの「どこでももっとも信頼できる人々だけを同盟に加入させた」(52)ということは，それがどこでも成功しなかった旅行であったことを言いつくろっているものである」(53)。

一般に共産主義者同盟の特使がどのような活動をおこなったかについては今一つ明らかでない(54)。事柄の性格上そうならざるを得ない面があるわけである。この点についての本格的な検討は今後の課題とし，ここでは形式的にのみみておく。

まず，シーダーが引用している箇所につづいてつぎのように記されている含意をどうとらえるかが問題である。

> 「同盟拡大の仕事を，地方の事情をよりよく知っているこの人々［バウアーが同盟に加入させた，どこでももっとも信頼できる人々］に任せた。断固たる革命的人材を直接に同盟に加入させることができるかどうかは，そ

---

(51) *Die Allgemeine Deutsche Arbeiterverbrüderung. 1848-1850. Dokumente des Zentralkomitees für die deutschen Arbeiter in Leipzig,* Bearbeitet und eingeleitet von H. Schlechte, Weimar 1979, S. 36. なお，本書を以下，*Arbeiterverbrüderung Dokumente* と略記する。

(52) $MEGA^2$ I/10, S. 340.

(53) Schieder, *ibid.*, S. 35.

(54) *Arbeiterverbrüderung Dokumente*, S. 34.

の地方の事情によることであろう」[55]。

このような中央指導部の特使の役割ならびに各班の任務の区別と限定は，きわめて当然のことであろう。「三月のよびかけ」をたずさえこの新方針を各班に周知させることを目的にかなりの旅程をこなさなければならない特使バウアーに，各地の個別的事情まで配慮しての組織化をシーダーのように要求するのは，この段階においてはないものねだりというべきである。

さらに考慮すべきは，エンゲルスが，「共産主義者同盟の歴史によせて」のなかで，バウアーのこの特使旅行について，つぎのように述べている点である。

「同盟は再組織され，[……]「三月のよびかけ」を出し，ハインリヒ・バウアーを特使としてドイツに派遣した。[……] ハインリヒ・バウアーの特使旅行は完全な成果をあげた。この小柄な，信頼のおける靴工は，生まれながらの外交官であった。彼は居眠りし，一部は自分の思惑で動いていた以前の同盟員たち，とりわけまた「労働者親睦会」の当時の指導者たちを，ふたたび活動的な組織に引き入れた」[56]。

ここで，エンゲルスがバウアーの特使旅行を高く評価していることは明らかである。この評価は「六月のよびかけ」時においても同じであったとみてよい。マルクスについても同様であろう。したがって，「六月のよびかけ」の当該箇所をバウアー個人の「言いつくろい」などとみることはできない。中央指導部全体の一致した評価であったとみるべきである。

シーダーがつぎに問題にしているのは，さきの引用箇所につづく部分にある「第二の，より広範な部類の同盟員」についてである。「同盟員の第二の部類を創り出すという提案は，正義者同盟の伝統的な実践を思い出させるのであって，その保証人（Garant）は 1850 年 6 月の共産主義者同盟中央指導部では，ハインリヒ・バウアー以外のだれでもありえなかった」[57]というのである。

シーダーが「正義者同盟の伝統的な実践」ということで何を指示しているのか不明である。正義者同盟以前の亡命者［被追放者］同盟の時期に存在していた正規組織にたいする準備組織のことを意味しているのかもしれない。しか

---

(55)　*MEGA*[2] I/10, S. 340. なお , *BdK*, Bd. 2, S. 77, Z. 6-10 参照。

(56)　*MEW*, Bd. 8, S. 590.

(57)　Schieder, *ibid*., S. 35.

しながら，1834～35 年頃の亡命者同盟は組織的には垂直にも水平にも厳格に相互に秘密とされていたまったくの秘密結社であった。[58]

1848 年革命敗北後の共産主義者同盟の再組織ならびに発展の時期は，反動の力が強大となっており秘密が保たれねばならなかったという点でなるほど類似はある。しかしながら，「六月のよびかけ」の目指す同盟の再組織ならびに発展の規模および質は，亡命者同盟とはまったく異なっている。

とするならば，この「第二の部類」は亡命者同盟一般規約との外見的類似はあれ，組織論上は，両者は範疇的にまったく異なった位置付けがなされるべきではなかろうか。

あるいはシーダーは，一般には知られていない正義者同盟時のなんらかの事実を指示しているのかもしれない。しかし，たとえそうであるにしても，以上と同様の反論が成り立ちうる。

Ⅲ

「六月のよびかけ」の執筆者問題にかんする論拠としてシーダーが最後にふれているのは，マルクスおよびエンゲルスの同時代人による「六月のよびかけ」への言及である。

（1）シーダーはレーザー証言を引いてこう述べる。

> 「レーザーは後につぎのように聞いたという。マルクスとエンゲルスは「最も決定的にこのよびかけ［「六月のよびかけ」］に抗議し，あらゆる誇張にたいして反対を表明した」[59]と。これもまた当を得ているとみてよい」。[60]

これにたいして新『メガ』第Ⅰ部門第 10 巻ではこれといった応接がなされていない。そもそもこの証言をまったく問題にしていないように見受けられる。レーザー証言をはじめて完全に公表したのは『共産主義者同盟。文書および資

---

(58) 黒滝正昭・服部文男「『共産主義者同盟　文書および資料』の意義について」『季刊科学と思想』第 51 号，新日本出版社，1984 年 1 月，93 ページ（分担個所のそれぞれは後に，黒滝正昭『私の社会思想史』成文社，2009 年，68～80 ページおよび服部文男『マルクス主義の発展』青木書店，1985 年，205～213 ページに収録された）。

(59) *BdK*, Bd. 2, S. 452.

(60) Schieder, *ibid.*, S. 36.

料』であるが，この編集者の一人マルティン・フントは新『メガ』第Ｉ部門第10巻の編集主幹でもある。『史料集』のなかでは当然，レーザー証言についての史料考証がなされている。それはレーザー証言に十分な史料能力が認められないというつぎのようなものである。

1852年のケルン共産党裁判の予審と審理では毅然とした態度をとっていたレーザーが，1853年の要塞禁固の間に一連の広範囲にわたる証言に同意したのは，当局の廻し者の囚人によってそそのかされ，減刑と釈放を期待したことによる[(61)]。彼の証言は，確かに「それがなければ証拠がほとんど，ないしはまったく存在しない共産主義者同盟の諸事件について一連の興味深い指摘を含んでいる」[(62)]とはいえ，つぎのような致命的な史料的欠陥をもっている，というのである。

「一面で，今なお彼の共同被告たちを，さらにまた他の同盟員たちをもかばおうと骨折っており，したがって多くの場合，直接に虚偽の証言を行った[……]。他面では，レーザーは，共産主義者同盟の活動について背信的な証言をおこなった。その曖昧で分裂した性格のため，レーザーの詳論はほとんど信用できないし，そのうえしばしば虚偽や誤りに導いたりする」[(63)]。

では，具体的にこの証言をどう取り扱うべきなのか。同じくこの『史料集』の編集者の一人であるヘルヴィッヒ・フェルダーは，「本質的には別の典拠を基礎とし，レーザー証言はただ補助的にのみ利用される」[(64)]べきだと述べる。つまり，別の典拠と整合する場合にはそれを補強するために用いることは許されるが，整合しない場合はもちろんのこと，他に典拠のない場合にはその利用に非常な危険のともなうことを強調しているのである。

したがって，このレーザー証言を利用するさいには，別の諸典拠との比較対

---

(61)　*BdK*, Bd. 1, S. 1164, Anm. 288.

(62)　*Ibid.*

(63)　*Ibid.*

(64)　H. Förder: Zur einigen Fragen der Reorganisation des Bundes der Kommunisten nach der Revolution von 1848/49. In: *Beiträge zur Marx-Engels-Forschung*, H. 4, Berlin 1978, S. 24（拙訳「1848/49年革命後の共産主義者同盟の再組織の若干の問題について」（上）『研究』第２号，1988年１月，83/84ページ）.

照が不可避となってくるのであって，証言の大部分を収録している『史料集』第２巻も，脚注で事実と証言との矛盾にふれている[65]。

シーダーが引用している当該箇所を，その前後も含めて示せばつぎのよう。

「私がここで繰り返さなければならないのは，裁判のなかでも明らかにしたことだがわれわれはロンドンからの第二のよびかけを受け取らなかったということ，少なくとも私にはクラインがそれをもたらさなかったということである。裁判のなかで私は当時，クラインが私に仕立て屋マイアーの手紙を持ってきたことを述べた。

このよびかけについて言えば，裁判のなかではわれわれがそれを受け取ったと主張されていた。しかも，ライフのところにあった彼のノートブックのなかに見出されたメモ「クライン，ロンドンから戻る。よびかけ」をもとにしてだ。私があとで知ったところでは，このよびかけは実際に起草され，ドイツに送られた。それも，シャッパーとヴィリヒに促されてとのことだ。また，その使命の成果は非常に良好だったと特使ハリー・バウアーが述べているので，そのようなよびかけが出されたと信じられてしまうほどである。しかしながら，それは明らかな誇張と虚偽──すなわちケルン班がすでに一人の特使をヴェストファーレンへ送ったというようなこと──を含んでいるので，私は，これらの偽りを誰もあえてわれわれにかぶせようなどとはしないだろうと思わずにはいられない。マルクスとエンゲルスは，最も決定的にこのよびかけに抗議し，あらゆる誇張にたいして反対を表明したとのことだ[66]」。

この箇所への『史料集』の脚注にはこうある。

「しかしながら，実際には，クラインは六月のよびかけをケルンにもたらしたのであった。レーザーによる六月のよびかけについての以下のすべての証言もまた絶対的に偽りである[67]」。

ブルーメンベルク以来，ナアマン，シーダーに至るまでレーザー証言について，本来必要であるべき史料考証はなされてこなかったといえよう。これをはじめ

---

(65) *BdK*, Bd. 2, S. 452, Fußnote 19.

(66) *Ibid*., S. 452.

(67) *Ibid*., Fußnote 19.

て果たした『史料集』の作業の当否を吟味することは今後の一課題である。

問題のこの箇所について一言すれば，本質的には[68]『史料集』の脚注どおり虚偽の証言とみるべきである。というのも，レーザーが1850年6月18日付のマルクスに宛てた手紙のなかで，「例のものを同志クラインから受け取った」[69]と記しており，当時の諸関係からすれば，これはやはり新『メガ』解説や『史料集』の編集者も述べるとおり，「六月のよびかけ」のこと[70]と捉えるべき蓋然性が極めて高いだろうからである。

レーザー証言は，同盟ならびに自身の活動を当局にたいしていかに寡少かつ危険のないものであるかを示すという意図で貫かれている。「六月のよびかけ」を執筆したのもヴィリヒ／シャッパー派であるとして，自身も含まれるマルクスらの同盟には責任がないことを言うのも同様である。つまり，レーザーは，「六月のよびかけ」にみられるような広範な活動や組織化は実際にはまったくなされてはおらず，のちに分離派を形成したメンバーの大言壮語でしかない，と主張しようとしたのであろうということである。

このようにみることが許されるとするならば，レーザー証言のこの箇所は，「六月のよびかけ」の執筆者がマルクスらであることを，またそこで示された同盟の広範な活動が現実であったことを，むしろ逆に積極的に語っている傍証とさえみなしうる，ということになる。

（2）つぎにシーダーが傍証としてあげている同時代人の言及は，後に，マルクスが『フォークト氏』で批判するフォークトの著書『「アルゲマイネ・ツァイトゥング」にたいする私の訴訟』に無断掲載された[71]，1850年8月26日付シンメ

---

(68)　「六月のよびかけ」を，実質上，共産主義者同盟ケルン班が受け取ったことは確実である。とはいえレーザー証言があながち虚偽を述べているのではない可能性もある。つまり，クラインは，レーザーにはマイアーの手紙のみ手渡して，「六月のよびかけ」を直接渡すことはなかったのかもしれない。クラインから「六月のよびかけ」を渡された別の人物――当然ケルンの同盟員だが――は，のちにケルン班の代表であるレーザーに「よびかけ」を持参したとはいえ，この人物がレーザー自身でなく，またレーザーが「われわれ」とみる彼の周囲の極少数の同盟員ではなかったのかもしれないからである。しかしこのようなことは形式的な無用の推測であろう。念の為。

(69)　*BdK*, Bd. 2, Dokument 483, S. 212.

(70)　それ以外の文書であれば，なにもマルクスに宛ててこのような手紙を書く必要のない蓋然性が極めて高いものと思われる。*MEGA*^{2} I/10, S. 925；*BdK*, Bd. 2, S. 212.

(71)　C. Vogt：*Mein Prozess gegen die Allgemeine Zeitung*, Genf 1859, S. 142-156.

ルプフェニヒ宛のテヒョーの手紙に見出される一節である。

> 「テヒョーにたいしてもマルクスとエンゲルスは，1850 年 8 月にこういった。「回状［「六月のよびかけ」］を起草しようという意図（die Absicht das Zirkular abzufassen）を彼らはまったくもっていなかった」[72]と。六月のよびかけの内容的な不協和（Ungereimtheiten）は，共産主義者同盟中央指導部内のはじまりつつある危機の兆候のなかでは，もはや見解の一致が得られなかったことからまさしく説明される。マルクスとエンゲルスはそれにもかかわらずこの文書を外部に出させた。のちに彼らが考えるには，「それが出来上がったときには，それは彼らにとって好ましいものになったという。というのは，それが良好に作用したからである」[73]。こう述べて，彼らはおそらく同盟内での彼らのどちらかといえば衰えている影響力を言いつくろったのである」[74]。

シーダーはテヒョーの伝えるマルクスの言葉を，「六月のよびかけ」の執筆者がマルクスらではないことの証明と受け取っている。特に前半の部分を重視している。彼らが「起草しようという意図［……］をまったくもっていなかった」のであれば，出来上がったものに彼らが起草者であるなどという認定は当然できようはずもない，というのであろう。そして，後半部については「言いつくろった」ものと断定している。

『史料集』は，このテヒョーの手紙についてつぎのような史料考証をおこなっている。まず，マルクスも『フォークト氏』「4　テヒョーの手紙」で示しているように，テヒョーが当時のマルクスらの見解をまったく理解していなかったことに注意を要するが，そのうえで，「テヒョーが，［……］7 月末におこなわれた反動的新聞での六月のよびかけの公刊によって，［同盟およびマルクスらに］先入

（本書の参看にさいしては出雲雅志神奈川大学教授のご厚意に与かった。記して謝意を表する。）その経緯については，マルクスの『フォークト氏』「4　テヒョーの手紙」に詳しい（*MEW*, Bd. 14, S. 435-458.『全集』北条元一訳）。なお以下では，便宜上この手紙の参照指示には *BdK*, Bd. 2, Dokument 508, S. 253-256 を用いる。

（72）　*BdK*, Bd. 2, S. 254.

（73）　*Ibid.*

（74）　Schieder, *ibid.*, S. 36.

観をいだいており(voreinnehmen)[(75)]，またこれに加えてマルクス，エンゲルス，コンラート・シュラムとの対話の直後にはアウグスト・ヴィリヒの影響下に入った」[(76)]ことによる誤解や錯誤を考慮すべきだ，というのである。

新『メガ』解説は，おそらく同様の考証を背景に，「この発言が論争的できわめて尖鋭的な討議のなかで生じたことが考慮されねばならない」[(77)]と一定の留保を付している。そのうえで，新『メガ』解説は，このテヒョーの手紙を，1850年7月17日付のマルクスのカール・ブリント宛手紙とともに「六月のよびかけ」の執筆者がまさしくマルクスである証拠とみている[(78)]。そして，シーダーの引いている箇所につづく以下のテヒョーの手紙の章句を引用している。

> 「同盟はその存在がおおやけになって以来，非常に強化された。彼ら［マルクス，エンゲルス，シュラム］はできれば第一の回状［「三月のよびかけ」］もそっくり，もういっそのこと公表してしまおうかという気持ちにまでかなり傾いたとのことだ」[(79)]。

しかしながら，これについての詳しいコメントはなされていない。

このような見解が出されているテヒョーの手紙の章句は，それではどのように理解されるべきか。

まず，『史料集』や新『メガ』の史料考証については妥当なものとみるべきである。マルクスらの発言にたいするテヒョーの誤解がありえないとは言えないわけである。しかしながら，このような点を考慮したうえでも，テヒョーの手紙でのマルクスらの発言の記録は検討に値するものである。ここでは，事実が伝えられているものとみて考察をすすめる。

新『メガ』が詳しいコメントを加えていない点については，こう推測しうる。新『メガ』はマルクスらの発言意図をおそらくつぎのように判断しているのである。

ケルンからライプツィヒへ送られた「六月のよびかけ」が当局の手に落ち，各新聞で反共的に利用されている。それならばむしろ，共産主義者同盟の真意

---

(75)　「六月のよびかけ」が外部に漏れ出る経緯，ことにテヒョーらが „*Karlsruher Zeitung*“でこれを知ることについては，*MEGA*² I/10, S. 926/927 参照。

(76)　*BdK*, Bd. 2, Anm. 495, S. 685.

(77)　*MEGA*² I/10, S. 850.

(78)　*Ibid.*, S. 924.

(79)　*Ibid.*, S. 850. はじめの一文は橋本による補足。

を公衆に知らせるために「三月のよびかけ」をもあわせて公表してしまおう，というのである[80]。

もしそうであるとすれば，「六月のよびかけ」の執筆者は，「三月のよびかけ」ともどもマルクスらであるということになる。そして，こう考えるのは妥当なところである。

シーダーが論拠としている前半部の発言はどう考えるべきか。彼が，マルクスらに当初回状起草の意図がなかったことをもって，そのまま「六月のよびかけ」を執筆したのはマルクスらではあり得ぬことの証明とのみ見ているのは早計である。

問題のマルクスらの言葉は，テヒョーが「六月のよびかけ」の個人攻撃を非難し，それがヴィリヒによって企てられたのではないかと問い詰めるなかで語られている。したがって，テヒョーの反感を和らげるための返答であった可能性もありえよう[81]。

事実が語られているとすれば，つぎのような推測もなりたちうる。当初マルクスらは，回状を起草する必要性を認めていなかったのではなかろうか。たしかに，同盟規約では三ヵ月に一度の報告が義務付けられていた[82]。しかし，1850年5月末から6月にかけては，情勢評価が極めて難しい時期に入っていた[83]し，ヴィリヒらとの理論的な対立も萌しつつあった。また組織状況を報告するにしても，それが外部に漏れ，さらに官憲に知られる危険が依然存在していた[84]。そして，この懸念はのちに事実となった。このような状況を目前にしては，定期的な回状も前年後半同様，断念せざるをえない。しかるに，ヴィリヒらを中心に規約どおりの回状の起草を求める意見があったのではなかろうか。この意見は必ずしも多数意見であった必要はない。とにかく回状の起草作業が開始された。この作業に，当初起草に反対であったからといって，マルクスらが必ずしも積極的には参加しなかったと考える理由はない。むしろ，起草の主導

---

(80)　前掲脚注（75）参照。

(81)　もしそうであれば問題にする意味はない。

(82)　*MEW*, Bd. 4, S. 598.『全集』村田陽一訳。

(83)　本章の後論〔おわりに〕を参照。

(84)　「六月のよびかけ」においてもドイツについての報告のはじめの部分の記述に窺われるとおりである（*MEGA*^{2} I/10, S. 339）。

権を握っていたとみるのが当時の中央指導部の構成を考慮すれば，自然である。そして，回状が出来上ってみると，指導部内に萌しつつあった理論対立を反映せざるをえなくなるような理論的な部分を要しなかったこと，分派批判の点をはじめ同盟の現状報告をそれほど立ち入ったものにせずに済んだことなど，彼らにとって好ましいものになったとも想定しうるのである。

いずれにせよ，これは憶測の域を出ない。シーダーのような主張だけが可能なのではないことを具体的に示すためのあくまで一つのアンチテーゼとして想定してみたものであることを明記しておかなければならない。

おわりに

1850年5月下旬のフランスの普通選挙法の廃止にいたる過程は，3月の同じフランスの補欠選挙での反政府派の勝利で再燃するかにみえた革命への期待[(85)]を完全に断ち切るものであった[(86)]。革命再開の起点と一般にみなされていたフランスにこれを期待することはできなくなった。それは，イギリスの政治・経済情勢の悪化，ロシアの武力侵略，ドイツのシュレスヴィヒ=フォルシュタイン情勢等に若干の可能性は残しつつも，基本的には革命の直接の展望を失ったに等しい[(87)]。イギリスへの着目を中心として，情勢の変化の詳細な検討の要請と経済学の啓蒙の必要性が生じてくる。これと時を同じくして，マルクスがブリティッシュ・ミュージアムの入館許可証を入手したり[(88)]自宅やドイツ人労働者協会で経済学の講義を再開する[(89)]のは偶然ではない。さらに中央指導部内の萌し始めた理論対立，ケルン班との活動路線上の相違，マルクス個人の生活上の苦難も，マルクスならびに同盟中央指導部の活動を著しく困難にしたであろうことが推測される。

とはいえこのような政治情勢の悪化や恐慌勃発の遅延にもかかわらず，マル

(85)　*MEW*, Bd. 8, S. 155.『全集』村田陽一訳。

(86)　*Ibid.*, S. 157/158.『同』村田訳。

(87)　当時のマルクスの情勢評価の指標については，Förder, *ibid.*, S. 44/45（前掲拙訳（中）『研究』第3号，1988年4月，55/56ページ）.

(88)　*Karl Marx Chronik seines Lebens in Einzeldaten*, Moskau 1934, S. 91.

(89)　*Ibid.*, S. 90.

クスの理論ならびに活動の基本的な方向は，共産主義者同盟の再組織とその発展とを着実に遂行しなければならないというところにあったとみてよい。この方向が，9月の同盟の分裂とそれにつづくケルン共産党裁判によって実現不可能になってしまうとはいえ。

したがって，「六月のよびかけ」も情勢の厳しさを配慮しはするものの，この方向を進める一助として起草されたものとみなしうる。

のちの分裂におけると同様の中央指導部の構成がこの時点でも存在していたと仮定するのが妥当であろうから，マルクスおよびエンゲルスらが多数派を形成しているわけであって，基本的な線で彼らの見地に反した「よびかけ」は起草されようはずもない。たとえ部分的には，マルクスやエンゲルス以外の見解が入り込んでいる可能性はあるにせよ，「六月のよびかけ」の基本的な執筆者はマルクスらであったとみるべきである。

そして，この「よびかけ」の眼目は分派批判にあるのであって，それは「三月のよびかけ」の理論的発展としてマルクスらに由来するものとみることができる。

シーダーらが「誇示する調子」とみる諸点については，彼らの研究時には十分判明していなかった共産主義者同盟の1850年当時の労働運動等への少なからざる影響力があるのであって，この点に関する今後の研究の進展を待ちたいところである。[(90)]

(90)　ことに前掲脚注（51）にみられるように，労働者親睦会の評価はかなり変化してきている。旧東ドイツの研究のみに限ってみても，*MEW*, Bd. 7, Anm. 200（S. 602）と *BdK*, Bd. 2, Kapitel Ⅴの序言（S. 19/20）とでのその評価をみれば，後者において高いものとなっている。これはマルクスならびに共産主義者同盟の影響力の多寡に比例したものである。なお，増谷英樹「ドイツ「三月革命」期の労働運動」歴史学研究会編集『歴史学研究』第452号（青木書店，1978年7月）28～38ページ，ことにⅢを参照。

第4章　「ドイツ農民戦争」第Ⅵ章第2段落の意義とその背景
——時機尚早の政権掌握についてのエンゲルス——

はじめに

カール・マルクスとフリードリヒ・エンゲルスは，1848年革命敗退後，その革命の経験を総括し，来たるべき革命を展望するなかで，革命党によって時機尚早の政権掌握がなされることに懸念を抱いた。なかでもエンゲルスの著作「ドイツ農民戦争」第Ⅵ章第2段落はその表明として著名である。それにもかかわらず，このエンゲルスの懸念の意義について，また，それがどのような文脈および当時の状況下で表明されたのかについて，立ち入って考察した研究は従来行われてこなかった[(1)]。本章では，それらを考察し，エンゲルスの懸念の影響史を検討するにさいして前提とすべき基礎的諸事項の一つを取りまとめている。

Ⅰ　「ドイツ農民戦争」第Ⅵ章第2段落の文脈とその内容

エンゲルスの懸念がどのようなものであるのかを直接に当該段落に即して確認するが，まずはじめに，「ドイツ農民戦争」について，さらに当該段落の前後関係について簡単に見ておこう。

1　エンゲルス「ドイツ農民戦争」について

エンゲルスの「ドイツ農民戦争」の初出は，1850年11月29日頃に発行され

(1)　1905年の第一次ロシア革命にさいして「臨時革命政府」をめぐる論争のなかで関説された段落である。とはいえ，管見ながらその方面からの立ち入った研究もなされていないようである。なお，エンゲルスは晩年に再度，時機尚早の政権掌握に懸念を表明したことがある。その検討は今後また改めて行いたい。

た『新ライン新聞。政治経済評論』第5・6合冊号[2]であるが，この号の構成はつぎのようであった。

Ⅰ　ドイツ農民戦争 …………………… フリードリヒ・エンゲルス
Ⅱ　社会主義的，共産主義的文献…… カール・マルクス，
　　　　　　　　　　　　　　　　　 フリードリヒ・エンゲルス
Ⅲ　ロンドンにおける仕立て業，あるいは大資本と小資本の闘争
　　……………………………………… ヨハン・ゲオルク・エッカリウス
　　評論。5-10月……………………… カール・マルクス，
　　　　　　　　　　　　　　　　　 フリードリヒ・エンゲルス

見られるように，「ドイツ農民戦争」はこの合冊号の巻頭論文として一括して掲載された。「ブルジョアジーの革命第1号」，1524～25年のドイツ大農民戦争についての考察である。その主たる対象をなす農民反乱およびトーマス・ミュンツァーに関する素材は，シュトゥットガルトで1841～43年に刊行されたヴィルヘルム・ツィンマーマンの著作『大農民戦争全史。未刊・既刊の資料による』第1～3部から採られている[3]。全体はⅠからⅦまでの7章構成である。後代の編集者は，これらの各章に以下のような各々妥当と思われる見出しを補った[4]。

Ⅰ［16世紀初めのドイツの経済状態と諸階級］
Ⅱ［二大反対派の形成とその思想的代表者──ルターとミュンツァー］
Ⅲ［大農民戦争の前史（1476～1517年）］
Ⅳ［貴族反乱］
Ⅴ［シュワーベン＝フランケンの農民戦争］
Ⅵ［テューリンゲン，エルザス，オーストリアの農民戦争］
Ⅶ［大農民戦争の諸結果］

本章で考察するⅥの第2段落は，Ⅵの構成全体のなかにあっては，ミュン

（2）*Neue Rheinische Zeitung. Politisch-ökonomische Revue*, redigirt von Karl Marx. [Nachdruck] Zentralantiquariat der Deutschen Demokratischen Republik, Leipzig 1982, S. 1-99.

（3）以下の記述は，「ドイツ農民戦争」を収録している*MEGA*^{2} Ⅰ/10, S. 962-965の「成立と来歴」その他による。

（4）*MEW*, Bd. 7, S. 693/694, usw.

ツァーが直接関与したテューリンゲンの農民戦争について叙述する前半部のはじめにあたる。

2　当該段落の文脈と当時のエンゲルスらの革命の見通し

Ⅵの冒頭段落では，ミュンツァーがミュールハウゼン市の政権を掌握するに至る経過が記されている（実際は掌握しなかった）。ミュールハウゼンでは，「小市民層の全大衆が極端なミュンツァー的方向の味方にひきいれられ，いばりかえった門閥にたいする自分の数の優越にものいわすべき瞬間がくるのを待ちきれないありさまであった」。そのため，事態はつぎのように展開したという。すなわち，

「ミュンツァー自身は，適切な瞬間のこないまえに事をおこさぬように，むしろなだめる態度に出なければならなかった。しかし，ここの運動を指導していた彼の弟子のプファイファーはすでに勢いにひきずられてしまっていたので，勃発をくいとめることができなかった。こうして，はやくも1525年3月17日，まだ南ドイツで総反乱がおこらぬうちに，ミュールハウゼン市は革命をおこしたのである」（下線は引用者。以下，同じ）[(5)]。

続く当該第2段落には，最初に，「極端な党派の指導者が遭遇することのありうる最悪の事態は，運動が，彼の代表する階級の支配のためにも，またこの階級の支配が必要とする諸方策の実施のためにも，まだ成熟していない時期に，彼が政権を引き受けるのを余儀なくされる場合である」[(6)]との章句があり，以下はそのような最悪の事態を，ミュンツァーから離れて一般的に定式化した展開となる。

これをうけて第3段落では，再び農民戦争の実際に返り，「ミュンツァーの立場は，近代のなんらかの革命的な統治者よりもはるかに危ういものであった」との評価が示され，その危うさについてつぎのような叙述がなされる。

「彼自身やっとぼんやり感じはじめたにすぎぬ理念を実行しうるには，当時の運動だけではなく，彼の世紀全体がまだ熟していなかった。彼の代

(5)　*MEGA*^{2} I/10, S. 431; *MEW*, Bd. 7, S. 400.「ドイツ農民戦争」からの引用訳文は以下，伊藤新一訳『ドイツ農民戦争』（大月書店［国民文庫］1953年）によるが，多少変更した場合もある（本引用は130/131ページ。以下，伊藤訳とのみ表記）。

(6)　*Ibid.* 伊藤訳131ページ。

表していた階級は，完全な発展をとげ全社会を征服しうるまでになっていたどころか，いまやっと生まれようとしているところなのであった。彼の空想（Phantasie）に浮かんだ社会変革なるものは，目のまえの物質的な諸関係にほとんど根ざしていなかった。それどころか，これらの諸関係が準備していた社会秩序は，彼が夢みていた社会秩序のまさに正反対のものでさえあった。しかし同時に彼はキリスト教的平等と福音的財貨共有制にかんする彼のこれまでの説教にしばられていた。彼はせめてそれの実行の試みだけでもしなければならなかった」[(7)]。

概要を見た限りではあるが，Ⅵ冒頭のこれら三つの段落では，革命の時機尚早に関して次元の異なる三つの問題が論じられている。第一は，冒頭段落に見られるものであって，革命における蜂起の時点に関わる問題である。第二は，第２段落において展開される，運動の未成熟な段階における革命党派指導者の政権掌握の問題である。第三は，第３段落で明らかにされている，「世紀全体」が未成熟ななかでの革命の問題である。

本章で考察の対象とするのは，このうちの第二のものである[(8)]。これまで，当該第２段落が革命党による政権掌握の時機尚早を論じるためにしばしば引用されるとき，その多くではミュンツァーについての描写という本来の位置を離れて，マルクス／エンゲルスらの当時の革命観と結び付けた理解が前提されてきた。彼らの革命観のなかに時機尚早と判断する基準があるのだが，それはつぎのような，革命における政権を掌握する階級の推移についての展望であった。

エンゲルスは『ニューヨーク・デイリー・トリビューン』1852年12月22日付の論説「最近のケルン裁判」において，『ドイツ・イデオロギー』執筆前後に端緒的に確立され，『共産党宣言』においてひとまず体系化された唯物論的歴史観にもとづく「理論的推論」ならびに「結論」と，それらが1848年革命において確証されたこととをこう述べた。

---

(7)　*MEGA*^{2} I/10, S. 432; *MEW*, Bd. 7, S. 401/402. 伊藤訳 132/133 ページ。

(8)　他の二つの問題に若干付言すれば，第一の問題は，各々の革命の個別具体的な諸事情に詳細に立ち入ってはじめて了解可能な非常に特殊な領域をなすであろう。また，第三の問題は，唯物論的歴史観における社会構成体論の形成・発展史を考察するうえで大変興味深いものである。

「歴史が共産党にしめしたのはつぎのことであった。中世の土地貴族につづいて最初の資本家の金融的権力がおこって政権を掌握したこと，蒸気の利用以来資本家中のこの金融家部分（this *financial* section of Capitalists）の社会的勢力と政治的支配とは新興の工業資本家（the *manufacturing* Capitalists）の勢力によってとってかわられたこと，そして現在ではさらに二つの階級，すなわち小町人階級（the petty trading class）と工業労働者階級（the industrial working class）とが，自分たちに支配の順番をまわすようにと要求していること，これである。理論的推論は，共産主義的労働者階級が永久的にその権力を確立し，彼らをブルジョアジーのくびきにつないでいる賃金奴隷制を破壊できるようになるには，まずもってそのまえに小町人民主主義の支配する順番がこなければならない，という結論にみちびき，1848/49年の実践的革命的経験は，この推論を確証した」（傍点は原著者。以下，同じ）[(9)]。

3　当該段落とその内容

革命党派の指導者が時機尚早の政権掌握によって陥る困難について述べた第2段落の続く部分の内容を確認しよう。はじめに，いささか長文にわたるがその全文を掲げる。なお，そのさい行論の便宜のために（1）から（4）まで四つの区分を設ける[(10)]。

（1）「彼がなしうることは，彼の意志に依存するのではなくて，種々の階級の対立が駆り立てられている高さと，階級諸対立のそのつどの発展度がそれに基づいている物質的生存諸条件，すなわち，生産・交易諸関係の発展度とに依存する。他方で，彼がなすべきこと，すなわち，彼自身の党派が彼に求めることは，彼に依存するのではなく，さりとて階級闘争の発展度やその諸条件に依存するのでもない。つまり，彼は，彼のこれま

---

(9)　*MEGA*² I/11, S. 437；*MEW*, Bd. 8, S. 399. 訳文は，村田陽一訳『革命と反革命』（大月書店［国民文庫］1953年）所収のもの（157/158ページ）による。
　本論説は，確かにケルン共産党裁判の本質を暴露するとともに，その被告たちを擁護する趣旨をもつものではあるが，本文の行論にとっては差し支えのない史料である。

(10)　以下の引用は，*MEGA*² I/10, S. 431/432；*MEW*, Bd. 7, S. 400/401. 伊藤訳131/132ページ。

での諸教義と諸要求とに拘束されているのであるが，他方，それは社会的諸階級相互のもっかの位置や，生産・交易諸関係のもっかの，多少とも偶然的な状況から生ずるのではなくて，産業的［社会的］[11]・政治的運動の全般的帰結への，優れていようが劣っていようが彼の洞察から生ずるのである」。

（2）「そうして彼は必然的に解き難いディレンマにあることを知る。すなわち，彼がなしうることは，彼のこれまでの態度全体，彼の原則，彼の党派の直接の諸利害と矛盾する。また，彼がなすべきことは実施されえない。一言で言えば，彼は，彼の党派，彼の階級を代表するのではなく，その支配にとって運動がまさしく成熟している階級を代表するよう強いられている。彼は，運動そのものの利益のために，彼とは無縁な階級の利益を実施しなければならず，彼自身の階級を空文句と約束で，その無縁な階級の利害が彼自身の階級の固有の利害であるという誓言で，はねつけねばならない」。

（3）「このようなやっかいな立場に陥る者は救い難く敗北する」。

（4）「つい最近，われわれはその諸例を経験したが，先のフランス臨時政府においてプロレタリアートの代表者たち──彼ら自身プロレタリアートの非常に低い一発展段階を代表していたにすぎないのであるけれども──が占めた位置に注意を喚起するだけにしよう。二月政府の諸経験の後に──わが高貴なるドイツ臨時政府と帝国摂政府は言わずもがな──なお公的な地位に思惑を働かすことのできる者は，愚者よりも視野の狭い者であるか，せいぜい空文句だけの極端な革命党派の一員であるに違いない」。

重複を厭わずこれらの章句の内容を確認しよう。

（1）では，時機尚早に政権を掌握した革命党の指導者の「なしうること」と「なすべきこと」とが，それぞれどのような諸要因によって規定されているのかについて説かれている。

まず，「彼がなしうること」を規定する要因であるが，最初に，①「彼の意志に依存するのではない」ことがはっきりと述べられている。そして，規定因として，

（11） 1870年の『フォルクスシュタート（Der Volksstaat）』での再録以降，「産業的」が「社会的」に変更されている（*MEGA*² I/10, S. 969, Z. 1）。

②「種々の階級の対立が駆り立てられている高さ」と，③この「諸階級対立のそのつどの発展度がそれに基づいている物質的生存諸条件，すなわち，生産・交易諸関係の発展度」とが示される。

つぎに，彼の「なすべきこと」が「彼自身の党派が彼に求めること」と等置され，まず，一見したところではそれらの規定因に該当する資格をもつように見えるのだが実はそうではないものが列挙される。④「彼に依存するのではなく」，⑤「階級闘争の発展度」や，⑥「その諸条件に依存するのでもない」というのである。そのうえで，⑦「彼は，彼のこれまでの諸教義と諸要求とに拘束されている」ことが明らかにされる。ついで，さらにこの「彼のこれまでの諸教義と諸要求」を規定する要因が求められる。やはり，それに相当しそうではあるがそうではないものが，まず挙げられる。⑧「社会的諸階級相互のもっかの位置」や，⑨「生産・交易諸関係のもっかの，多少とも偶然的な状況」がそれに当たる。そうして最後に，真の規定因は⑩「産業的・政治的運動の全般的帰結への，優れていようが劣っていようが彼の洞察」であることが解明される。この（1）におけるエンゲルスの考察は，つぎの（2）で，「なしうること」と「なすべきこと」との間に背反が生じること，またその帰結を述べるための前提をなしている。

（2）では，そのような背反が生じた場合に政権掌握者が余儀なくされる困難，必然的な彼の解き難いディレンマ，の内容が叙述されているが，つぎの二つが含まれる。

第一は，「産業的・政治的運動」の発展が遅れているために，彼の実際に代表する階級がすり換わらざるをえないことについてである。この点は先に見たミュンツァーとちょうど逆の対応となっている。すなわち，「彼は，彼の党派，彼の階級を代表するのではなく，その支配にとって運動がまさしく成熟している階級を代表するよう強いられている」という事態である。彼の諸方策に反映されるのも「彼とは無縁な階級の利益」である。したがって，「彼がなしうることは，彼のこれまでの態度全体，彼の原則，彼の党派の直接の諸利害と矛盾する」わけであり，「彼がなすべきことは実施されえない」のも無論である。

第二は，そのようなディレンマにあって，彼がその本来属する階級に対してどのような態度をとるに至るのかについてである。彼は，余儀なく彼の実施することとなった諸方策に反映しているところの，彼とは「無縁な階級の利害が彼自身の階級の固有の利害であるという誓言で」，したがって「空文句と約束」で，「彼自身の階級を［……］はねつけねばならない」立場に陥るというのである。

（3）においては，このような立場が「やっかいな」ものと形容され，そこに「陥る者は救い難く敗北する」と結論づけられている。

（4）は，その諸例解であるが，それらは，ミュンツァーの時代にではなく，1848年革命のフランスと，その後のドイツの政治状況のなかに求められている。

Ⅱ　当該段落の意義とそのような問題提起を許さぬ諸事情

1　当該段落の意義

（1）にある「なしうること」と「なすべきこと」とを規定する論理的な連関を図示してみるならば，下記のような図が得られるであろう。

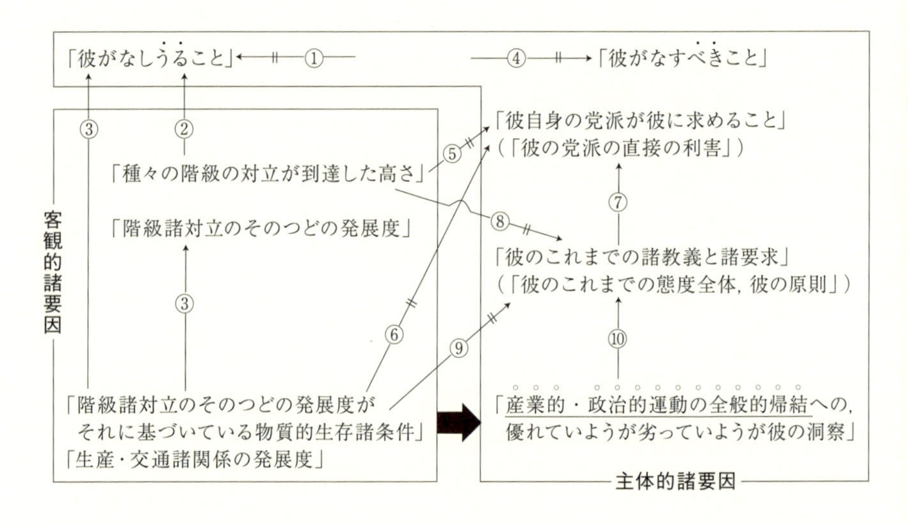

図のなかで，↑は規定関係を，↟はそうした関係にはないことがエンゲルスによって述べられているものを示す。①～⑩の数字は，上記行論中の数字に照応する。また，これらの諸要因は，図示したとおり，客観的なものと主体的なものとに二分しうる。

さらに，政権掌握者が「洞察」する対象である「産業的・政治的運動の全般的帰結」とは,「彼のなしうること」を規定している客観的諸要因の総体,すなわち,経済的と政治的と二つの次元の総体が「洞察」の時点で形成している事態である。したがって,客観的諸要因と主体的諸要因との間には,一方で「なしうること」が規定される関係とともに,他方,「彼の洞察」によって媒介される関係の存在することが分かる。

以上の理解が妥当であるならば,当該段落の意義は,余儀なく時機尚早の政権を掌握した革命党の指導者に即して,彼の客観的諸要因と主体的諸要因とがどのような関係にあるのか,また,彼の主体的諸要因の各々がどのような内的編成をもつのかについて直接に解明を行い,唯物論的歴史観による主体的諸要因分析形成への一つの手掛かりを与えたところにあると言うことができる。

このうち後論との関係で特に注目したい諸論点を取り上げよう。

まず第一に,政権掌握者の「洞察」に優劣のありうることが示唆されている点である。当該段落で問題となっているのは,彼の「なすべきこと」を深く規定した過去の洞察であるが,そもそも現在のディレンマを彼が洞察しうるか否かに関しても同じ問題が生ずる。Ⅵの第4段落ではこの問題がミュンツァーの状況に即してつぎのように記されている。

> 「自分の理論とすぐ目のまえの現実とのあいだの大きな裂け目を,ミュンツァー自身は感づいていたように見える。彼の天才的な見解が,彼の信奉者大衆の粗野な頭脳のなかに反映するときにどうしてもゆがめられてしまうので,彼はますますその裂け目をはっきり気づかずにはおれなかったのである[(12)]」。

「世紀全体」が未熟であったがためにこの「裂け目」をどのように取り捌くべきかを知り得ず,ファナティシズムへと急速に転化せざるを得なかったミュンツァーではあるが,ここではその「裂け目」に気づいている彼の天才的な洞察とそうした洞察には到達し得ない彼の信奉者大衆の粗野な頭脳とが対比されていると見ることもできよう。

第二に,当該段落におけるエンゲルスの考察からは,自ずと認識の積極的性格も示されることになる。一方で,優れた洞察を得るためのさまざまな営為

---

(12)　*MEGA*^{2} I/10, S. 433；*MEW*, Bd. 7, S. 402. 伊藤訳133ページ。

が存在しなければならないであろうし，他方で，その結果としてそれぞれの水準に位置する洞察に基づき，政権掌握者の「態度全体」,「原則」,「諸教義」,「諸要求」がはじめて導出され，さらには彼の「なすべきこと」が確立されるからである。

そこには，第三に，政権掌握者の活動にさいして，客観的諸要因のみならず，主体的諸要因も大きな影響力を及ぼしていることもまたはっきりと示されている。つまり，客観的諸要因によって「なしうること」を直接に規定される経路とは別に，今見たとおり，洞察等の諸思考が重要な媒介をなすことによって彼の「態度全体」,「原則」,「諸教義」,「諸要求」，そして「なすべきこと」も形成されるに至るもう一つ別の経路の存在が明示されているからである。また，これらの形成の機構は，後の『経済学批判』「序言」の「定式」に言う「社会的意識諸形態」および「イデオロギー的諸形態」を具体的に示したものとして留意されるべきである[(13)]。

以上考察した（1）の部分からは，政権掌握者の主体的諸要因の形成にさいして，彼の洞察の優劣がどのような影響を及ぼすのかという問題が浮かび上がる。当該段落の問題状況に即するならば，困難な立場を優れた洞察によって克服し得る余地の有無いかんという問題である。一見したところでは時機尚早の政権掌握への懸念としか見えない当該段落に，実は，直面する問題の克服に向けて検討を開始するための萌芽が含まれているのである。

2　そのような問題提起をゆるさぬ諸事情

しかし，エンゲルスが続いて（2）と（3）で述べるのは,「必然的に解き難いジレンマ」に直面し,「やっかいな立場に陥り」,「救い難く敗北する」場合で

---

(13)　また，当該段落（1）でのこうしたさまざまな考察のうちに，時機尚早の政権掌握を余儀なくされた革命党の指導者という特殊な場合のみならず，他の時点あるいは他の人物にも一般化できる内容を見出すことは，唯物論的歴史観の理論的な展開に不可欠であろう。例えば，帝国主義という「死滅しつつある資本主義」（レーニン）の段階における政権掌握者についての妥当性の有無の検討は重要であろう。

なお,『経済学批判』「序言」の唯物論的歴史観の「定式」は，図と同じく客観的側面と主体的側面とに二段に厳密に分けて叙述されていると主張したつぎの拙稿をも参照されたい。後藤洋・黒滝正昭・大和田寛編『社会科学の世界』第Ⅱ部「8　史的唯物論の形成と基本概念」梓出版社，1992 年。

ある。そのような立場に陥り,「彼とは無縁な階級の利益を実施しなければなら」ぬのはやむをえない不可避の過程である。さもなくば,ミュンツァーのように「裂け目」に気づいていながら,無謀な「実行の試みだけでもしなければなら」ず,いっそう救い難い敗北に終わるであろう。ミュンツァーのそのような実行は論外であるが,他の階級の利益の実施が,「空文句［で……］彼自身の階級をはねつけねばなら」ぬことにはたしてそのまま直接つながるのかどうかは実は問題である。一般的には,そのような連関にはなんら必然性はないであろう。一定の諸条件が備わってはじめてそのような連関が生ずるのであって,諸条件を明示しないエンゲルスの説明は短絡の嫌いなしとしない。そしてなによりもそのような短絡は,マルクスやエンゲルスらの基本的な立場,ことに法則認識とそれに即応する主体の目的意識的な活動という観点に背くとの評価を,さしあたりここまでの検討においては,下さざるを得ないものである。

彼らの基本的な立場をここで再確認しておこう。

例えば,彼らの手になる共産主義者同盟の綱領,『共産党宣言』では,「共産主義者が他のプロレタリア的諸政党から区別される」ただ二つの要因として,一方で「プロレタリアの種々の国民的闘争において,プロレタリアート総体の共通で国民性から独立した利害を強調し,かつ主張する」国際性とともに,他方で「プロレタリアートとブルジョアジーとのあいだの闘争が通過する種々の発展段階において,つねに運動総体の利益を代表するということ」が指摘されていた。それゆえ,「共産主義者は,実践的には,すべての国々の労働者諸政党のもっとも断固とした,絶えず推進していく部分であり,理論的には,共産主義者は,プロレタリア的運動の諸条件,経過および一般的諸結果にたいする見通しを,プロレタリアートの他の大衆よりもすぐれてもっている」ということになるのであった[(14)]。また,『宣言』の別の箇所では,「共産主義者は,労働者階級の直接に目前にある諸目的および利益の達成のためにたたかうが,彼らは,現在の運動において同時に運動の未来を代表する」[(15)]とも記されていた。このように「運動の未来を代表する」ことが彼らに可能なのも,彼らの,「プロ

(14)　*BdK*, Bd. 1, Berlin 1970, S. 685/686；*MEW*, Bd. 4, S. 474. 訳文は服部文男訳『共産党宣言』(新日本出版社〈科学的社会主義の古典選書〉, 1998年) 71/72ページによる。

(15)　*Ibid.*, S. 701；*ibid.*, S. 492. 服部訳106ページ。

レタリアートの他の大衆よりもすぐれてもっている」「プロレタリア的運動の諸条件，経過および一般的諸結果にたいする見通し」，すなわち，彼らの優れた洞察を介してにほかならない。一般には共産主義者の前衛性と称される特徴であろう。

彼らにとってそのような洞察は何に生かされるのか。『資本論』初版の「序文」に，マルクスはつぎのような章句を記している。

> 「ある国民は他の国民から学ぶべきであるし，また学ぶことができる。そして，本書の最終的な究極目標であるのは，現代社会の経済的運動法則を暴露することなのだが，たとえある社会が，自らの運動の自然法則への手掛かりをつかんだとしても，その社会は，自然法則にのっとった発展諸段階を跳び越えることはできないし，ましてやそれらを法令で除去することもできない。しかしながら，この社会は，生みの苦しみを短縮し，緩和することはできる[16]」。

「現代社会の経済的運動法則」をはじめとする，社会への優れた洞察の重要性が指摘されている。優れた洞察を得るために「学ぶ」ことが推奨され，「発展諸段階を跳び越えることはできない」とはいえ，得られた洞察によって，「生みの苦しみを短縮し，緩和することはできる」と言われているのである。

マルクス，エンゲルスのこのような基本的な立場を当該段落の問題に適用してみよう。エンゲルスらの革命の見通しではまだプロレタリアートに支配の順番が回ってこない時期に，余儀なく政権を掌握した革命党の指導者は「彼とは無縁な階級の利害を実施しなければなら」ないのであるが，それはここに言う跳び越え不可能な発展段階に相当するであろう。しかし，それが不可避であるにしても，生みの苦しみを優れた洞察によって「短縮し，緩和することはできる」と述べているのは，当該段落における「彼自身の階級を空文句と約束で［……］誓言で，はねつけねばならない」という困難から免れる可能性の皆無ではないことを暗示しているのではあるまいか[17]。

そうであるとするならば，先進的な党とその指導者にとっては，彼らがこの

---

(16)　*MEW*, Bd. 23, S. 15/16. 訳文は，資本論翻訳委員会訳『資本論　第1分冊』（新日本出版社，1982年）11/12ページを参考にした。

(17)　『資本論』初版「序文」の行論は，「国民」と「社会」を対象としてのものであるが，本文のように当該段落の政権掌握者へと特殊化することも許容されるであろう。

ような困難に遭遇した場合，いっそうの苦境に陥ることは避けなければならないという戒めが必要であり，さらにはこの困難から脱出するための諸条件の解明や諸方策の検討が問題として提起されなければならないはずである。また，そのさい，唯物論的歴史観がそのような優れた洞察であるのか否かという，その有効性に関わる問題も生じてこよう。

以上の検討から明らかとなるのは，エンゲルス「ドイツ農民戦争」の当該段落，ことにその（2）には，エンゲルスらの基本的な見方がほとんど貫かれていないということである。むしろ，当該段落の行論は，エンゲルス自身に困難克服の可能性等を検討する必要性について十分な自覚がありつつも，それに直接言及することを許さぬほどに著しく限定された問題設定のもとでなされた非常に特殊な行論であると理解しなければならない。

したがって，つぎに検討しなければならないのは，エンゲルスにそのような問題提起を許さなかった諸事情についてである。

あまりにも自明な第一の事情は，エンゲルスの「ドイツ農民戦争」が描いたのは，もっぱら「世紀全体」が未熟であるミュンツァーであったという大前提である。

しかしながら，当該段落の最後の部分（4）では1848年革命に採った例が挙げられている。この時期は「世紀全体」といった大きな時期区分における未熟さからは脱していたとみなさなければならない。が，それにもかかわらず，「1525年のドイツ革命と1848/49年のドイツ革命とのあいだの相似関係が，あまりにも明らか」[(18)]であるとの評価が下されるような当時のドイツに固有の客観的諸要因の遅れがあった。先に見たエンゲルスの革命における階級支配の順序についての見通しはここから生じていた。エンゲルスには，優れた洞察等の主体的諸要因の先進性だけでは，万一そのような政権掌握を余儀なくされた場合，その困難は克服しきれないとの判断があった，ということになる。これが第二の事情である[(19)]。

---

(18)　*MEW*, Bd. 16, S. 394. 訳文は，『マルクス／エンゲルス全集』第16巻（大月書店）村田陽一訳388ページ（以下，『全集』とのみ略記）。1870年の『ドイツ農民戦争』第2版「序文」から。

(19)　当時のドイツの客観的諸要因，特に「生産・交易諸関係の発展度」がいかに遅れたものであり，またその遅れを熟知していた当時のエンゲルスの評価でさえもがどれほど過

そしてさらに第三の事情は，主体的諸要因も当時，まことに不十分な水準にあったという事実である。[20] 従来，エンゲルスの当該段落が論じられる場合，これら三つの事情に十分な考慮が払われていなかったために，必ずしも混乱した議論が展開されなかったとは言い難いのである。[21] 本章では以下，第三の事情のなかでも，当該段落におけるエンゲルスの問題提起を特に制約したと思われる一要因を見る。すなわち，遅れたドイツ等，客観的諸要因をありのままに評価することから逸れて，即座の革命とそこでの革命党による政権掌握とを主張したアウグスト・ヴィリヒやカール・シャッパーらの革命的冒険主義の存在である。

Ⅲ　共産主義者同盟分離派の革命的冒険主義に対する批判

新『メガ』第I部門第 10 巻の「ドイツ農民戦争」に付された「成立と伝承」には，当該段落について，「革命党の指導者が代表している階級の支配のためには未だ成熟していない時期に政権を握ることを強いられたその立場についての詳論は，1850 年 8 月に生じ，9 月 15 日の中央指導部会議でその決定的な点

大なものであったかということについては，後のエンゲルスの「マルクス『フランスにおける階級闘争』（1895 年版）への序文」におけるつぎの言を見よ。

「歴史は，われわれおよびわれわれと同じように考えたすべての人々が正しくなかったことを明らかにした。歴史は，大陸における経済発展の水準が，当時まだとうてい資本主義的生産を廃止しうるほどに成熟していなかったことを明白にした。歴史は，これを 1848 年以来全大陸をまきこんだ経済革命によって証明した。この経済革命によって，［……］ようやくほんとうに大工場が根をおろし，そしてドイツはまさに第一級の工業国になったのである。［……］」（*MEW*, Bd. 7, S. 516. 訳文は，中原稔生訳『フランスにおける階級闘争』大月書店［国民文庫］1960 年，11/12 ページ）。

(20)　この第三の事情についてのつぎのレーニンの検討は正鵠を射ている。О временном революционном правительстве. Статья первая Историческая справка Плеханова. В：В. И. Ленин полное собрание сочинений[5], т. 10, с. 229-241（「臨時革命政府について 第一論文 プレハーノフの歴史的考証」『レーニン全集』大月書店，第 8 巻，463～475 ページ）。

(21)　したがって，当該段落がこのように限定された問題設定のうちにあることを看過するならば，この段落の趣旨が，マルクスとエンゲルスらの基本的見地から離れて，追随主義的，後尾主義的に解釈されることになるのも当然であろう。

にまで到達したヴィリヒ／シャッパー派との対立を念頭に置いてのものである」[(22)]との解説が施されている。

この対立の一端を見，それがどのように当該段落に反映しているのかを確認しなければならない。

1 「来たるべき革命におけるドイツ・プロレタリアートの立場」と共産主者同盟の分裂

(1) 1850年の「三月のよびかけ」における来たるべき革命の展望

先に見たような，革命における諸階級の支配の推移についての認識が，1848年革命後，共産主義者同盟内であらためて明瞭に提示されたのは，同盟中央指導部が同盟員に宛てた1850年の「三月のよびかけ」においてであった。そこでは，来たるべきドイツの革命を展望して，その革命における政権掌握者が小ブルジョアジーになるものと予想され[(23)]，さらに，この政権に対するプロレタリアートならびに同盟の態度が，「革命的労働者党は，自分が打倒しようとする分派とたたかうためには，小ブルジョア的民主党と共同する。だが，民主党が自分自身の利益のために地歩を固めようとするあらゆる場合に，民主党に反対する」[(24)]と規定されていた。

したがって，同盟の活動方針も自ずとつぎのようなものとなった。

「ドイツ労働者は，かなりに長い革命的発展を完全に経過しつくさないうちは，支配権をにぎることもできず，彼らの階級利益をつらぬくこともできない［……］。労働者が最後の勝利を得るためには，彼ら自身がいちばんに努力しなければならない。すなわち，自分の階級利益を明らかに理解し，できるだけはやく独自的な党的立場を占め，一瞬間といえども民主主義的小ブルジョアの偽善的な空文句にまよわされずに，プロレタリアートの党の独立の組織化をすすめなければならない」[(25)]。

---

(22)　*MEGA*^{2} I/10, S. 962.

(23)　「すでにみたように，この次の運動のさいには，［小ブルジョア］民主主義者が支配権をにぎるであろう［……］」（*MEGA*^{2} I/10, S. 262；*MEW*, Bd. 7, S. 253. 訳文は『全集』第7巻，258ページ，村田訳による）。

(24)　*Ibid*., S. 257；*ibid*., S. 246/247. 村田訳 251/252ページ。

(25)　*Ibid*., S. 263；*ibid*., S. 254. 村田訳 259ページ。

「ドイツ農民戦争」当該段落における問題との関連で確認しておくならば,「三月のよびかけ」では，当時のドイツの客観的諸要因は彼らが直ちに政権を掌握できるほどには成熟していない，と言われているのである。

この「三月のよびかけ」は，マルクスとエンゲルスによって起草され，ヴィリヒもその一員であった中央指導部の全会一致をみたものであった。しかしながら，革命的高揚の再来の展望が経済の「全般的好況」の到来によって遠退く等，その後の情勢の変化も加わるなかで,[26] 中央指導部のヴィリヒやシャッパーらは，この「よびかけ」の方針から逸れて行くのである。

(2) 1850年9月15日の中央指導部会議における論争

この対立は同盟の分裂という事態にまで至るのであるが，それを決定的にしたのが，9月15日の中央指導部会議である。

この会議でシャッパーは自身の立場をこう述べた。

> 「[……] 新しい革命は，1848年に名をあげた人たちすべてよりもたくみに行動する人たちを輩出させるものと思う。[……] 問題になっているのは，われわれ自身が最初に首をはねるか，それとも首をはねられるかである。フランスでは労働者の番になるだろう。それとともに，ドイツでもわれわれの番になるだろう。そうならなければ，私はもちろん寝てしまうだろう。われわれの番になれば，われわれはプロレタリアートの支配を確保するような措置をとることができるだろう。私は，こうした見解を熱狂的に支持している。[……] 来たるべき革命では私はきっとギロチンにかけられるだろうが，それでもドイツに行ってみよう」[27]。

シャッパーの見解に特徴的なのは,『宣言』から「三月のよびかけ」に至るまで同盟内で一致していたはずの，諸階級の政権掌握の順序についての見通しが否定され，プロレタリアートによる即時の政権掌握が展望されていることで

---

(26) この経過に関しては, Herwig Förder: Zu einigen Fragen der Reorganisation des Bundes der Kommunisten nach der Revolution von 1848/49. In: *Beiträge zur Marx-Engels-Forschung*, H. 4, Berlin 1978, S. 23-67（拙訳「1848/49年革命後の共産主義者同盟の再組織の若干の問題について」（上）『研究』第2号，1988年1月，81～103ページ；（中）『研究』第3号，1988年4月，49～59ページ；（下）『研究』第4号，1988年7月，19～35ページ）参照。

(27) *BdK*, Bd. 2, S. 269; *MEW*, Bd. 8, S. 599. 訳文は『全集』第8巻，平木恭三郎訳584/585ページによる。

ある。[28]

この発言に先立ちマルクスは,「個人的対立だけでなく,原則的な対立も［ロンドン共産主義労働者教育］協会のなかにすら現れている」と述べ,さらに,「ほかならぬ「来たるべき革命におけるドイツ・プロレタリアートの立場」という問題についての」ヴィリヒ／シャッパーらの見解が「この前の前の回状［「三月のよびかけ」］に,それどころか『［共産党］宣言』にすら,まっこうから対立する意見」となっていることを,詳細に批判した。すなわち,

「『宣言』の普遍的な見解のかわりに,ドイツの民族的見解が主張され,ドイツの手工業者の国民感情にこびへつらっている。『宣言』の唯物論的見地のかわりに,観念的な見地が主張されている。現実の諸関係ではなくて意志が革命の眼目だと主張されている。われわれは労働者にこう言っている,「諸君は諸関係を変え,諸君自身が支配能力をもつようになるためには,なお15年,20年,50年間というもの,内乱をとおらなければならない」と。ところが諸君はこう言っている。「われわれは**ただちに**政権をにぎらなければならない。それができなければ寝てしまってもかまわない」と。民主主義者が「人民」という言葉をたんなる空文句としてつかってきたように,いまでは「プロレタリアート」という言葉がたんなる空文句としてつかわれている。この空文句を実行するためには,すべての小ブルジョアを

---

(28)　ケルン中央指導部の「12月1日のよびかけ」では,シャッパーら分離派の立場がつぎのように特徴づけられている。

「［……］意志さえしっかりしていれば,彼らは,つぎの革命のさいにただちに支配権を獲得して,社会の共産主義的改造を遂行できるだろう,というのである」。

また,

「［……］現在の発展を基盤として,ことに新しいドイツ革命を基盤として,運動の終局目標を達成できると考えている」(*BdK*, Bd. 2, S. 324/325; *MEW*, Bd. 7, S. 562/563. 訳文は『全集』第7巻,村田訳572ページによる)。

なお,ヴィリヒ／シャッパーらの主張には,「全般的好況」(*MEGA*^{2} I/10, S. 466)となるに至った当時の経済情勢の無視という問題も存在するが,本文の当面の行論においてはさしあたり無関係である。というのは「三月のよびかけ」におけるマルクス／エンゲルスもまた革命の再高揚を差し迫ったものと展望していたからである。従来の諸研究にあっては,この経済情勢とドイツの革命における政権掌握階級の順序の問題とが混同されたために生じた誤謬があった(山之内靖『マルクス・エンゲルスの世界史像』未来社,1969年,102/103ページおよび淡路憲治『マルクスの後進国革命像』未来社,1971年,78/79ページ)だけに,特に留意したい。

プロレタリアと宣言し，したがって実際にはプロレタリアではなく小ブルジョアを代表しなければならなくなるであろう。真の革命的発展を，革命という空文句とすりかえなければならなくなるであろう」[(29)]。

一読した限りでも，このマルクスの発言とエンゲルスの「ドイツ農民戦争」当該段落とが相呼応していることに気づくであろう。マルクスの論点を確認しながら，その対応関係を見てみよう。

まず明らかなのは，マルクスがここでシャッパーらの立場を「現実の諸関係ではなくて意志が革命の眼目だと主張されている」ものと評しているのに合わせて，エンゲルスは「彼がなしうることは，彼の意志に依存するのではなくて[……]」と批判し，さらに「なしうること」と「なすべきこと」との背反を展開したということである。

つぎに，シャッパーらが小ブルジョアジーとプロレタリアートとの分界を一貫しえず，結局はその混同に帰着するために生ずる諸問題である。

来たるべき革命では小ブルジョアジーが政権を掌握すると展望したマルクスらの立場から見るならば，シャッパーらのようにそのさい同盟とプロレタリアートが「ただちに政権をにぎらなければならない」と主張することは，政権掌握

---

(29)　*BdK*, Bd. 2, S. 268；*MEW*, Bd. 8, S. 598.『全集』平木訳 583 ページ。

ちなみに，本引用文中で紹介されている「諸君は諸関係を変え，諸君自身が支配能力をもつようになるためには，なお 15 年，20 年，50 年間というもの，内乱をとおらなければならない」という展望こそが，まさにマルクス，エンゲルスらの言う「永続革命（die Revolution permanent zu machen）」の内実なのである。50 年間といった長期間を想定してのものであるから，その期間内には 1848 年革命のような革命の高揚局面は無論のこと，王政復古等の反動局面のみならず，さらにその後の革命の第二局面の高揚も含み込まれているのである。このように非常に長期的な視野で彼らが革命を見るのは，革命についての「それまでの歴史的経験」に根ざしていたからである。彼らは，イギリス革命については，ピューリタン革命〔国際的視点等も入って，その頂点は 1648 年［秋間実「もっと目を凝らして──〈古典の読みかた〉考」東京唯物論研究会編『現代社会とマルクス主義の自己診断』（梓出版社，1987 年）の一の前半部を参照］〕につながる運動の始まった 1640 年からクロムウェル独裁や王政復古を経て 1688 年の名誉革命に至る 48 年間と捉えていたのであり，また，フランス革命については，1789 年のフランス大革命の勃発からジャコバン派の恐怖政治，ナポレオンによる個人独裁や王政復古を経て 1830 年の七月革命に至る約 40 年間と捉えていたのであった（Vgl. *MEGA*^{2} I/11, S. 3, Z. 15—S. 4, Z. 3；*MEW*, Bd. 8, S. 5, Z. 3—S. 6, Z. 3）。このような「歴史的経験」は，1917 年に始まり最近の事態にまで連なるロシア革命についても一定の有効な基準を提供するであろう。

階級の混同に行き着く。つまり，本来小ブルジョアジーが座るべき政権掌握階級の地位に，プロレタリアートが座るのだと強弁することは，実際に小ブルジョアジーがその地位を占めたさいに，そこに座っている階級があたかもプロレタリアートであるとの誤認を誘発する。また，そこに至る過程においても絶えずこの誤認を惹き起こす。この誤認は実際には小ブルジョアジーをプロレタリアートと称している事態である。それゆえ，この誤認においてはまず第一に，「「プロレタリアート」という言葉がたんなる空文句としてつかわれている」のであり，第二に，プロレタリアートの前衛を任ずる同盟からすれば，小ブルジョアジーをプロレタリアートと称する美化がなされていることになる。小ブルジョア，手工業者の多い「ドイツの民族的見解が主張され，ドイツの手工業者の国民感情にこびへつらっている」と，マルクスが批判するのもこのゆえである。

第三に，「この空文句を実行するためには，［政権掌握者が］すべての小ブルジョアをプロレタリアと宣言し，したがって実際にはプロレタリアではなく小ブルジョアを代表しなければならなくなるであろう」とのマルクスの批判が，エンゲルスによって詳述されたとみなし得る。ここでのマルクスの発言を織り込んで言えば，「彼は，彼の党派［共産主義者同盟］，彼の階級［プロレタリアート］を代表するのではなく，その支配にとって運動がまさしく成熟している階級［小ブルジョアジー］を代表するよう強いられている。彼は，運動そのものの利益のために，彼とは無縁な階級［小ブルジョアジー］の利益を実施しなければならず，彼自身の階級［プロレタリアート］を空文句と約束で，その無縁な階級［小ブルジョアジー］の利害が彼自身の階級［プロレタリアート］の固有の利害であるという誓言で，はねつけねばならない」となるであろう。

全体的にもエンゲルスの当該段落は，「プロレタリアート」という言葉が空文句となってすりかえが常態化し，それが実地に移されて「真の革命的発展」が「革命という空文句とすりかえ」られなければならなくなるとのマルクスの批判を，敷衍したものである。

以上のマルクスのシャッパー批判の発言とエンゲルスの当該段落の内容の密接な対応関係を確認したからには，「ドイツ農民戦争」当該段落がミュンツァー評価の文脈に織り込まれ，また少しく一般化された形になっていようとも，それがヴィリヒ／シャッパーら同盟分離派に対する暗黙の批判であることがいまや明らかとなるであろう。

先のシャッパーの発言に対して，マルクスはつぎのように応えた。

「熱情についていえば，権力をにぎるだろうと自分で信じている党に所属するには熱情はたいしていらないものである。私はつねにプロレタリアートの一時的な意見には反対してきた。われわれは，党自身にとってしあわせなことにまださまさに権力につくことのできない党に身をささげている。もし権力をにぎるようなことになるなら，プロレタリアートは，直接プロレタリア的ではなく，小ブルジョア的な方策をとることになるだろう。わが党は，四囲の事情が党の見解を実現することを可能にするようになったときにはじめて，権力をにぎることができるのである。ルイ・ブランは，時機尚早に権力をにぎった場合にどうなるかを示す最良の実例を提供している。もっともフランスではプロレタリアは単独で権力をにぎるのではなく，彼らとともに農民と小ブルジョアが権力をにぎるであろう。そしてプロレタリアは自分の方策ではなく，農民や小ブルジョアの方策を実行せざるをえなくなるであろう[30]」。

ここでも「もし権力をにぎるようなことになるなら，プロレタリアートは，直接プロレタリア的ではなく，小ブルジョア的な方策をとることになるだろう」と繰り返し論じている。新たに加えられているのは，第一に，フランスの二月革命におけるルイ・ブランへの言及である。マルクスがそれを「時機尚早に権力をにぎった場合にどうなるかを示す最良の実例を提供している」と評するのは，エンゲルスの当該段落（4）前半での評価とまったく同じである。ちなみに，フランスにおける来たるべき革命がプロレタリアートとともに農民と小ブルジョアが権力を握り，「プロレタリアは自分の方策ではなく，農民や小ブルジョアの方策を実行せざるをえなくなるであろう」と展望しているのは，ドイツとの相違を考慮してのものである。

第二に，時機尚早の政権掌握を試みるシャッパーに対する批判の文脈においてマルクスが「私はつねにプロレタリアートの一時的な意見には反対してきた」と述べている点に留意しておきたい。そのような態度は，マルクス個人のみならず共産主義者同盟の態度でもあるが，先に確認した優れた洞察と軌を一にするものであって，万一彼らが余儀なく時機尚早の政権を掌握した場合に，

---

(30)　*BdK*, Bd. 2, S. 270；*MEW*, Bd. 8, S. 600.『全集』平木訳 586 ページ。

その困難を克服する手掛りを提供する重要な主体的要因の一つである。

2　冒険主義批判の継続

ヴィリヒやシャッパーたちは，新しく結成されたケルンの中央指導部によって12月に除名されるが，彼らはすでに，ドイツ人の小ブルジョア革命運動の亡命指導者たちと，まったく名ばかりの臨時政府「ヨーロッパ中央指導部」を組織し，その宣言を出すなど，「革命ごっこ」を展開していた。ヴィリヒ／シャッパーらの革命的冒険主義の動向を，マルクス，エンゲルスらは，1850年秋以降，絶えず注視し，そのつど適切な批判を加えた。しかしながら，冒険主義の諸活動によってドイツの諸政府には，運動家の逮捕や抑圧のための格好の口実が与えられた。特に，プロイセン当局をしてケルンの同盟中央指導部のほとんどのメンバーを逮捕させるさいの有力な梃子となった。(31)共産主義者同盟は1852

(31)　マルクスの妻イェニーは「波乱万丈の生活のスケッチ」と題される回想を1865年にしたためたが，1851年と1852年について，つぎのように記した事件である。

「1851年の初夏に，また一つ事件がおきまして，そうしてこれにはそれほど詳しく触れるつもりはないのですが，この事件は内外の心配を大変増大させたのでした。春に，プロイセン政府はライン地方にいたカール［・マルクス］の友人すべてを，きわめて危険な革命の陰謀を企てているというので告発し，彼らはことごとく投獄され，そこでものすごい虐待が加えられました。1852年の暮になってやっと，公開裁判が始まりましたが，これが大変有名になった［ケルン］共産党裁判なのでした。ダニエルスとヤコービを除いて，被告全員が3年ないし5年の禁固という判決でした」（*Mohr und General. Erinnerungen an Marx und Engels*, Berlin 1964, S. 195. 訳文は，栗原祐訳『モールと将軍　1』大月書店［国民文庫］1976年，194ページを参考にした）。

なお，上掲引用の最初の一文中，下線部を，ヘンリー・フレデリック・デームートの誕生に対するイェニーの嫌悪とみなす主張（McLellan, David: *Karl Marx. His Life and Thought*, London 1973, p. 271［D. マクレラン〔細見 英・杉原四郎・重田晃一・松岡保訳〕『マルクス伝』，ミネルヴァ書房，1976年，268ページ］）は明らかに謬見であり，「1851年の初夏に」の箇所に付された土屋保男による以下の注記が妥当である。すなわち，

「政治的一揆を準備しているというでっちあげの理由にもとづいて，1851年の初夏に，ケルンの多くの共産主義者同盟委員が逮捕・投獄された事件で，ケルン共産党裁判といわれています。マルクスは，この事件がスパイによるでっちあげであることを，『ケルン共産党裁判の真相』であばきました」（『革命家マルクスとイェニー』新日本出版社，2012年，178ページ［初出は『革命家マルクス』新日本出版社・新日本新書，1967年］）。

妥当である所以は，ケルン共産党裁判が主題となっている段落のはじめにマクレランのようにそれと異なる内容が記されていると見るのは不自然であって，すべて同一の内容と見るべきだからである。「初夏」と「春」と，叙述の時間的順序が逆転しているのは，マルクス，エンゲルスら，イェニーの周辺に一連の逮捕の報がもたらされ（5月24日頃），

年には解散を余儀なくされる。しかしながらマルクスとエンゲルスら「わが党」のメンバーは，同盟の解散後，公的な政治活動から退いて以降も，冒険主義の危険な影響が消え去るまで，その傾向に対して「嘲笑と軽蔑の体系」[32]と称されるほど徹底的に党としての闘争を敢行した[33]。その跡は当時彼らの執筆した諸文献の随所に留められている。とりわけ同盟が分裂した後，11月29日頃に発行された『新ライン新聞。政治経済評論』第5･6合冊号所収の諸論説はその典型をなしている[34]のであって，「ドイツ農民戦争」も同じく分離派批判を叙述の各所に含む論説なのであった。

詳細が新聞報道もされて判明し「一つの事件」となったのが「初夏」（6月3〜16日）であり，その逮捕をプロイセン当局が開始していたのが「春」（5月10日）だったからである。前半が当事者イェニーの目から，後半は後に事件全体を知ったイェニーの目で叙事的に，それぞれ記されているのである。また，詳述を避けるとしているのは，嫌悪としてならばむしろプロイセン当局の謀略への嫌悪であろうが，実際には，土屋が記しているようにマルクスの著作『ケルン共産党裁判を暴く』によってこの裁判についての詳細な批判と解明がすでに十分なされており，当時のドイツの自覚的な労働者たちにはよく知られた事柄だったためである。運動史の観点からの検討がいかに重要であるかを示す一例である。

この論点は，H. F. デームートの父がマルクスであるとする見解に批判的なテレル・カーヴァーでさえもが，上記マクレランの解釈を無批判に踏襲したままであるため，論旨に一貫性を欠く観がある（Terrell Carver, Marx's 'Illegitimate Son'… or Gresham's Law in the World of Scholarship, essays on Marx mythology, URL：https://www.marxists.org/subject/marxmyths/terrell-carver/article.htm）だけに，また最近に至っても同様の立論が見られる（大村泉・窪俊一・R. ヘッカー・V. フォミチョフ編『わが父カール・マルクス──マルクス伝の歴史を変えたフレディ書簡』極東書店，2011年，19ページおよび40ページ）だけに，その誤謬をただすためにはいくら強調しても強調し過ぎるということはないであろう。

（32） *MEW*, Bd. 30, S. 491.

（33） マルクス，エンゲルスらのこのような党的闘争については，さしあたり本書第9章を参照。

（34） 「ドイツ農民戦争」を巻頭に収めた『新ライン新聞。政治経済評論』第5･6合冊号がどのように分離派同盟批判となっているのかについては，本書第5〜7章をも参照。

Ⅳ 「1853年4月12日付ワイデマイアー宛エンゲルスの手紙」──エンゲルス自身による「問題の提起」──

1 「考えを許さない」のか，「問題を提起しない」のか

前節までの検討によって，当時のエンゲルスらの活動にあっては，ヴィリヒ／シャッパーら共産主義者同盟分離派ならびに亡命ドイツ人小ブルジョア革命運動指導者らの革命的冒険主義に対する批判が看過すべからざる比重を占めており，それが当該段落での問題の提起にも直接大きな影響を及ぼしていることが確認された。

このことによって，当該段落での革命党の指導者による時機尚早の政権掌握への懸念表明のなかに，そもそもそのような「考えを許さなかった」エンゲルスを見出すのではなく，単にそのような「問題を提起しなかった」エンゲルスを，すなわち，そのような「問題を提起」する諸条件になかったエンゲルスを見出す視角[(35)]の妥当な所以がいっそう明らかになった。

本節では，諸条件が若干異なる時点において，余儀なくではあれ，エンゲルス自身が実際にそのような「問題を提起」していると思われる史料を見る。それによって，この視角の妥当な所以がよりいっそう鮮明になるであろう。その史料とは，三年後の1853年に4月12日付でヨーゼフ・ワイデマイアーに宛てられたエンゲルスの手紙である。

2 エンゲルスの手紙の基調

この手紙の主要な内容は，マルクスの「ヒルシュの告白」の掲載依頼とエンゲルスの軍事関係の研究についてである。

「ヒルシュの告白」は，マルクスとエンゲルスそしてエルンスト・ドロンケの共筆稿『亡命者偉人伝』の草稿を持ち逃げしたプロイセン官憲のスパイ，バンジャを指弾したものである。したがって，その掲載依頼から説き起こされている

(35)　В. И. Ленин, Заметки к статье «О временном революционном правительстве.», Полн. собр. соч.[5], т. 10, с. 392（「論文「臨時革命政府について」のための覚え書」『レーニン全集』第41巻，189ページ）。

手紙であることからも，その基調が革命的冒険主義批判にあること，明瞭である。ここで検討するエンゲルスの章句は，自身の軍事研究の状況を知らせるなかで来たるべき革命の展望へいわば脱線した文脈に見出される。(36)

3　1853年における諸事情の変化――経済情勢と理論戦線

エンゲルスは，まず経済情勢を概観し，「これらすべてに照らして，どれほど冷静な立場からしても，現在の情勢［好況］が1854年春以後にまで持続することはまったく不可能であると私には思われる」と記して，1850年の時点と異なり，来たるべき革命を期待し得る情勢に転じたとの判断を示す。革命的な情勢の再高揚，革命の第二局面の開始への展望である。

つぎに，彼は，来たるべき革命において，エンゲルスらプロレタリアートの党派が1848年と比較すれば甚だ有利な位置を占めていることを示す。それは，理論戦線でのものであり，つぎのようである。

> 「非常にすばらしいのは，わが党が今度はまったく異なった眺望のもとに登場することである。1848年にはまだ生粋の民主主義者たちや南ドイツの共和主義者たちに対して代弁せざるを得なかった社会主義的愚考のすべて，L．ブランの馬鹿げたまね等，それどころか混沌としたドイツの事態のなかでわれわれの諸見解の諸根拠を見出すためにのみ，われわれが持ち出すのを強いられていた諸事でさえ――これらすべては今では確かにわれわれの敵対者諸氏，すなわち，ルーゲ，ハインツェン，キンケルその他によって代弁される。プロレタリア革命の予備的手続き，すなわち，われわれのために戦場を用意し，道を掃き清める諸措置――単一不可分の共和国等，つまり，それを成し遂げること，あるいは少なくとも要求することがその本来の標準的な職務であったはずの人々に対抗してわれわれが当時代弁しなければならなかった事柄，これらすべてが，今では認められており，これら諸氏はそれを習い覚えてしまった。今度はわれわれはただちに『［共産党］宣言』で始める。それはとりわけやはりケルン裁判のおかげであって，そこでドイツ共産主義は（特にレーザーを介して）その卒業

---

(36)　『亡命者偉人伝』とそれに関連するマルクスならびにエンゲルスの冒険主義批判については本書第9章を参照。

試験を済ませたのであった」[37]。

遅れたドイツながらも1853年に至ってようやく，1848年時とは異なり，共産主義者であるエンゲルスらが種々の面でブルジョアジーや小ブルジョアジーを代行する必要のない状況となったことが記されている。したがって，エンゲルスらには当初からプロレタリアート固有の要求を全面的に展開することが可能となるわけである。

4　実践面──時機尚早の政権掌握の「予感」

エンゲルスは，こうした有利な位置は「もちろん理論に関してだけである」と述べ，これと対照的な実践面について，つぎのように書く。

「実践においては，われわれは，なによりもまず決然たる諸措置と絶対的な仮借なさを迫ることにいつものように限定されているであろう。そして，そこに災難があるのだ。どうも私にはつぎのような予感がする。つまり，他のあらゆる党がなす術を知らず，だらしないおかげで，わが党がある朝突然に政権の座にかつぎ上げられるが，しかし結局は，直接われわれの利害のためにではなく，一般に革命的な，特殊に小ブルジョア的な利害のために，諸事を実施することになるのではなかろうかと。その場合，いずれかの機会には，プロレタリアート人民によって追いたてられ，さらに多かれ少なかれ間違って解釈され，また党の闘争のなかで多かれ少なかれ情熱的に前に押し出され，印刷された人民固有の諸言明や諸計画に拘束されて，共産主義的諸実験や諸跳躍を，それらがどれほど時宜にかなっていないか自身で一番よく知っていながら，実行することを強いられるであろう。その際さらに冷静な頭を失い──肉体的な意味でだけだとよいのだが──，反動が始まる。そうすると，世界がそういうことに歴史的な判断を下し得るようになるまでは，獣だとみなされ，それはどうでもよいことであろうが，それのみならず愚かだとみなされる。そしてこれははるかにゆゆしきことである。それと別のことが起こりうるとは，私には容易に見通せない。先進の党をもち，しかもフランスのような先進国といっしょに先

(37)　*MEGA*² Ⅲ/6, S. 153;*MEW*, Bd. 28, S. 579/580. 訳文は『全集』第28巻，468/469ページ，良知 力訳による。

進の革命に巻き込まれるドイツのような後進国においては，最初の深刻な衝突にさいして，また実際の危険が現れるとたちまち，先進の党の番にならざるをえないのだが，それはいずれにせよその党の標準的な時期の前なのである。しかしながら，そんなことはすべてどうでもよい。そして，一番よいのは，そうした場合のために，わが党の文献の中で，すでに前もって歴史におけるわが党の名誉回復が根拠づけられていることである[(38)]」。

経済情勢が革命の再高揚を期待しうるものとなり，理論戦線も本来の姿に近づいたとはいえ，先に見た革命における各階級の政権掌握の順序についての展望は変わらない。にもかかわらず，エンゲルスは，自分たちに時機尚早の政権を掌握する「災難」の降りかかる事態を「予感」する。「予感」という形をとりながらも，時機尚早の政権掌握という問題がエンゲルス自身によって提起されているのである。だが，それは，エンゲルスらの「党」がドイツの他の諸党派に比べて「先進の党」を形成しており，また「他のあらゆる党がなす術を知らず，だらしないおかげで」，「最初の深刻な衝突にさいして，また実際の危険が現れるとたちまち，先進の党の番にならざるをえない」という余儀ない事情に起因する。

その政権の実際にたいするエンゲルスの予感は，「ドイツ農民戦争」当該段落と軌を一にしている。だが，ここでは，自分たちに降りかかる災難であるだけに，いくつかのかなり立ち入った見通しが与えられている。

第一は，ギロチンにかけられ，さらには無謀な共産主義的諸実験や諸跳躍のかどで「獣」や「愚かだとみなされる」という非常に悲観的な見通しである。

第二は，政権掌握者が，「共産主義的諸実験や諸跳躍を，それらがどれほど時宜にかなっていないか自身で一番よく知っていながら，実行することを強いられる」その諸事情についてである。その事情の一つは，「プロレタリアート人民によって追いたてられること」である。プロレタリアート人民の圧力がいかなるものかについては，エンゲルスも十分に承知していた。すでに『ドイツ国憲法戦役』の末尾近くで，「［1848 年革命によって］倒れ，殺された自分の兄弟たちのために復讐をとげなければならない彼ら［労働者と農民］は，たしかに，来たるべき反乱にさいしては，小ブルジョアではなしに彼らが支配権を握るよ

(38) *Ibid.*, S. 153/154; *ibid.*, S. 580. 同上書 469 ページ。

うに心をくばるであろう」[39]と展望していたからである。もう一つの事情は,「多かれ少なかれ間違って解釈され，また党の闘争のなかで多かれ少なかれ情熱的に前に押し出され，印刷された人民固有の諸言明や諸計画に拘束れ」ることである。ミュンツァーの場合も「彼のこれまでの説教にしばられて［……］せめてそれの実行の試みだけでもしなければならな」いところにまで追い込まれたのであった。

第三は，これらについてのエンゲルスの対策である。「一番よいのは，そうした場合のために，わが党の文献の中で，すでに前もって歴史におけるわが党の名誉回復が根拠づけられていることである」と述べる。あらかじめ「わが党の文献の中で」，政権を掌握する諸階級の推移の展望等の諸原則がはっきりと宣言されていれば，理論的な賢明さは前もって明瞭に理解されるはずである。したがって，これに反して実践面においてなされるであろう「愚かだとみなされる」諸事は，運動そのものの利益のために余儀なくなされたものにすぎず，彼らの賢愚とは無関係となり，その汚名をそそぐことができるというのがエンゲルスの趣旨であろう。ここでの「党の文献」の用い方はなるほど直接には，悲観的な結末の後に下される「愚か」という歴史的判断を避けるためである。しかし，そのような用い方は，単に事後的な名誉の維持に役立てられるだけでなく，時機尚早の政権掌握渦中におけるプロレタリアート人民の革命党指導者に下される同時代的判断にも同様に役立てられるであろう。その判断が好転すれば，プロレタリアート人民からの圧力を和らげることにも役立つ。また，先に見た共産主義者同盟中央指導部会議での「私はつねにプロレタリアートの一時的な意見には反対してきた」というマルクスの発言に見られるような態度が受容される余地を拡大するための起点ともなる。さらに，無謀な実験の実行を強いられないようにするためには，党の闘争・諸印刷物への人民固有の諸言明・諸計画の混入と，党の見解に対する人民の誤った解釈とを，能う限り避けることが必要であるが，これもまずもって「党の文献」に含まれる内容と密接に関係している。そして，これらは先に見た政権掌握者の主体的諸要因，すなわち,「洞察」を基底にして形成される彼の「態度全体」,「彼の原則」,「諸教義」,「諸

(39)　*MEGA*^{2} I/10, S. 117; *MEW*, Bd. 7, S. 196/197. 訳文は『全集』第7巻，202ページ，村田陽一訳による。

要求」そのものなのである。

以上の検討から分かるのは，エンゲルスは時機尚早の政権掌握という課題を余儀なく提起しており，その展望も悲観的なものではあるが，歴史的な名誉回復のための彼の対策のうちには，政権掌握渦中での諸困難を打開する諸方策を考慮するための手掛りが潜められているということである。

ちなみに，エンゲルスは手紙の続く部分で，1848年に比べて党がはるかに強化されたことを四点にわたって述べているが，「古くからののらくら者たち，シャッパー，ヴィリヒなどの連中から幸運にも解放されている」ことなどとともに，「われわれが糞勉強する必要のある事」，「一般にはマルクス党はなにせかなり糞勉強する」[(40)]と繰り返して，猛烈な勉強による主体的諸要因の強化を特記していることはまことに興味深い[(41)]。

おわりに

本章では，エンゲルスがその著作「ドイツ農民戦争」第Ⅵ章第2段落において表明した革命党による時機尚早の政権掌握に対する懸念の意義および背景を考察した。その結果を整理すればつぎのようである。

第一に，当該段落は，その内容を詳細に見ると，唯物論的歴史観を正確に理解するためのいくつかの手掛りを含んでおり，それらは特に，主体的諸要因の理論的分析にとって重要なものであることが分かった。

第二に明らかとなったのは，時機尚早の政権掌握者による洞察の優劣を説くことのうちには，むしろ懸念される諸困難を克服するための目的意識的活動の展開の可能性が潜んでおり，その可能性が考慮されなかった事情には，もっぱら世紀全体が未熟であるミュンツァー描写という文脈があり，さらに小ブルジョアジーがつぎの政権を掌握するとの展望を当時のエンゲルスらに与えた

---

(40)　*MEGA*^{2} Ⅲ/6, S. 154；*MEW*, Bd. 28, S. 581.『全集』良知訳470ページ。

(41)　『経済学批判』（1859年）に結実する1850代のマルクスの経済学研究を，彼らの党建設の営為と関連づけて論じたものとして，さしあたりKarl-Heinz Leidigkeit: Die Bedeutung der ökonomischen Studien von Karl Marx für die Parteientwicklung (1852-1859). In: *Arbeitsblätter zur Marx-Engels-Forschung*, H. 1, Halle 1976, S. 44-54.

遅れたドイツという客観的諸要因と，共産主義者同盟の弱体など当時の革命の主体的諸要因とがあった，ということである。

そして第三に，それらの背景のうちでも，当該段落の問題設定を大きく制約していたのは，これらの諸要因に対して無思慮なヴィリヒ／シャッパーら共産主義者同盟分離派の革命的冒険主義への批判であることが示された。

第四に，諸条件が変化して余儀なくではあれ自身に時機尚早の政権掌握の可能性が出てきたさい，エンゲルス自らがその政権の遭遇する諸困難を見通し，彼の党の歴史的な名誉回復という問題を提起，その解決の方策を考慮した事実のあったこと，また，その解決策のなかには諸困難の直接的な克服にも用い得る手掛りが含まれていることが示された。

第5章　J.G.エッカリウス「ロンドンにおける仕立て業」とマルクス

I　エッカリウス論文の内容

ヨハン・ゲオルク・エッカリウスによる「ロンドンにおける仕立て（裁縫）業」は，『新ライン新聞。政治経済評論』第5・6合冊号に第三番目の論文として，その111ページから128ページまで18ページにわたって掲載され，末尾にマルクスのものとされる編集部の注がつけくわえられている。

1　エッカリウスについて

この論文を検討するに先立って，著者であるエッカリウスについて若干の紹介をしておこう。彼についてはつぎの記述が簡にして要をえている。

> 「ドイツのフリードリヒローダ出身の仕立て工。マルクスとエンゲルスの戦友で科学的共産主義の宣伝家。正義者同盟員，1847年から共産主義者同盟員，同中央委員，ロンドンのドイツ人労働者教育協会の指導者の一人。1864年9月28日セント・マーティンズ・ホールで開かれた国際労働者協会［第一インタナショナル］創立集会で演説。同協会総評議会の評議員（1864～1872年），同書記長（1867～1871年），1872年までの国際労働者協会のすべての協議会と大会の代議員。1868年ニュルンベルクで開かれたドイツ労働者協会連盟の総会には総評議会の代議員。土地労働連盟の書記。1872年以後は改良主義的な労働組合指導者の側に立った」(1)。

このうちよく知られているのは国際労働者協会での活動であろう(2)。ことにわ

---

(1)　*MEW*, Bd. 33, S. 869.『全集』第33巻，人名索引，67ページ。

(2)　この時期の活動については，B. ヴィゴツキー編（岡田進訳）『「資本論」をめぐる思想闘争史』河出書房新社，1971年，72, 79/80, 119ページ参照。

が国では，総評議会機関紙『コモンウェルス』に掲載されたジョン・スチュアート・ミルに対する批判論文が戦前に紹介されている[(3)]。さらに本章であつかう時期については，ヴィリヒ／シャッパー派批判の口火をきったのがエッカリウスであったことが重要である[(4)]。また，彼が1850年代初期にマルクスの思想の普及者として大きな役割を演じた[(5)]ことにも留意したい[(6)]。

2　エッカリウス論文の構成と内容

論文の構成はその内容からするとつぎの四つの部分に細分することができる。

（1）序論

（2）仕立て業の歴史

　1）仕立て屋が仕立て親方として小ブルジョア的経営にすすみえた歴史的事情

---

(3)　エッカリウス（倉岡稔訳）「一労働者のジョン・スチュアート・ミル『経済原論』反駁」『マルクス・エンゲルス全集』第16巻①，改造社，1931年。ただし，この底本は1888年のドイツ語版である。なお，2004年に天野光則氏による新訳が出ている。エカリウス「J. S. ミルの経済学説への一労働者の論駁」（Ⅰ）・（Ⅱ）『千葉商大論叢』第41巻第4号（2004年3月），257～302ページ；第42巻第1号（2004年6月），97ページ。

(4)「原則上の分裂についていえば，この討論のきっかけを与えた問題を提起したのはエッカリウスであった」（「1850年9月15日の中央指導部会議」でのシャッパーの発言。*MEW*, Bd. 8, S. 599.『全集』第8巻，584ページ。*BdK* 2, S. 269. 傍点は後者による）。

(5)　この活動については，Фомичев, В. Н.: Пропаганда И. Г. Эккариусом идей марксизма в чартистской прессе（1850-1852）. В: Из истории марксизма-ленинизма и международного рабочего движения, Москва 1982 参照。

(6)　エッカリウスが改良主義へと転落した直接の契機についてエンゲルスはつぎのように述べている。「一言で言えば，エッカリウスは，当地では全員が中産階級に買収されていたりあるいはどうか買収してくれと施しを願っているイギリスの煽動家，商売政治屋，労働組合の有給書記との交際，そして彼のなめてきた実に大きなしかし部分的には自業自得の貧窮，最後に彼の売文生活，のなかですっかり堕落してしまった」（*MEW*, Bd. 33, S. 475.『全集』第33巻，385ページ）。また，このような問題の生じうる文筆活動についてもつぎのように述べている。「彼［オーバーヴィンダー］がブルジョア新聞に寄稿しているのは，党が承知し，党が了承してのことであって，直接，党のためにやっているのだ。僕が明日にでも『タイムズ』に書きたいことは何でも書いてよいし，原稿料も出すといわれたら，僕はためらうことなくこれを受ける。エッカリウスについても，このことを悪意にとった者はいなかったが，そのうち彼は事柄を逆転させ，自分の金銭上の利益のためにインタナショナルを利用し，またもはやインタナショナルのためにではなく，彼のため，『タイムズ』のために書くようになったのだ」（*Ibid.*, S. 581. 同上書，473ページ）。

2) 親方に雇用されている仕立て労働者の闘争とそれをめぐる諸階級の対応とその帰結

3) 大資本の仕立て業への参入による小ブルジョア的経営との競争の開始

(3) 現在の小ブルジョア的仕立て業と工場生産による仕立て業とを比較しての考察

1) それぞれの生産様式の交換・生産・流通各過程での対比

2) 各々の生産様式下の労働者の状態

(4) 結論

以下ではこの区分にそくして，若干詳細にその内容を紹介していく。

(1) 序論に相当するはじめの三つの段落では，つぎのように述べられている。

蒸気圧や機械に象徴される大工業そして大資本は，これまで機械が利用されていなかった営業に壊滅的影響を及ぼしているように思われている。しかし，このような影響は一般的なものではなくて，あくまでも中世的・家父長的な，小ブルジョア的生産様式をもつ営業部面についてのみなのである。当初大工業は，資本量が十分ではなかったために，小営業には手を出さず，これらは小ブルジョアの手中に残されていた。が，大資本の法外な利得の獲得は生産資本を増加させ，その需要を凌駕するようになった。在来部門での資本家間の猛烈な競争や価格の低下，利潤の減少などのため資本の撤収が不可避となり，それら資本をもってようやく大資本家たちが小ブルジョア的営業にかかわることとなった。そのさい，利益のもっとも大きいものの一つである仕立て業は，大資本家たちの注意を引くこととなった。

そして，エッカリウスは，「われわれは以下で，どれほどはなはだしく彼ら[大資本家たち]の企業が栄光に浴するかをみるであろう」[(7)]と記し，本論へと入っていく。

(2) 本論へ入ってまず仕立て業の歴史の最初の部分((2)1))で描かれてい

(7) *MEGA*[2] I/10, S. 594. なお，エッカリウス論文からの引用ページの表記は新『メガ』により，以下本文中に割注でしめす。なお，『新ライン新聞。政治経済評論』には復刻本がある。Neue Rheinische Zeitung. *Politisch-ökonomische Revue*, rd. v. Karl Marx. [Nachdruck] Zentralantiquariat der Deutschen Demokratischen Republik, Leipzig 1982.

るのは「仕立て屋の半商人への転化」(S. 595) である。仕立て屋が小ブルジョア的経営へ進みえた事情が述べられているのだが，それはつぎのようである。

中世の仕立て屋はただ衣服を仕立てて形をあたえるだけであった。原材料である布地はもっぱら注文を出す客自身が買うのが一般的であった。そのため仕立て屋の所得は，彼自身と家族そして彼の仕事を手伝う職人を養うのに十分なだけであった。それ以上の所得をえるためには，客の布地の購入のさいに，売り手の毛織物商人と結託して不正をはたらかなければならなかった。したがって毛織物商人がつねに主人公だったのである。布地の購入を仕立て屋が任されるようになるのは，ようやく18世紀後半になってからであり，「彼ら［仕立て屋］が仕上げる原材料は他人の所有であることをやめ，［……］彼らはもはやたんなる労賃に甘んじる必要はなかったし，彼らは利潤を形成しはじめたのであり，従来デザインや形だけをあたえていた仕立て親方は，突然，すべての上着を販売しなければならない一人物に転化した」(S. 594)。

この「仕立て屋の半商人への転化」が彼らの繁栄の土台であるが，これ以外にさらに二つのもっとも重要な出来事が寄与しているとして，紡績機の発明･導入とフランス革命とをあげ，その内容を説明している。

第一に，紡績機の発明と導入は，仕立て屋にとってつぎの諸点で無条件に良好な結果をもたらしたという。まず，手労働を節約したことと，機械の生産性によって同一製品の製造にわずかの原料しか必要としなくなったことが，仕立て業にとってはその生産費を下げることとなり，結局，彼の商品の価格をも安くした。また，素材自体が毛織物から安価な綿布に変わったことも，以前と同一価値の資本で相対的に以前よりも大きな生産資本を左右することを可能にした。加えて機械は製品種類を多様化し，モードの交代をひき起こし，いっそう多量の消費を導いた。

第二は，1789年のフランス革命と，それにともなう1793年のイギリスの対仏開戦である。これらは，革命を憎悪したイギリス貴族の主観はどうあれ，客観的には，彼らならびにイギリスのブルジョアジーにたいして利得の直接的な源泉をひらいたという。

まず貴族にとって。軍隊の増加にともなってその多くが貴族の息子たちによって占められる将校の職が増加し，戦場での武功は彼らに名声の金鉱をひらいた。さらに，このような生命の危険のあるもののほかに，戦争の長期化は退役後の彼らへの年金をもたらすことになった。また，穀物輸入減少にともなう国内地代の上昇のうまみにありつけたのも大土地所有者である彼らであった。

金融ブルジョアジーも貴族に劣らぬ利得をえた。戦費や戦争勝利のための生産力増大へむけて国家支出が増大し，財政状態の悪化していた政府とかなりの好条件で公債を契約したからである。産業ブルジョアジーも，イギリス艦隊の勝利で確保された制海権，多数の植民地，世界市場の支配という軍事的勝利をイギリス製品の輸出の飛躍的増大という形で食いものにした。

こうしてえられた彼らの富は奢侈や享楽についやされた。衣料品が主な奢侈品であり，首都や王宮所在地がこの浪費の中心地であったため，大都市の小商人たちは顧客からさまざまの手口で詐取することができた。フランス革命につづく以上の事態が，ロンドンの仕立て屋にとって，いわばカリフォルニアの金鉱のような作用をおよぼしたというのである。

以上，エッカリウスは，仕立て屋がいかなる事情で小ブルジョア的経営に進みえたかを示したあと，つぎに，そのもとで雇用されている仕立て労働者に焦点をあわせる。(2) 2) の部分である。

仕立て労働者の供給が需要を凌ぎはじめたため，これまで保証されていた公的な服喪期間中の賃金は2倍にするというような慣習が廃棄されるまでになる次第を述べたあと，1日2時間の労働時間短縮を求めて決行された1834年の2万人の仕立て労働者によるストライキ(8)に説き及ぶ。それまでのストライキは賃金引き上げのみを目的として行われるのがつねであった。このストライキは，賃金引き上げ要求をも含んではいるものの，「その主な目的は個々人の所得を減少させることなく［労働の］供給を需要と均衡させることであった」点において，「これらの要求は実際新しいものであった」(S. 597)。また，この闘争の背後には，労働者たちのさまざまな職種ごとに結成されたある種の団体があり，とくに仕

(8)　この年2月の大ブリテン・アイルランド全国労働組合大連合（GNCTU）の結成とその会長ロバート・オウエンの活動についてはよく知られたところであるが（例えば，Oliver, W. H.: The Consolidated Trades' Union of 1834. In: *The Economic History Review*, 2nd series, Vol. XVII, 1964-1965, pp. 77-95），この仕立て工のストライキについての詳しい事情については，つぎの資料紹介・解説が参考になる。Parssinen, T. M./Prothero, I. J.: (Documents) The London Tailors' Strike of 1834 and the Collapse of the Grand National Consolidated Trades' Union: A Police Spy's Report. In: *International Review of Social History*, Vol. XXII, 1977 Part 1, pp. 65-107.

立て労働者の組織は秘密の結合をもって活動していたことも述べられている。

このストライキに対して，各階層がどのように反応したのかがつぎに述べられている。親方たちがなんらの譲歩をも行わなかったことはもちろんとして，貴族とブルジョアジーの対応はつぎのようであったという。すなわち，その他の職種の労働者たちも仕立て労働者の問題を自分たち自身のこととして考えるまでに闘争が公的性格を獲得したため，もし仕立て労働者たちの目的が達成されたならば他の業種にも同様の事態が普及するのではとおそれた。「彼らはプロレタリアートに対しては，仕立て親方の利害という以上に，所有するものたちの全利害として考察した。したがって，このたたかいは実際，ブルジョアジーとプロレタリアートとのあいだの闘争となった」(S. 597)。親方たちは，もし労働者たちに譲歩すれば，こうした階層の顧客をすべて失ってしまうという，いわば注文以上の注文を受けていたわけである。議会や政府も仕立て労働者への譲歩を嫌った。それとは逆に，反動家たちは，今日，産業家を労働者たちの全貧困の創始者として告発し，プロレタリアートの擁護者をかってでることのできるあらゆる機会を利用しているのと同様に，当時も，労働者に勝利のためのあらゆる手段を提供した。労働者たちは，親方たちの不正を公開の集会や新聞紙上で暴露し，金持ちの顧客たちに彼らの要求の正しさを納得させようとこころみた。が，結局は仕立て労働者の闘争基金が尽きて，3ヵ月足らずのうちに無条件降伏せざるをえなくなった。労働者の供給が需要よりも大きくなっていたのであって，労働者は親方の定める条件下でそれに服して働くか，さもなくば餓死するかの選択をせまられる時期が再来したのである。

では，このストライキでの仕立て労働者の敗北が親方にとってそのまま手放しの勝利であったかというと，そうではない。この事情をエッカリウスはつぎに記している。大資本が仕立て業へ参入してくることによって生じる，小ブルジョア的経営との競争がはじまることを述べる部分（(2) 3)）である。

飢餓か最悪の労働条件かという選択に大多数の労働者が直面し，その数をしだいに増しつつあったことで，それ以前の労働事情では小ブルジョア的仕立て業ととうてい競争しえなかった大資本家たちにも，仕立て業へ参入していくための条件があたえられた。もちろん労働者の数が増大した背後には，新たな機械の発明や改良によって手労働が減少させられ，不熟練の若年労働者が増加したこともあった。注文を受ける以前に製造，ストックしておく大資本家は生産を持続的に行うことができる。そのため，仕事にあぶれた労働者のなかから最良のものたちを彼のもとに獲得し保持しつづけることができたし，その商品価格も，どの小ブルジョアも競争しえぬほどの安さであった。品目も粗悪なものから高級なものまで全般にわたっていたし，製造シェアも衣料品工場の三分の一以上をロンドンの大仕立て業が占め，販売シェアもロンドンにある三つの大商会がロンドンのみならず全イギリス，さらには植民地で幅をきかすほどであった。こうしたなかで，大資本家とは本来競争者の立場にある当の小ブルジョアが彼の収入の減少によって，安価な大資本家の製品の顧客にならざるをえないため，「彼自身の階級の営業を破滅させる」(S. 598) のに一役かうという皮肉な事態も生じてきた。小ブルジョアは，「彼の技能がはなはだしく封じられて，彼がもうほとんど身動きできないということに気づいて肝をつぶしている。彼は，大資本家が別の経営様式を導入し，そしてかなり安く生産できるとは予測していなかったし，機械のあらゆる改良，工場で成人男子を婦人や児童で完全にとってかえること，ならびにあらゆる商業恐慌が機械によってまだ所有されていない諸営業に対して，どんな条件のもとでも破滅的な影響を及ぼす大量の労働力 (Arbeitskräfte)[(9)] を供給するに違いないということを予測していなかった」(S. 599)。

以下，この大量の労働力供給の実態（後述 120/121 ページ）をえがいたあと，以上の（2）の部分全体を総括して，エッカリウスはつぎのように記している。

> 「以上のことから明らかになるのは，小ブルジョア層は，つねに大工業が侵入してくるところでは没落するということ，それにもかかわらず，それはある一定の段階では大工業とともに高揚するということである」(*ibid.*)。

（3）小ブルジョア的経営が支配的であった仕立て業に，大資本が参入してくることによってひき起こされる両者の競争から上の結果が生ずるその内実をとらえる作業が必要である。エッカリウスは以下で，「その生産様式が完全に異

---

(9) 「労働力能 (Arbeitsvermögen) の概念は，ヘーゲルやA. ミュラー，L. シュタインから難なく導き出されえた」とする見解 (Schrader, F. E.: *Restauration und Revolution*, Hildesheim 1980, S. 168) もあるのであえて一言すれば，ここでの用法は『資本論』での「労働力」とは異なる。後述する A Working Tailor: The Working Tailors of London. In: *The Red Republican*, Vol. I, №. 22, Nov. 16, 1850, №. 23, Nov. 23, 1850 では，‘hands’ に該当するからである。

なっている仕立て業の二つの部門を若干詳細に考察してみよう」(*ibid.*)と記して，その作業を行っている。(3)の部分である。

まず，それぞれの生産様式を，交換・生産・流通各局面でほぼ８点にわたって比較する((3)1))。

比較の第一は市場についてである。仕立て親方は客の注文を受けてはじめて生産するのであって，店のごく近くの範囲だけが市場であるにすぎない。対して，工場主は消費者があらわれるまえに生産を行い，工場のある都市とか地方，国に制約されない世界市場をみている。比較の第二は原材料の購入にさいしての相違である。仕立て親方はどのような客注文がくるかを事前に予測しえないため，黒布などを小規模に購入するのみで，多彩な布地を買っておくことはできない。布地を供給する小商人につねに拘束されざるをえない所以である。他方，工場主は布地を直接に大工場から取り寄せ，大量にまとめ買いすることができる。第三の対比は，仕立て親方が顧客との関係で掛け売りを強いられているのに対して，工場主は現金販売が原則となっているというものである。

比較の第四は，原料の購入法の相違に対応して生産費が異なってくることである。仕立て親方の入手する布地は，大商人→中商人→小商人という経路を通ってきており，その間の販売，記帳労働には膨大な経費がかかっており，それが布地の価格に加算され原料費を非常に高いものにしている。それに対して工場主は先の購入法であるため，そうした費用をすべて回避できる。第五の比較は生産過程でのものである。仕立て親方の場合，注文が不規則で，通常は春の２ヵ月間だけが最大の生産高となるのだが，それに見合った設備と裁断工から使い走りに至るまでの労働者を年中維持しておかなければならない。これにかかる費用は，労働者にはなはだ劣悪な賃金をあたえるにしても，かなりの負担となるものである。他方，工場主は年間の販売量を知っており，それに対応する労働者や設備，原料をもすべて正確に算出することができる。また，常時，在庫があるため急な注文にも応ずることができる。したがって，雇用している労働者を常時最大限に，しかも最低の条件で働かせておくことが可能なのである。第六の対比は，それぞれの事業経営の動機である。仕立て親方は労働者からのし上がったのであり，その資本は顧客の世話やその信用で調達された。さらに，子どもが長ずるにおよんでその仕事のための資本をも必要とする。したがって，資本を堆積するというのが彼の目的である。対して，工場主は，堆積されてしまっている資本のみを価値増殖させようとするのであって，自己の資本を利子付きで貸す場合よりもいっそう多く価値増殖させるためにのみ営業を行うのであり，そのため，競争によって定められた利子や利潤で満足するのである。

第七は，これまでの比較のまとめの一つともみうるのだが，製品の販売価格の差についてである。エッカリウスは，「ある一定量の商品の工場渡し値＝100ポンド，と仮定したさい，衣料品の販売価格はつぎのようになる」(S. 601) として，小ブルジョア的仕立て業と工場生産による仕立て業との費用項目を示す（次ページ第1表参照）。

結論はこうである。「工場主が同量同質の製品を小ブルジョア的営業よりも三分の一以上も安く提供できるということ，またそのさい，2倍以上の利子と利潤をつくりだすことができるということがわかる」(S. 602)。

「しかしながら，価格が高いということが小ブルジョア的工業のもつ唯一の欠点ではない」(*ibid.*) と付言し，これまでの比較のもう一つのまとめとも見うる第八の比較をエッカリウスは付け加える。「その結果，さらに小ブルジョア的工業は，総じて停滞的な影響を交通に及ぼすことがある。ブルジョア社会のなかで許されるもっとも好適な関係のもとでの，すなわち，可能なかぎりより短時間に現金で取り決められる消費者と生産者とのあいだのさまざまな取り引きを前提してみると，つぎのようなことがわかる」(*ibid.*) として表をかかげている（次頁第2表参照）。

その結論はこうである。「小ブルジョア的工業は，同一の生産物を消費者にもたらすために2倍以上の資本を流通にあてなければならない」(*ibid.*)。

以上8点の比較を行って，「どんな生産性もシュトゥルーヴェとその一味式の民主共和国なるものを説明しないであろう」(*ibid.*) という一文のみの段落[10]を置いたあと，次のように総括する。

「われわれは，どのようにして現代の大工業がいたるところで小ブルジョ

---

(10) この一文は，仮綴じ本として出版された後の1876年版には存在しない（Eccarius, J. G.: *Der Kampf des Großen und des kleinen Kapitals oder Die Schneiderei in London*, Leipzig 1876, S. 15/16)。1850年当時でこそ意味のあったシュトゥルーヴェ批判であるがゆえに，1876年版で削除したとも想定されるものの，編集長マルクスによって書き加えられた可能性をも考慮に入れておくべきであろう。なお，1876年版ではタイトルとサブタイトルとが逆になっている点にも留意されたい。

第1表

小ブルジョア的仕立業				工場生産による仕立業			
£	s.	d.			£	s.	d.
100	–	–	大商人の仕入れ価格				
5	–	–	輸送およびその他費用				
10	10	–	利子および利潤 10%				
115	10	–	小商人の仕入れ価格				
19	1	$1\frac{4}{5}$	輸送およびその他費用 利子および利潤 15%				
146	2	$1\frac{4}{5}$	仕立屋の仕入れ価格	仕入れ価格	100	–	–
				輸送およびその他費用	5	–	–
87	13	$3\frac{12}{25}$	労賃およびその他 生産に属する費用 60%	労賃およびその他 生産に属する費用	58	8	$10\frac{4}{25}$
70	2	$7\frac{73}{125}$	利子および利潤 30%	利子および利潤 20%	32	13	$9\frac{81}{375}$
303	18	$-\frac{108}{125}$	販売価格	販売価格	196	2	$7\frac{141}{375}$

第2表

小ブルジョア的仕立業				現代的仕立業			
	£	s.	d.		£	s.	d.
大商人が必要とする	105	–	–				
小商人	138	11					
仕立屋	233	15	$5\frac{7}{25}$	工場が必要とする	163	8	10
消費者	303	18	$-\frac{108}{125}$	消費者	196	2	7
	[781]	[4]	[$6\frac{18}{25}$]		359	11	5

（注）第1表，第2表とも対比しやすいように，若干，項目の配置を変えてある。

ア層に壊滅的な影響を及ぼすかをみてきた。それ［小ブルジョア層］は，実際，封建社会の残存物にほかならないのであり，その社会的地位についていえば徹底的に反動的なのである。あらゆる工業的進歩に反抗することがその利害のなかに横たわっており，たとえそれが政治的進歩に熱狂したとしても，それ自身，自分がなにをしているのかを知らないのである」（*ibid.*）。

エッカリウスは，「再度，労働者に立ち返ろう」（*ibid.*）と記して，今度は仕立て業それぞれの労働者間の比較を行う。（3）2）の部分である。

まず，小ブルジョア的仕立て業の労働者について，既述の1834年の敗北以後の状態がえがかれる。もはや1834年のような大規模なストライキは起こせず，せいぜいのところ小型で，また同じ親方のもとで以前よりも悪い条件で働くことのないようにという目的を主にするようになってしまったこと，さらに賃金は漸次切り下げられて，名目で10〜15％低下，実質では半減してしまったことが述べられる。したがって，労働者は最低の状態におかれている。とはいえ，「彼らに自由となる唯一の利点は，彼らが作業場で，彼らの階級の利害を啓蒙されまた将来の緩急の心構えをしておくための書物や新聞を読む暇を十分にもっていることである。この機会を利用せずに無視してはならない」(S. 603) とも記されている。

つぎにエッカリウスは，「工場のために労働する労働者の地位は別のものである。衣料品工業労働者は本当の現代の賃金労働者である。ブルジョア社会の内部にあっては，彼にとってはもはやはげしい労働と貧困以外の何物も存在しないし，休養日や解放そして軽減への見込みもない」(*ibid.*) と記して，大工業のもとでの仕立て労働者の実状を述べていく。賃金が彼らを拘束する。一般には時間いっぱい働いてやっと普通の生活必需品を購いうる。優秀な労働者はたしかに多くの賃金を受け取るが，長時間労働を強いられる。他方，取るにたらぬ労働の価格では成人男子労働者の露命をつなぐことさえおぼつかないため，そうした労働にたずさわるものは，「自分で他のものを搾取せざるをえず，彼は自分の女どもとともに働かなければならないほど多くの労働を受け取らなければならない」(*ibid.*)。そこでの女性労働も，この成人男子と同様かそれ以下の悪条件のもとでのものであり，プロレタリアートから受救貧民への本来の過渡をなす層がこれであるとされている。

さらにエッカリウスは，ブルジョア経済学者たちの主張，すなわち，「労賃は長く最低限[(11)]以下にとどまることはありえない。なぜなら，もし労働が彼ら成人男子をもはや養わないならば，一方で労働者は別の仕事をさがすし，他方で労働供給が減じていくからである」(*ibid.*) という主張を批判する。「そのような理論は，テキサスやカリフォルニアでは正しいかもしれない。あらゆる営業への供給が需要よりも大きいイギリスはその理論の偽りを告発している。とい

---

(11)「労賃の最低限」という語は他にも何ヵ所かで用いられているが (S. 600, Z. 43; S. 603, Z. 5, Z. 28, Z. 30)，1840年代後半のマルクスの諸著作の用法を踏襲している。

うのは，幾千もの仕立て屋がチフスや結核で奪い去られており，他の幾千もが仕事を離れているにもかかわらず，供給はますます大きくなっているし，また労賃はますます安くなっているからである」(*ibid.*)。そしてこの労働者補充のプロセスが具体的に述べられている（後述 120/121 ページ）。

（4）以上がエッカリウス論文の内容であるが，最後の段落で，その結論がつぎのようにまとめられている。

「全叙述から明らかとなるのは，一方では，小ブルジョア的生産様式はあまりに多くの労働力とあまりに多くの資本をむさぼり喰らい，交通と消費をさまたげ，そして日々不可能になっているということであり，他方では，産業の進歩を代表する現代的生産様式は，それに反対するすべてのものをだめにしてしまうということ，そして，その固有の産物である労働と貧困とは，それ自身が大股に前進するのと同じ程度で増加するということである。だから，現代の工業は必然的につぎのような一点にまですすまなければならない。すなわち，そこではその消費者が支払い能力をもたなくなり，生産の継続が現存の所有関係一般の内部では不可能となるのであって，恐慌──それはブルジョア社会およびその所有関係の完全な解体であるが──とともにのみ終わることができる」(S. 604)。

II　エッカリウス論文の意義

このような内容のエッカリウス論文を，以下ではつぎの二つの視角で検討する。第一は，マルクス経済理論の発展との関連でどのような意義をもつかという理論史的視角である。第二は，エッカリウスによって書かれ，『新ライン新聞。政治経済評論』第5･6合冊号に掲載された所以を当時のマルクスをめぐる共産主義者同盟の動向のなかにさぐるという運動史的視角である。エッカリウス論文の評価にさいしてはこの二つの視角を統合した社会思想史本来の手法がとりわけ有効であるように思われる。

1　作成過程でのマルクスの援助

エッカリウス論文の作成過程についての詳細はほとんど不明といってよいが，新『メガ』解説の記すところはつぎのようである。

執筆の直接の動機は,「[『新ライン新聞。政治経済評論』]第5・6号のためにマルクスとエンゲルスは,理論的に非常に能力があり,1850年9月末に共産主義者同盟のロンドン地区議長に選ばれた仕立て職人,ヨハン・ゲオルク・エッカリウスに寄稿をもとめた」(12)ことにある。が,さらに外的な契機もあったという。すなわち,一つは,ロンドンの『モーニング・クロニクル』に1849年10月19日から翌年の10月31日まで,博愛主義者ヘンリー・メイヒューによる「ロンドンの労働者とロンドンの貧民」と題する76回におよぶ連載記事が掲載され,イギリス内外で大きな評判をとったのだが,1849年12月掲載の2回分でロンドンの仕立て労働者の労働,生活状態が扱われたことである。もう一つは,同じころ,ロンドンの仕立て労働者が彼らの状態を報告した二つの大きな会議が開催されたことである。ここから,「おそらく,エッカリウスはすでに1849年にその論文の材料収集をはじめた」(13)と推測される。そして,「作成経過については詳細はなんらのこされていない。いずれにせよ論文の最終稿は,1850年のほぼ9月から10月までに(14),『新ライン新聞。政治経済評論』第5・6合冊号のための他の原稿と一緒にはじめて完成されたとみなされる」(15)としている。

また,エッカリウス論文へのマルクスの援助については,編集者としての文体的,字句的修正は無論のこととして,それ以上に,特につぎの事情によって,エッカリウスはこの論文を執筆するための能力を付与されたとみている。「エッカリウスは,マルクスの直接の指導のもとに,徹底的に経済学に取り組み,またとりわけ,マルクスの自宅での小サークルの講義にも参加した(1850年2月20日付マルクス宛エッカリウスの手紙(16),参照)。この緊密な接触によって,メ

---

(12)　*MEGA*² I/10, S. 684.

(13)　*Ibid.*, S. 1115.

(14)　1876年の仮綴じ本〔前掲脚注(10)参照〕では,『新ライン新聞。政治経済評論』第5・6合冊号に掲載された部分に続けてかなりの追加がなされている。この追加部分の冒頭には「私が以上の部分を書いた当時,1850年8月」という記述が見出される(Eccarius: *Der Kampf des Großen und des kleinen Kapitals*, Leipzig 1876, S. 18)。

(15)　*MEGA*² I/10, S. 1115.

(16)「親愛なマルクス/僕は君にここで,僕が昨日プフェンダーといっしょに,僕たち向けの国民経済学にかんする講義を最大の注意をもって受け入れ,そして望むらくはすぐにも理解するために,明日,2月21日木曜日夕方7時半に君の家に行くことになったのをお伝えする」(*MEGA*²III/3, S. 482; I/10, S. 1128)。

イヒューの連続論文は資本主義的発展の社会的な影響のみを指摘したがしかし，この発展と合法則的に結びついている産業的進歩を無視し，そうして全体的には一つの反動的傾向をもっていたことを見抜くことができた[(17)]」。

2 理論史的意義

作成過程からも明らかとなるように，エッカリウス論文の内容にはマルクスの影響が，講義や直接の指導をつうじてかなり反映されているとみてよい。ここから，エッカリウス論文を，当時のマルクスの経済学の内容を一端なりともうかがう素材のひとつとして利用することも許容されるであろう。

1850年はマルクスの思想形成をみるうえでかなり重要な時点であるにもかかわらず，そうした素材は少なく，つぎのようなものがあるだけである。まず前年1849年4月に『新ライン新聞』に連載された「賃労働と資本」。つぎに，ロンドン亡命後のおそくとも1849年11月から1850年の秋まで，自宅や労働者協会で行われた経済学の講義。1850年春ないしは夏以降はじめられた，最近10年間の経済史研究。さらに，『新ライン新聞。政治経済評論』に収録された三つの「評論」の背後にうかがわれる一定の経済学研究。最後に，後続する1850年秋から1851年春にかけての「ロンドン抜粋ノート」である。

(1) これらのうちで，さしあたり最後のものをのぞけば，素材そのものが伝承されているのは残念ながら「賃労働と資本」のみである。「賃労働と資本」は，当初労働者協会での講演であった。1848年革命のあいだマルクスらが進歩的ブルジョアジーにかけていた期待が的はずれとなる。それに対応してなされたその年末頃の戦術変更の結果，この講演は「序文として長い声明書が付せられ[(18)]」て『新ライン新聞』に掲載されることになったのである。この序文では本論の展開をあらかじめつぎのように告げていた。

　「われわれはつぎの三つの大きな部分に分けて述べよう。(1) 賃労働と資本との関係。労働者の奴隷状態，資本家の支配。(2) 今日の制度のもとで

(17)　*MEGA*^{2} I/10, S. 1115.

(18)　Riazanov, D.: *Karl Marx and Friedrich Engels*, translated by Joshua Kunitz, New York and London 1927, pp. 96-98. リャザーノフ（長谷部文雄訳）『マルクス・エンゲルス伝』岩波書店，1928年，99～101ページ。*MEW*, Bd. 21, S. 22/23 u S. 174.『全集』第21巻，23, 179ページ。

は中間市民階級と農民身分の没落は不可避であること。(3) 世界市場の専制的支配者であるイギリスによってヨーロッパ諸国のブルジョア階級が商業的に隷属させられ搾取されていること[19]」。

だが，この内容予告のうち，(1) の部分が展開されただけで――それも最初の項目のみ――，それ以降は「つづく」と記されたまま中断されたのであった。(2) と内容上若干関連すると思われる叙述が最終回掲載分の末尾近くにわずかにつぎのような形で存在している。

「そのうえさらに，労働者階級は，彼らより上の社会層からも補充される。多数の小産業家や小金利生活者が労働者階級のなかへ転落してくる[……]。／たえず生産の規模を大きくすることが，すなわち，まさに大産業家であって小産業家ではないことが第一条件の一つである戦争に，小産業家が耐えられないことは自明である[20]」。

これと同じ趣旨はこの論説の元になった講演の準備資料とみなされている「労賃」断片にも見出される[21]。しかしながら，どちらにもそのくわしい叙述は欠けている。この内容をマルクスが具体的にどのようにとらえていたのかは，これらの資料からだけでは十分に明らかになってはいなかったわけである。

エッカリウス論文は，すでに紹介した内容からも，またその副題「大資本と小資本の闘争」からも明瞭なように，マルクスが「賃労働と資本」の内容予告の (2) に記した「今日の制度のもとでは中間市民階級と農民身分の没落は不可避であること」のうち，中間市民階級の没落の一部について，それをかなり現象的な面に限定してではあれ，仕立て業のなかで示したものとみることができる。この点がエッカリウス論文の意義の一つである。

(2) また，当時のマルクスの経済学の内容を体系的に知るのに本来もっとも好適なのは，エッカリウスらが聴いた経済学の講義であろう。が，その内容については残念ながらごくわずかの事実しか伝えられていない[22]。その一つは，『新ライン新聞。政治経済評論』第1号の第4ページにあたるところに「広告」と

(19) *MEW*, Bd. 6, S. 398.『全集』第6巻，393ページ。

(20) *Ibid.*, S. 422. 同上書，418ページ。

(21) *Ibid.*, S. 548. 同上書，532ページ。

(22) *MEGA*^{2} I/10, S. 1128/29.

して記されている，実際には果たされることのなかったつぎのような項目である。

「第3号はとりわけつぎのものをふくむ。すなわち，ブルジョア的所有とはなにか？ Ⅱ，土地所有。──ロンドンのドイツ人労働者協会で行われたカール・マルクスの講演[23]」。

ここで土地所有がⅡと位置づけられているために，Ⅰに相当するものについての疑問が生ずる。当時のマルクスの講義を聴いたリープクネヒトの回想によれば，「この講義のなかで，マルクスは，『資本論』でわれわれに示したような彼の体系を，基本線においてすでに完全に展開していた[24]」という。この回想をどう評価するかは問題であるが，講演の掲載広告がただちにⅡをもってしていることは，Ⅰの部分がすでに前年，「賃労働と資本」として『新ライン新聞』に掲載済みとの含みがあるように思われる[25]。

したがって，当時のマルクスの経済学講義のなかには，“ブルジョア的所有とはなにか？　Ⅰ，[賃労働と]資本。Ⅱ，土地所有。”という構成をもったものがあったことが推測される。とすれば，1850年時点においても経済学研究が本格化する秋以前は，マルクスの経済学の基調は，依然として前年に公にされた「賃労働と資本」の内容を骨子としていたとみてよいことが裏づけられるわけである。

(3) これらの点を確認したうえで，以下，エッカリウス論文について留意すべき諸論点を論文の叙述の流れにそって列挙する。

まず第一に，機械ならびに大工業の壊滅的影響についてである。それは，営業一般についてのものではなく，あくまでも小ブルジョア的営業に対してのものだというのである。この指摘は，「大工業の必然的産物である」ところの「新

---

(23)　*Ibid.*, S. 1128.

(24)　*Ibid.*, S. 1129. *Mohr und General. Erinnerungen an Marx und Engels*, hrsg. v. IML beim ZK der SED, 4., überarbeiteten Aufl., Berlin 1982, S. 55 (W. リープクネヒト「カール・マルクスの思い出」土屋保男編訳『マルクス回想』大月書店，1955年，61ページ).

(25)　ただし，「[『新ライン新聞。政治経済評論』]第1号の内容は[……]さらにできれば，マルクスが当地の労働者協会で行っている経済学についての一連の講義の最初の部分である」(*Ibid.*, S. 1128 ; *MEW*, Bd. 27, S. 518/519.『全集』第27巻，441/442ページ)と述べている1849年12月22日付のシャーベリッツ宛エンゲルスの手紙の下線部をも考慮すると，Ⅰ，Ⅱ，それぞれの内容とあわせ依然として問題の残るところではある。

社会の形成的諸要素と旧社会の変革的諸契機とを成熟させる」[(26)]工場立法の一般化を媒介に据えつつ，のちのマルクスが，工場制度は社会革命の出発点であるとする見方を高く評価するのを想起すれば，大変興味深いところである。

第二に，「世界市場での需要は長いあいだ，生産力の増加と同じ歩調をとることはできなかった。需要は非常に急速に増加したにもかかわらず，資本家がつくりだす法外な利得によって生産資本は増加し，またそれによって生産用具はなおいっそう急速に増加した」(S. 593/594) という叙述である。これは，『ドイツ・イデオロギー』や『共産党宣言』における大工業の発展史と類似する見方である。資本の蓄積過程とその普及過程の連動を強調している点で興味深い。

第三は，仕立て屋が小ブルジョア的経営へと進むことのできた最大の画期を原材料（布地）の所有に見出し，その促進要因として紡績機およびフランス革命を挙げ，各々の影響を述べている点である。生産手段の私有や機械の重要性の指摘は無論である。が，フランス革命についての記述はこの論文に独自のものである。ことにそれが消費の側面に及ぼした影響に注目しているのは歴史分析として納得できるものである。

第四は，そのフランス革命の影響の一つとして，イギリスの対仏宣戦とその後のイギリス艦隊の勝利から順次生起するイギリス産業ブルジョアジーの世界市場支配を述べている点である。これは，『新ライン新聞』の記事「革命運動」や『新ライン新聞。政治経済評論』の三つの「評論」におけるイギリスへの特段の注視を想起させる。と同時に，「賃労働と資本」の内容予告，すなわち (3)「世界市場の専制的支配者であるイギリスによってヨーロッパ諸国のブルジョア階級が商業的に隷属させられ搾取されていること」という項目においてその展開を意図していた内容を推定するさいのよすがとなりうる。

第五は1834年の仕立て労働者のストライキについての叙述にある。そこでの要求内容の新しさ，仕立て労働者の組織的結合，各階級の対応を語るところは，仕立て親方のもと小ブルジョア的生産に従事しているとはいえ，そこに階級としての労働者，プロレタリアートがすでに生成し存在していたのを見定めている。手工業労働者の初期労働運動の歴史的意義ならびに限度を捉えて

---

(26)　*MEW*, Bd. 23, S. 526. カール･マルクス（資本論翻訳委員会訳）『資本論』第3分冊，新日本出版社，1983年，864ページ。

いると言えよう。

第六は，小ブルジョア的仕立て業と工場生産による仕立て業との対比である。これが本論文を独自の意義あるものにしている。小ブルジョアの没落を語っても，それがどのような経緯をたどるのかについて，個別産業の具体的な生産過程にまで立ち入って論じた資料は，1850 年前後のマルクスのものには今のところ見出されない。仕立て業についての論述は，エッカリウスの仕立て職人としてのこの業種にかんする豊富な知識にもとづいていることはもとより，その理論化のための作業には，マルクスの経済学講義をはじめとする諸種の援助が与って力あったであろうこと，想像にかたくない[27]。

第七は，先の第五点目とも関連するが，小ブルジョア的経営における仕立て労働者の状態について述べた末尾にある。「彼らに自由になる唯一の利点」として，「彼らの階級的利害を啓蒙され，また将来の緩急の心構えをしておくための書物や新聞を読む暇を十分にもてること」が挙げられ，「この機会を利用せずに，無視してはならない」(S. 603) と述べている点である。そこには，大工業によって破滅させられる運命にある労働者を，本来の現代の賃金労働者である大工業労働者同様，どのようにして変革主体としていくかという問題についてのマルクスらの解決の方向が示されている。

第八は，相対的過剰人口の生成・補充の機構をつぎのように具体的に述べている点である。

まず，仕立て労働者の補充との関係ではこうである。

> 「成人男子の労働が工場でますます不必要になればなるほど，ますます両親たちは彼らの息子たちに仕立て屋や靴屋のような仕事を習得させるのを強いられた。商業恐慌の時期には，通常大量の子どもや若者が工場から公的な教護院に移されたが，そこは同様に同じような仕事の習得のために用いられた。現代の大規模農業は，ますますわずかの手労働を必要とするだけであり，同様にかなりの割り当てを提供している。さらに小都市ではいまなお仕立て屋や靴屋は資本なしで独立の親方にのし上がることができ，それによってこれらの職業はいまも優遇されているという考え方が

(27) 後論する『レッド･リパブリカン』紙に掲載された「一仕立て労働者」名義の論文では，趣旨は同一であるが，これらの対比はそれほど詳しいものとなってはいない（*The Red Republican*, Vol. I, № 23, Nov. 23, 1850, p. 178）。

支配している。若い倅どもは，彼らの修業期間を終えるやいなや，一つには仕事がないため，一つにはひと山あてるために大都市へやってくる。こうした仕方で大量の仕立て労働者がロンドンで35,000人まで増加することができたが，そのなかで，1848年には三分の一が持続的に，三分の一がときおり就業し，三分の一はまったく無職であった。それに加えてなお，成人男子の仕事が減少するのと同じ規模で，労働者や小ブルジョアの妻や娘たちが，仕立て業に付随する仕事をさがすのを余儀なくされ，チョッキづくりや労働者の手伝いとして，現在の乞食のような状態を維持している」(S. 599)。

また，「どのような方法でロンドンっ子たちが，とりわけその飢餓層が補充されるのか」についてはつぎのようである。

「外国人と地方の若者たちが，一つには大国際都市を見るために，一つはどこかほかの場所よりも多くの金をかせごうと，ロンドンにやってくる。みんな，立派な親方のところで働くつもりでやってくる。二，三ヵ月かそこらのときが経つあいだに，100人の新参者のうち90人はまったく無職になる。彼らには路上に出て物乞いするか，最悪の条件で工場主たちのために働くかするほかにはなにも残っていない。彼らはつぎのめぐまれた時期には幸福であることを期待して，いやいやながら後者を選択する。つぎのめぐまれた時期は同様の方式ではかなく消え，二年のあいだには，彼らは，よりましな労働をさがしまわるのが彼ら自身にとって不可能となるほどにまで，はるかに落ちぶれてしまう。おそらく彼は結婚するという愚行をも冒し，また彼の出世も行われる。立派な営業部門の古い身体が，営業の持続的な変動とたえざる減少によって同様に，労働者間の競争をますます促進する多数の人びとを供給する」(S. 603/604)。

『哲学の貧困』や「賃労働と資本」における同趣旨の叙述に比べていっそう詳しくなっており，相対的過剰人口論の形成史をみるさいには看過しえぬ資料である。

第九は，結論として述べられている箇所での，恐慌にかんする章句である。「イギリスの十時間労働法」や「評論〔3-4月〕」などとともに恐慌を，消費者が支払い能力を失い，生産の継続が現存の所有関係一般の内部では不可能になる一点と捉えているのは，当時のマルクスの恐慌観について検討するさいの一素材となる[28]。

3　運動史的意義

つぎに，1850年という時期に書かれたものとしてエッカリウス論文の独自性をみる視角から若干の検討を行ってみよう。

そのさい，一つの手がかりをあたえるのはつぎの指摘である。

> 「1850年11月，『レッド・リパブリカン』に，「一仕立て労働者」と署名され，「ロンドンの仕立て労働者たち」と題した論文が掲載された。上述のエッカリウスの論文「ロンドンにおける仕立て業」とこの論文との比較は，それらがまったくの同一人物によって書かれたとみることを許容する。ほとんどの段落が字句的にも一致している。『レッド・リパブリカン』の論文の著者もまたメイヒューの論説を引き合いに出してその個々の論旨を批判している。そして最後に，共産主義者同盟でのマルクスの全支持者のうちエッカリウスのみが仕立て業の生産過程を非常によく知っていた[29]」。

『レッド・リパブリカン』はチャーティストのG. J.ハーニーの編集する労働者向け週刊紙である。上の指摘にある「ロンドンの仕立て労働者たち」が掲載されたのは11月16日と23日の第22号と第23号とであるが，それらと前号ならびに後続号（9日付21号，30日付24号）とには「ドイツ共産党宣言」と題する論説も掲載されていた。これは『共産党宣言』のほぼ全文の英訳である[30]。マルクスおよびエンゲルスが起草者であると明示[31]されて『宣言』のほぼ全文が印刷に付されたのはこれがはじめてのことであった[32]。また，エッカリウス自身，のちに（1868年12月），「同論文［「ロンドンにおける仕立て業」］によ

（28）　このような恐慌観は「ロンドン抜粋ノート」第7冊の「省察」に先立つものであるだけに，とりわけ注目されてよい。また，マルクスのシスモンディ受容についても，1844年以来のものとして（*MEGA*² Ⅳ/2, S. 471 u S. 782），よりいっそうの検討がなされるべきであろう。

（29）　Фомичев, В. Н.: Там же. стр. 253.

（30）　*MEGA*² Ⅰ/10, S. 605-628. なお，この英訳について詳しくは，拙著『『共産党宣言』普及史序説』（八朔社，2016年）第9章第Ⅰ節第2項「『レッド・リパブリカン』に連載された最初の英訳へのエンゲルスの寄与」および第10章「『共産党宣言』最初の英訳」を参照。

（31）　*Ibid*., S. 605.

（32）　*Ibid*., S. 1119.

って私はイギリスの労働者新聞の数欄をあたえられた，それ以来，私は主として労働者新聞のための時論を書くことに閑暇を用いた」[(33)]と記している。1850年当時，『レッド・リパブリカン』紙に「労働の息子（A Son of Toil）」という筆名で記事を書いている[(34)]のみならず，翌1851年，52年とチャーティスト各誌でマルクスの学説の普及に尽力する。

共産主義者同盟とチャーティストの交流は無論である。そのうえでさらに，エッカリウスがこのようなプロパガンダを行ったり，マルクスならびにエンゲルスが起草者であると明示されて『共産党宣言』の英訳掲載がなされるこの当時の背景が重要である。

当時のマルクスをめぐるもっとも大きな事件は，前章でも見たように，共産主義者同盟の分裂であった。上の引用の最後で「共産主義者同盟でのマルクスの全支持者」とある一句もこの分裂にかかわる。

分裂するにいたった理論上の対立の内容について，できるかぎり前章との重複を避けて紹介すれば，同盟が事実上分裂した9月15日の中央指導部の会議でマルクスがヴィリヒらを批判してつぎのように述べている。

> 「このまえ［3月］のよびかけに，それどころか『宣言』にすら真っ向から対立する意見が，中央指導部の少数派に属する人たちによって述べられた。『宣言』の普遍的な見解の代わりにドイツの民族的見解が主張され，ドイツの手工業者の国民感情にこびへつらっている。［……］いろいろの同盟員が『宣言』の擁護者を反動派とよんでいる。こうして『宣言』の擁護者の人気をおとそうとしているのである」[(35)]。

また，中央指導部があったロンドン地区をこの9月15日の会議で分離したため，新たにケルンに移された中央指導部[(36)]が，ヴィリヒ／シャッパー派と分離

(33)　前掲，エッカリウス「一労働者のジョン・スチュアート・ミル『経済原論』反駁」67/68ページ。

(34)　Фомичев, В. Н.: Там же. *The Red Republican*, Vol. I, № 21, Nov. 9, 1850, p. 165.

(35)　*MEW*, Bd. 8, S. 598.『全集』第8巻，583ページ。*BdK* 2, S. 268.

(36)　共産主義者同盟中央指導部のケルンへの移転について，詳しくはKarl Obermann, *Zur Geschichte des Bundes der Kommunisten 1849-1852*, Berlin 1955, S. 36-52（拙訳「同盟中央指導部のケルンへの移転」鹿児島大学経済学会『経済学論集』第76号，2011年3月，143～154ページ）を参照。

すること，ならびに彼らの見解と行動にたいして断固として反対することを表明した1850年12月1日付の同盟員への「よびかけ」にはつぎのような章句がある。

「[……] われわれは，[……] その［ヴィリヒらの主張の］根底におかれているものが，同盟の諸原則や，この諸原則にもとづいて従来同盟が遂行してきた政策に真っ向から反する原則であることを確認するにいたった。たとえば，彼らは，中央指導部の多数派の除名を，個々人にむけられた非難のほかに，さらにつぎのような一般原則で根拠づけようとこころみていた。すなわち，同盟は文筆家分子をすべて排除すべきである，同盟はもっぱら手工業者と工場労働者の統合体であって，意志さえしっかりしていれば，彼らは，つぎの革命のさいにただちに支配権を獲得して，社会の共産主義的改造を遂行できるだろう，というのである。これは，プロレタリア党があの昔の一般的な禁欲主義の立場（『宣言』Ⅲ，3参照）と粗野な平等主義とに逆戻りしなければならないということをはっきりと言明したものにほかならなかった。ブルジョア社会のさまざまな政治的および経済的学説に対して，プロレタリア階級闘争の一般的原理を対置することが問題であった初期のプロレタリア運動の時代であったなら，こうした立場もある正当性をもっていたであろう。ところが，いまはこの否定的な態度は，もはやなんらかのブルジョア的社会主義に向けられているのではなかった。それは，1848年の党宣言や，党の政策を詳しく展開した本年の第一の『中央指導部のよびかけ』の筆者たちを非難しているのであった。いな，それは，そうすることで，『宣言』と党の政策そのものを非難しているのであった[(37)]」。

この理論上の対立と関連させて，エッカリウス論文に付された編集部の注も読まれなければならない。

「この論文の筆者自身，ロンドンの一仕立て職場の労働者である。われわれはドイツのブルジョアに，これと同じ仕方で現実の運動を把握できるような著作家が君たちのあいだにはどのくらいいるかと質問しよう。

バリケードと戦線でその勝利を収めるまえに，プロレタリアートは自分の支配の到来を一連の知力の勝利によって告知する。

---

(37)　*MEW*, Bd. 7, S. 562/563.『全集』第7巻，572ページ。*BdK* 2, S. 324/325.

読者はお気づきと思うが，ワイトリングその他のものを書く労働者が現存の状態にたいして向けているような，感傷的な道徳的・心理的な批判のかわりに，ここでは，むら気にわずらわされることなく，純然たる唯物論で，いっそう自由な理解がブルジョア社会とその運動に対置されている。主としてドイツで，かなりの程度フランスでも，手工業者は自分たちの半ば中世的な立場の没落に抵抗して，手工業者として団結しようとしているが，ここでは，手工業が大工業に圧倒されることは進歩であると解され，祝福されていると同時に，大工業の諸結果と産物とは，歴史そのものによってもたらされ，かつ日々新たに生まれているプロレタリア革命の条件と認められ，そうしたものとして明らかにされているのである[(38)]」。

この，おそらく編集長マルクスによるものであろう，編集部注が，エッカリウス論文の評価としてまったく妥当なものであることは，これまでの内容紹介からして論をまたないところであろう。が，ここでは，手工業者，とりわけ「ワイトリングそのほかのものを書く労働者が現存の状態にたいして向けているような，感傷的な道徳的･心理的な批判」と記している点に注目したい。マルクスは，このような手工業者的批判が革命の退潮期に再生し，共産主義者同盟の分裂をもたらしたと見ていたといえよう。したがって，エッカリウス論文の当時の独自的意義の最大のものは，ヴィリヒ／シャッパーら分離派同盟批判にあったといわなければならない。

この分離派批判という性格は，ひとりエッカリウス論文にのみ見出されるものではない。それが掲載された『新ライン新聞。政治経済評論』第5･6合冊号全体に妥当する[(39)]。

この号の冒頭に配されたエンゲルスによる「ドイツ農民戦争」についてはすでに前章で見たところである。

マルクス，エンゲルスによる「II　社会主義的，共産主義的文献」は，ケルン中央指導部のよびかけのなかで参照を求められていた『共産党宣言』の第III

(38)　*Ibid.*, S. 416. 同上『全集』426/427ページ。

(39)　「マルクスとエンゲルスは，彼らの見解の根拠を［……］『評論』第5･6合冊号のなかで，9月15日の会議でよりももっと包括的に論じた」(Franz Mehring, *Karl Marx. Geschichte seines Lebens*, 3. Aufl., Leipzig 1920, S. 211. F. メーリング〔栗原優訳〕『マルクス伝 2』大月書店［国民文庫］，1974年，29ページ)。

章「社会主義的，共産主義的文献」そのものである。ドイツにおいてはこのときにはじめて，マルクスとエンゲルスが『共産党宣言』の起草者であると明示されたのである[40]。たしかに，共産主義者同盟内では，革命の退潮後，組織の再建がくわだてられ，その過程で『宣言』は理論的武器として大きな役目をはたし，その増刷・再刊をもとめる声はきわめて大きなものであった[41]。『政治経済評論』第5･6合冊号での再録はこうした声に応える一面もある。が，その最大の眼目は，同盟の分裂にともなって，以前からの同盟の綱領であった『共産党宣言』がマルクス，エンゲルスら中央指導部多数派に帰属するむね公表することにあったといえよう。

そして，このような手工業的な冒険主義的革命家ならびに革命運動とその戦略にたいしての批判は，すでに『新ライン新聞。政治経済評論』第4号（1850年5月20日頃発行）所収の「書評」において，職業的陰謀家に対する批判という形をとって展開されていたのであった[42]。

このような文脈において，『新ライン新聞。政治経済評論』第5･6合冊号末尾の「評論。5-10月」中の周知のつぎの一文も読まれるべきなのである。

> 「このような全般的好況の場合は，ブルジョア社会の生産力がおよそブルジョア的諸関係内で発達しうるかぎりの旺盛な発達をとげつつあるのだから，本当の革命は問題にならない。そうした革命は，この二要因，つまり近代的生産力とブルジョア的生産形態が，たがいに矛盾におちいる時期にだけ可能である。[……] 諸関係の基礎が目下きわめて安定しており，[……] こうした基礎にぶつかっては，ブルジョア的発展をおさえようとす

---

(40) Dlubek, R./Nagl, E./Werchan, I.: Ein unversiegbarer Kraftquell der Arbeiterklasse. Zur Wirkungsgeschichte des Kommunistischen Manifests in der deutschen Arbeiterbewegung. In: *Beiträge zur Geschichite der Arbeiterbewegung*, 1973, H. 2, S. 207, Anm. 38.

(41) Vgl. *BdK* 2, S. 232, 265, 286 u 304; Meiser, W.: *Das Manifest der Kommunistischen Partei* vom Februar 1848: Zur Entstehung und Überlieferung der ersten Ausgaben. In: *MEGA-Studien*, 1996/1, S. 100-104（拙訳「1848年2月の『共産党宣言』――初版の成立と伝承について――」『研究』第41号，2003年12月，38～44ページ）．また，拙著『『共産党宣言』普及史序説』（八朔社，2016年）第8章「共産主義者同盟再組織の試み――マルクスのロンドン亡命（1849年8月）から「三月のよびかけ」（1850年3月）直前まで――」をも参照。

(42) *MEW*, Bd. 7, S. 271-276. 同上書，278～282ページ。

る反動のあらゆるこころみも，民主主義者のあらゆる道徳的憤慨や感激的宣言も，ともにはじき返される。新しい革命は新しい恐慌につづいてのみ起こりうる。しかし革命はまた，恐慌が確実であるように確実である」[43]。

おわりに

このようなヴィリヒ／シャッパーらの分離派同盟批判という運動史的意義をも確認したうえで，エッカリウス論文を再度とらえなおすならば，その本来の独自性は，先に理論史的意義の箇所で列挙した諸論点のうちの第七点，小ブルジョア的経営における仕立て労働者の「唯一の利点」として述べられている啓蒙と学習の時間的余裕が指し示す方向に求められるのではなかろうか。手工業労働者が，ワイトリングやヴィリヒ／シャッパーらのような偏向に陥ることなく，本来の現代の賃金労働者である大工業労働者とともに，変革の主体としてあるためには，ブルジョア社会とその運動に純然たる唯物論といっそう自由な理解を対置し，自分の支配の到来をまず一連の知力の勝利によって告知しなければならないのである。革命の退潮期にあってはなおさらこれが重要であったであろう。

そしてこのことは手工業労働者のみにとどまるものではない。《文筆家分子》たるマルクスらにとっても妥当するといえよう。「ブリティッシュ・ミュージアムに積み上げられている経済学の歴史にかんする膨大な資料，ブルジョア社会の観察に対してロンドンがあたえている好都合な位置，最後にカリフォルニアおよびオーストラリアの金の発見とともにブルジョア社会が入り込むように見えた新たな発展段階，これらのことが，私に，再びまったくはじめからやり直して，新しい材料を批判的に研究しつくそうと決意させた」というマルクスの『経済学批判』「序言」での周知の回顧は，「私自身の経済学研究の歩みについて」述べているという限定に注意すべきである。事態はむしろ逆で，「私の経済学研究を中断させ」た「1848年と1849年の『新ライン新聞』の発行と，その後に起こった諸事件」こそが，「ようやく1850年になってロンドンでふたたび経済学研究にとりかかることを可能」にした当のものではなかったろうか。

---

(43)　*Ibid*., S. 440. 同上書，450ページ。その検討は，本書第6章および第7章でなされている。

第6章 「評論。5-10月」と「エヴァンズ抜粋」

はじめに

1848年革命の退潮とともに，マルクスはロンドンへの亡命を余儀なくされる。ロンドンでは，共産主義者同盟の再建や亡命者救援委員会の仕事とならんで，『新ライン新聞。政治経済評論』を編集・発行する。この第5・6合冊号にエンゲルスとともに執筆した「評論。5-10月」[(1)]は，彼らが当面する革命の情勢分析を行い，それを切迫したものから遠のいたものへと変更したことを明瞭に示す文書として知られている。

この「評論。5-10月」は，つぎのように区分することができる構成をもつ。

Ⅰ　導入部

Ⅱ　現実の基礎の確認（第一部分）

あくまでも過剰生産の徴候としての投機を中心とした1847年恐慌史

1　鉄道投機

2　穀物投機

3　商業・貨幣恐慌

4　二月革命と小括（この瞬間以来，イギリスでは恐慌が終了した）

Ⅲ　現実の基礎の確認（第二部分）

各国に即しての新たな繁栄の確認

1　イギリス

2　北アメリカ合衆国

---

(1)　Karl Marx/Friedrich Engels: Revue. Mai bis Oktober. In: *Neue Rheinische Zeitung. Politisch-ökonomische Revue*. H. 5/6. Mai-Oktober 1850, S. 129-180. この「評論」からの引用は，*MEW* からとし，該当ページ数を本文中に割注（S.　）で示す。引用文は，『マルクス＝エンゲルス全集』第7巻（大月書店）1961年所収の石堂清倫訳を利用したが，適宜変更した箇所がある。

3　ドイツ

4　フランス

5　小括（本当の革命は問題にならない。新しい革命は新しい恐慌に続いてのみ）

Ⅳ　最近六ヵ月間の政治的出来事

1　イギリス

2　フランス

3　ドイツ

4　亡命者

冒頭で「最近六ヵ月の政治運動は，その直前のそれとは本質的に違っている」（S. 421）と述べて，情勢の決定的変化を宣する導入部が置かれた後，政治運動の「現実の基礎を観察する」二つの部分Ⅱ，Ⅲが続く。

第一の部分では，「……われわれは現在1843～45年の時期の完全な歴史を述べることはできないので，過剰生産のほかならぬこれらの徴候のうち最も主要なものだけをまとめておく」（S. 421）と記され，上記Ⅱの1からⅡの4へと順をおって，過剰生産の徴候としての投機を中心に1847年恐慌および1848年革命に至る最近の経済史が描かれる。第二の部分は，1848年以後の現在の新たな繁栄を各国に即して確認している部分であり，情勢評価の変化を象徴する著名な章句「新しい革命は新しい恐慌につづいてのみ起こりうる」（S. 440）[2]は，この部分の末尾に置かれている。これらの展開を論拠に，最後の部分Ⅳでは，最近六ヵ月間の政治的出来事についての評価がなされるわけである。

したがって，情勢評価の変化をもたらしたもののうち，マルクス／エンゲルスの側における理論的要因は，現実の基礎を観察している二つの部分の内に見出すことができる。第二の部分は，1850年8～10月の『エコノミスト』を主な素材とするマルクス／エンゲルスの現状分析の成果である[3]。他方，第一の部分は，1850年春以降進められたマルクスの「最近10年間の経済史」研

(2)　この著名な章句の含意については，すでに第2章の脚注（44）（48ページ）において明らかにしたところである。

(3)　本書第7章において詳論する。

究[(4)]が反映しているものと判断される。

この第一の部分は，1847年恐慌の展開過程の叙述であるが，この時期前後のマルクスの恐慌把握が過剰生産を基礎とするものであるにもかかわらず，投機を中心とした叙述になっている。ここから，つぎのように結論することもなるほど可能ではあろう。当時の彼らは，1847年恐慌の勃発にさいして果たした役割としては，投機を重視し，過剰生産を軽視していたからだ[(5)]，と。しかしながら，むしろその前に，「評論。5-10月」において，通常の彼らとは異なって，何ゆえに投機中心の恐慌史叙述がなされているのかという疑問や，当時の彼らにとって過剰生産と投機とは恐慌を分析するさいにどのような関連のものとして把握されていたのかという問題を検討してみなければならないはずである。

本章の課題はこれらの疑問や問題，ことに前者の疑問を解決しようとするところにある。

I 「評論。5-10月」と「エヴァンズ抜粋」との対応

1847年恐慌と1848年革命に至る経済史を投機中心に描いている部分は，1850年春以降のマルクスの「最近10年間の経済史」研究に立脚しているといえよう。ところが，残念なことに，この研究の詳細はこれまでのところ十分な解

---

(4) 一般には，『エコノミスト』誌の研究を中心とするものとみなされている。例えば，「6月頃－9月頃マルクス，とくにロンドンの『エコノミスト』誌を利用して，最近10年間の立ち入った研究に着手し，「1847年の世界的商業恐慌が，二月革命と三月革命の本当の生みの親であった」ように，「1848年の半ばから次第に回復し，1849年と1850年に全盛に達した産業の好況」が「新たに強化したヨーロッパの反動を活気づけた力」であるという「決定的な」結論に到達する」（*Karl Marx Chronik seines Lebens in Einzeldaten*, Moskau 1934, S. 92）。しかしながら，この研究について詳細はまったく不明のままであった。

(5) 「47年恐慌勃発において占める過剰生産が果たした役割への，マルクス，エンゲルスの評価は存外低く，逆に，投機への評価は高い」（西村 弘「マルクスの恐慌分析と資本主義認識──1850年代を中心に」専修大学大学院紀要『経済と法』第14号，1981年9月，14ページ）。「マルクス，エンゲルスは，47年恐慌の具体的分析の起点を［……］投機に求め，それらがどのように恐慌に導いたかを詳論する。大投機に注目すればこそ，このような叙述様式が成立するのである」（同前，15ページ）。しかしながら，西村氏のこれらの主張も，「過剰生産が無視されているわけではない。それはあくまで恐慌の原因として確認されている。［……］しかしそのように言ったうえで，あえて述べれば」（同前，14ページ。下線は橋本）と限定したうえでのものであることを，念のために強調しておく。

明がなされてこなかった。しかしながら，この部分には，Th. トゥックと D. M. エヴァンズの名が明示されている。ことにエヴァンズへの言及は，二月革命の勃発に直面して「イギリスでは，重要な商社で，この革命のせいで破産したものはただの一つもない」(S. 427) ことを示すために，『商業恐慌。1847〜1848年』(ロンドン，1848 年)[6]の各所に添えられている破産会社リストのうち 1848 年 2〜5 月の各々を引き合いに出してのものである。マルクスないしはエンゲルスが，このエヴァンズの著書をこの時期に至るまでのどの時点かにおいて読んでいるわけである。

新『メガ』関連の研究は，マルクスが「ロンドン・ノート」第 I 冊中において本書からの抜粋を作成していることを明らかにした[7]。マルクスの「最近 10 年間の経済史」研究の内容，「評論。5-10 月」の経済史叙述部分との関係について，また，エヴァンズの著書がマルクスに与えた影響という点で，このマルクスの抜粋が注目されるのである。

この抜粋は，1983 年に刊行された新しい『マルクス＝エンゲルス全集』第 Ⅳ 部門第 7 巻にはじめて収載され公にされるに至った[8]。これを見ると，「評論。5-10 月」当該部分でのエヴァンズの著作の利用は，先の破産リストばかりでは

---

(6) D. M. Evans: *The Commercial Crisis*, 1847−1848, London 1848. 本書についての詳細は後述。なお，本書からの引用ページ数は，(p.) とのみ記して，本文中に示す。

(7) 八柳良次郎「マルクス「ロンドン抜粋ノート」における貨幣・信用論」東北大学経済学会研究年報『経済学』第 44 巻第 1 号，1982 年 6 月，68 ページ，表 (1) 参照。なお，抜粋の存在とこの利用があったということ自体については，トゥック『物価史』についてと同様，すでに伝えられていた。すなわち，「マルクスはこの巻〔『物価史』第 4 巻〕から多くの抜書をおこなった。この『評論，1850 年 5 月から 10 月まで』でも，マルクスはこの抜書をひろく利用している」(S. 616, Anm. 285)。「マルクスはこの著作〔エヴァンズ『商業恐慌』〕から多くの抜書をおこなったが，この著作〔「評論。5-10 月」〕にもそれを利用している」(*Ibid*., Anm. 287)。しかし，抜粋の内容とその利用の詳細についてはなんら触れられていない。本章は，この欠を補おうとするものである。なお，先走って述べておけば，この両抜粋の利用は，「評論。5-10 月」にかんする限りは，トゥック『物価史』第 4 巻よりもエヴァンズ『商業恐慌』の方が「ひろい」のである。

(8) Karl Marx: Londoner Hefte 1850−1853. Heft I, Exzerpte aus David Morier Evans: The commercial crisis 1847−1848. In: *Karl Marx/Friedrich Engels Gesamtausgabe*, Abt. Ⅳ, Bd. 7, Berlin 1983, S. 52-61. なお，本書の引用にさいしては該当ページ数を本文中に (Ⅳ/7, S.) と表示する。また，当の抜粋を以下，「エヴァンズ抜粋」と略称する。

なく，叙述全体にわたる大変広範なものであることが明らかとなる。

本節では，この利用の状態をマルクスの「エヴァンズ抜粋」に即して示す。「評論。5-10月」の諸叙述と「エヴァンズ抜粋」のそれとの対応を「評論」の展開に沿って逐一確認する[(9)]。

この経済史叙述部分の冒頭には「評論。5-10月」の分析視角が提出されているが，その検討は後論に委ねて，すぐさま，鉄道，穀物，綿花，東インド・中国貿易への各投機を対象として経済史叙述を開始する箇所につこう。

1 鉄道投機

この部分の冒頭では鉄道投機についての史的概観が以下の表左列のように述べられている〔(1)～(5)の番号づけは引用者，以下同じ〕。「評論。5-10月」のこれらの記述は，それぞれ「エヴァンズ抜粋」の表右列に引用した箇所に基づくものである〔以下，「エヴァンズ抜粋」の対応箇所を（ ’ ）の番号づけをもって示す〕。

評論。5-10月（S. 422）	エヴァンズ抜粋
(1) イギリスの鉄道系統の拡張はすでに1844年に始まったが，完全に発達したのはようやく1845年のことである。	(1’) 1844年に鉄道系統の拡張が始まった。p. 2※（Ⅳ/7, S. 52)。
(2) この一年だけで登録された鉄道会社設立申請書の数は1035に達した。	(2’) 7月と8月には再び登録された申請書の数が増大した。9月には極めて厖大，すなわち，457登録。通年では1035。p. 16（*ibid.*, S. 53)。
(3) 1846年2月には，これらの登録された計画のうちの多数のものがすでに取り消されていたが，それでもなお，継続中の分として政府に供託されるべき金高は，14 000 000ポンドの巨額にのぼり，さらに	(3’) 2月は株式申し込み証拠金（Deposit）預託の時期であった。そして多くの計画がすでに取り消されたあとでも，12ないし14百万ポンド・スターリングが問題であった〔p. 28〕(*ibid.*, S. 54. なお，後論で再度参照するので留意のこと)。

(9) 「ロンドン・ノート」第Ⅰ・Ⅱ冊には，トゥック『物価史』第4巻（Tooke, Th.: *A History of Prices, and of the State of the Circulation, from 1839 to 1847*, London 1848）からの抜粋も見出される〔Exzerpte aus Thomas Tooke: A history of Prices.（Ⅳ/7, S. 62-65, S. 68-76, S. 81-82, S. 84-107〕〕。先述のとおり，この抜粋もまた「評論。5-10月」で利用されているのであるが，本章では必要な限りで言及するにとどめる。

(4) 1847年にはイギリス国内における払込総額は42 000 000ポンドを越え，そのうち36百万以上がイギリス鉄道の分，あとの5 ½百万は外国鉄道の分であった。	(4') 鉄道〔株式〕の〔分割〕払込 (railway calls) 総額は1844年には42,071,893ポンドであって，そのうち36,281,393ポンドがイギリス国内線の分，そして5,790,500ポンドが外国線の分であった。(p. 107) (*ibid.*, S. 59)。
(5) この投機の全盛期は，1845年の夏と秋にあたった。	(5')〔1845年の〕8月中には，その〔投機の〕圧力はその絶頂に達した。〔p. 19〕(*ibid.*, S. 53)。

＊右列エヴァンズ抜粋のページ表記は，ほとんどマルクス自身が記しているものである。抜粋のページ表記についてのみ，本章では，新『メガ』が補ったものには［　］が，引用者の補ったものには〔　〕が，それぞれ付してある。

「評論」の続く部分では，株価の上昇がもたらす投機の利得によって惹き起こされた社会的混乱が，以下の表左列のように描かれている。これらの描写は，「エヴァンズ抜粋」の右列の章句にそれぞれ対応している。

評論。5-10月 (S. 422)	エヴァンズ抜粋
(6) 公爵も伯爵も，鉄道各線の取締役 (Direktion) の席を占めるという収入のある名誉を得ようとして商人や工場主とはりあい，下院議員，弁護士，僧職者がこれら当局 (Behörden) に多数の代表を出した。1ペニヒでも貯蓄をしているもの，ほんのわずかでも信用のきくものは鉄道株の投機をした。	(6') 伯爵や侯爵は彼らの名義の認可によって魅力を付加すべく (to add attractiveness by the sanction of their names) ロンドンの資本家や田舎の地主と争った。貧窮した法廷弁護士は法律以上に儲かる委員会 (the councils of boards) の席へ恋慕の情を抱いた。数えきれないほどの下院議員が二三の参事会員 (Alderman) とともに，彼らの一存で (on their presumed responsibility) 取引 (traffic) した。僧侶も同様これに遅れをとらなかった。p. 5＊。[……] 店 (houses or homes) をもたない人々や銀行や商会でわずかの給料で雇われている事務員たちは，まるで彼らが雇い主を代理しているかのように彼ら自身が人気証券の買い手や売り手であると広言した。[……] p. 7. (Ⅳ/7,S. 53)。

(7) 鉄道新聞の数は3紙から20紙以上にふえた。いくつかの大日刊紙は鉄道広告と目論見書 (Prospekt) でしばしば一週に14 000ポンドも儲けた。技師は十分な数だけかり集めることができず，法外な支払を受けた。	(7') 鉄道マニア以前には，ただ3つの鉄道新聞が存在しただけであった。1845年には20を越えた。若干の主要な日刊紙は鉄道広告によって一週に12ないしは14,000ポンドを受け取った (*ibid.*)。
(8) 目論見書，計画書，地図等々を作成するために動員された印刷業者，石版印刷業者，紙商等々，きのこのように生えてくる無数の新しい取締役や仮委員会などの事務所に家具を納めた家具製造業者は，すばらしい値段の支払を受けた。	(8') 印刷業者，石版印刷業者，出版業者は，目論見書の準備や地図の作成，その他必要品の供給で，大変な収穫期を迎えた。家具商も同様である。委員会室や会社事務所への納入は，彼の見込みを実現したし，支払は証拠金からであったため，節約はいちいち心掛けられはしなかった。p. 10 (*ibid.*)。

＊マルクスの抜粋していないこれに続く部分にはこうある。「大金はある時には一山あてた当人を狂わせた。彼らの成功はすぐに広まり，金持ちも貧乏人も同様に感染した」(p. 6)。

「評論」はこの時期を，「ローや南海会社の時代を思い出させるようなペテンの上部構造が次第にそびえ立った」(S. 422) と特徴づけ，さらにこのように「成功の見込みが少しもない何百もの新線が目論まれた」理由を左列のように指摘している。この指摘は，エヴァンズの著書でこのようなペテンが新聞等で暴露されたことを述べている箇所に対してマルクスが付した右列の注記に照応している。

評論。5-10月 (*ibid.*)	エヴァンズ抜粋
(9) それは，当の企画者が本当に実行しようとは全然思っておらず，一般にただ取締役が証拠金を食いつぶすことと，株式販売によるペテン的な儲けとが目的なのであった。	(9') **プレミアムの追求と証拠金の罠。** p. 15 (Ⅳ/7, S. 53)。

この投機の全盛に続く反動期は「評論」では左列のようである。これらの叙述の基礎には「エヴァンズ抜粋」のそれぞれ右列の部分が対応している。

評論。5-10月（S. 423）	エヴァンズ抜粋
（10） 1845年10月に反動が始まり，まもなく高まって完全なパニックになった。	（10'） 1845年8月末に株式市場でパニックが始まった。〔p. 18〕（Ⅳ/7, S. 53）。
（11） 証拠金を政府に支払わなければならない1846年2月の前に，最も薄弱な計画がすでに破産していた。	（11'）：先に留意を促しておいた（3'）の引用文（本章138ページ）を参照されたい。
（12） 1846年4月には，はね返りがすでに大陸の株式市場に及んだ。パリ，ハンブルク，フランクフルト，アムステルダムでは，非常に低落した価格での投売りが起こり，それが銀行家と仲買人（Makler）の破産をひきおこした。	（12'） 大陸のほとんどの株式市場の状態はイギリスのそれと同じになった。すなわち，パリやハンブルク，フランクフルト，アムステルダムでは，売り上げが余りにも大規模に低落し，そこから銀行家と仲買人（broker）の破産が生じた［……］ p. 51（*ibid.*）。

この鉄道恐慌が長びき，1848年秋までも続いたこと，またその原因についての記述[(10)]が，「評論」の鉄道投機に関する部分の末尾に見出される。

この記述に続く最末尾の章句（左列）は，「エヴァンズ抜粋」の最末尾のもの（右列）を踏まえている。

評論。5-10月（S. 423）	エヴァンズ抜粋
（13） この恐慌は在来の，もっと堅実な株式の価格をもしだいに引き下げ，ついに1848年10月には最低水準に達した。	（13'） 1845年8月には，ブライトンの株式の最高の価格（50ポンド額面につき） $80\frac{1}{2}$，1848年10月には，29ポンド，グレート・ウェスタン・ラインは（額面100ポンドにつき） 236ポンド，1848年10月には80ポンド，ミドランドは183ポンド，10月には86等々。1848年10月には，鉄道パニックは新たな最悪の爆発。p. 125［126］（Ⅳ/7, S. 61）。

（10） つぎのよう。「それほど不堅実ではない計画までが，一般的な不振に徐々にとらえられるにつれて，あいついで破産したことによって，鉄道恐慌は長びかされ，1848年秋までもつづき，投機や商業と工業のほかの分野にも恐慌が始まったために激化した［……］」（S. 423）。これはマルクス／エンゲルスの評価とみうる。このような評価の直接の基礎を成す章句は，エヴァンズの著書で鉄道マニアを扱った第1章には見出されない。第2章，第3章のそれぞれの叙述を踏まえての評価と思われる。なお，エヴァンズの著書の構成と内容については後述。

2 穀物投機

この部分では，穀物投機発生の原因と価格騰貴の推移，その後の急落とこれにともなう穀物恐慌が扱われている。

冒頭にある穀物投機発生の原因についての一連の叙述は，ジャガイモ病を「現存社会の根が腐っていることの最初の徴候」(S. 423) と評している箇所を除けば，おおむねトゥック『物価史』第4巻を基礎としたものである。[11]

「評論」は続けてアイルランドとフランス，オランダ，ベルギーのジャガイモ病と凶作について記し，[12]「穀物投機には完全な現実の基礎が与えられていた」(*ibid.*) と論評する。

このうちの左列の記述には，「エヴァンズ抜粋」の一箇所（右列）が対応している。

---

(11) 「1845年8月には，世間の注意は，イングランドとアイルランドだけでなく大陸にも現われたジャガイモ病にまず向けられた――これは現存社会の根が腐っていることの最初の徴候であった。それと同時に，すでに期待されていたことだが，穀物収穫も激減することについてもはやすこしの疑いも残さないような報道が到着した。この二つの事情のせいで穀物価格はヨーロッパのすべての市場でいちじるしく騰貴した」(S. 423)。この「評論」の叙述が踏まえているのは，トゥック（藤塚知義訳）『物価史』第4巻，東洋経済新報社，1981年，第一編，第6節「1844～45年の天候の性格――小麦の価格と産出高の見つもり」（32/33ページ）である。

(12) この部分ならびにこれに続く価格騰貴と急落の部分は，新『メガ』解説も指摘するように (I/10, S. 996)，トゥックに依拠しての叙述とみてよいように思われる。新『メガ』解説は遺憾ながら対応箇所を明記していないが，それは『物価史』第4巻，第一編「穀物の価格について（1840～47年）」のうち1845年～47年の天候の特徴，小麦の価格ならびに産出高の見つもりを記している第7・8節である（前掲邦訳36～45ページ）。マルクスはこの箇所からも抜粋している (Ⅳ/7, S. 97-100)。

加えて，「評論」当該箇所のうち「[……] 1842～44年の豊作が [……]」(S. 423) の部分は，Gülich, Gustav von: *Geschichtliche Darstellung des Handels, der Gewerbe und des Ackerbaus der bedeutendsten handeltreibenden Staaten unsrer Zeit*, 5 Bde. Jena 1830-1845 をも踏まえていることであろう。マルクスのギューリヒからの当該箇所抜粋は，Ⅳ/6, S. 679。なお，マルクスの「ギューリヒ抜粋」については，渋谷 正「マルクスの「ギューリヒ抜粋」をめぐって」大村 泉・渋谷 正・窪 俊一 編『新MEGAと『ドイツ・イデオロギー』の現代的探究』（八朔社，2015年）第7章，124～163ページ（初出は，鹿児島大学法文学部紀要『経済学論集』第33号，1990年12月，1～27ページ）ならびに同「マルクスのギューリヒ抜粋」服部文男・佐藤金三郎編『資本論体系 第一巻 資本論体系の成立』（有斐閣，2000年），284～292ページを参照。

評論。5-10月 (*ibid.*)	エヴァンズ抜粋
(14) アイルランドでは完全な飢餓が起こり，そのためイギリス政府はこの州のために8百万ポンド・スターリングを貸し付けること [……] を強いられた。	(14') 8,000,000ポンドのアイルランドへの貸し付けがロートシルトによって採られ，[……] [p. 56] (IV/7, S. 55)。

また，この穀物価格の騰貴が1847年春まで続いたことについての記述もつぎの対応が見出される。

評論。5-10月 (S. 423)	エヴァンズ抜粋
(15) 1847年5月にはついに価格は絶頂に達した。	(15') 5月 (1847年) には，穀物価格は最高の峯に達した。p. 63* (IV/7, S. 56)。

*この箇所にエヴァンズは脚注を付している。そこでは，トゥック『物価史』第4巻（前掲邦訳43ページ脚注1)）に依拠して，アクスブリッジ市場でクォーターあたり124シリングで売られた例を挙げている (p. 63)。

穀物投機にかんする部分の末尾近くで，「この全期間にわたって鉄道恐慌が続いただけでなく，まさに穀物価格が最高に達した瞬間に，[……] 信用制度の最も完全な混乱と貨幣市場における最も完全な撹乱が併発した」(S. 424) と述べ，穀物投機と鉄道恐慌との，また次項で扱う本来の商業・貨幣恐慌との関連に触れ，これを具体的に穀物取引業者の破産に即して左列のように見ている。これらの基礎にあるのは，右列のようなエヴァンズの著書からの抜粋である。

評論。5-10月 (S. 424)	エヴァンズ抜粋
穀物投機者はそれにもかかわらず8月2日まで値下がりに耐えてきた。	5月以来，穀物価格の持続的な値下り。
(16) この日，銀行は最低割引率を5パーセントに，期限2ヵ月以上のすべての手形については6パーセントに引き上げた。	(19') 8月には，1クォーターあたり64シリングになり，地方の穀物市場は麻痺した。
(17) ただちに穀物取引所で一連のこのうえもなくめざましい破産がつづき，その先頭をつとめたのはイングランド銀行総裁ロビンソン氏の破産であった。	(16') 8月2日，月曜日に銀行の正副総裁は，利子率を1ヵ月手形について5%に，2ヵ月手形は5½%に，そしてその期間を越える手形は6%に引き上げた。

(18) ロンドンだけで八つの大穀物商社が破産し，その負債は合わせて1½百万ポンド・スターリング以上に達した。	(17') この月曜日と8月5日，木曜日との間にパニックが始まり，穀物倒産が告げられた。p. 67 そのうちでも穀物商W. R. ロビンソン社に破産が起ったが，この会社の主要なメンバーはまさにイングランド銀行の総裁であった。…［……］
(19) 地方の穀物市場はまったく麻痺した。	(18') 8つのロンドンの穀物商社がつぶれたが，その負債は合わせて1,500,000ポンド以上に達した…〔p. 69〕」(Ⅳ/7, S. 56)。

穀物恐慌の部分の末尾でのつぎの叙述は，マルクス／エンゲルスによる独自の評価とみてよい。

「破産は，地方でもとくにリヴァプールで，同じ唐突さであいついだ。これに照応して大陸で倒産が遅かれ早かれ生じたが，それはロンドンからの懸隔にしたがっていた。しかしイギリスの穀物恐慌は，穀物が底値をつけた日付である9月18日には終了したとみなすことができる」(S. 424)。

このうち各地での倒産がロンドンからの距離に比例して生じたとする判断は，エヴァンズの著書に付された破産リスト（p. 69, pp. 73/74）に立脚してのものである。

3 商業・貨幣恐慌

「われわれはいよいよ本来の商業恐慌，貨幣恐慌を述べよう」(S. 424）と書き出されている部分である。

その冒頭ではこの恐慌勃発直前の景況が描かれている。

「1847年のはじめの四ヵ月は，商業と工業の一般情況は，製鉄業と木綿工業を除いてまだ満足すべきもののように見えた」(*ibid.*)。

この景況描写は，製鉄業の除外を別にすれば，トゥックに従ってのものである[(13)]。しかしながら，製鉄業の除外と製鉄業ならびに木綿工業の除外の根拠

(13) 「この年のはじめの四ヵ月のあいだ，産品諸市場は（事業が原料の高価格によってはばまれていた綿工業地方を除いて）国内消費の需要がずっと良好に保たれていたから，一般に活気のある繁昌した状態にあった」(『物価史』第4巻，前掲邦訳83ページ。なお，同趣旨の章句は同じく341ページにも)。マルクスはこの箇所からも抜粋している（Ⅳ/7, S. 106)。

とは，マルクス／エンゲルスに独自のものである。すなわち，

「1845 年の鉄道思惑のため非常な高さにあおられた製鉄業は，鉄の供給過剰に見合う販路が減少したのにおうじて，当然のこととしてそれだけ打撃をうけた。東インドと中国の市場向けの主要産業部門である木綿工業では，すでに 1845 年の生産がこれらの市場にとって過剰であり，きわめて早くそれにつりあった反落が始まった。[……]」(*ibid.*)。

両産業の低調をいずれも過剰生産と供給過剰を根拠として捉えていることに注目したい。

商業・貨幣恐慌について，最初に言及されているのは，まず，1847 年 4 月 15 日のイングランド銀行の新たな措置，つぎにそれにもかかわらず生じた銀行準備金の減少とその原因，さらにこの銀行の措置が貨幣市場とイギリス商業全体に及ぼした影響についてである。

まず，イングランド銀行の新たな措置については左列のようである。これは「エヴァンズ抜粋」の右列に記した部分に対応している。

評論。5-10 月 (S. 425)	エヴァンズ抜粋
(20) 1847 年 4 月 15 日に，イングランド銀行は短期手形全体にたいする最低割引率を 5 パーセントに引き上げ，割引されるべき手形の総金額を制限した，しかも手形支払人となっている商社の性格を斟酌しないで*。最後に，同銀行は，貸付をおこなっていた商人たちに，この貸付が満期となったら，もはやこれまでの慣例のように更新はしないで，返還を請求するということをいやおうなしに通告した。その二日後の週末残高の公表は，銀行部の準備金が 2 $\frac{1}{2}$ 百万ポンド・スターリングに低下したことを示した。	(20') 4 月 15 日(1847 年) に，銀行は，満期まで約一週間程度の手形にたいしては利子率を 5%に，それより長期の手形についてはそれ以上に高めた。通常の四半期期限で受けていた前貸の返済がいやおうなしに請求され，この種の便宜の更新が拒絶された。p. 60 [, 61] それにもかかわらず銀行部の準備金は 2,558,000 に低下した。p. 61. (Ⅳ/7, S. 55)。

＊この取引額制限についての記述はトゥック由来である。「またなお一層きびしい融資の制限として感じられたことは，どんなに完全な手形であっても，またその手形を呈示する人たちの信用がどんなに高くても，割引を認められる手形の額が制限されたということである」(『物価史』第 4 巻，前掲邦訳 329 ページ。また同趣旨の記述は，82 ページにも)。対応するマルクスの抜粋は，Ⅳ/7, S. 91。

この準備金の減少の原因を,「評論」は,消費の増加ならびにほとんどすべての商品の著しい値上りにともなう小売業での金・銀の需要増と,さらにつぎの二つの点に求めている(左列のよう)。これは,鉄道と綿花・穀物とについての言及が逆の順序になっているが,右列の「エヴァンズ抜粋」に依っている。

評論。5-10月(S. 425)	エヴァンズ抜粋
(21) 4月一ヵ月だけでも4 314 000ポンドにのぼった鉄道建設のたえまない払込み[……]外国鉄道向けの要求額の一部分は,直接に外国に流れていった。砂糖,コーヒー,およびその他の植民地商品[……]綿花(その収穫不足が確実となって以来投機的に買い付けられたため),とくに穀物(再三の不作のため)のいちじるしい超過輸入は,大部分正貨または地金で支払わなければならなかったし,このようにしてまた金銀の国外へのいちじるしい流出をひきおこしたのである。	(21')金に対する主な需要は,穀物と綿花にたいしてアメリカに送るためである。さらに貸付への分割払込(die instalments on the loans)が満期になりつつあったし,4月(1847年)のための鉄道株式の分割払込は4,314,000ポンドにのぼったが,そのうち100,000ポンドのみが外国の鉄道向けであった(Ⅳ/7, S. 55)。

イングランド銀行がとったこの手形割引率の引上げと割引額の制限は,貨幣市場に圧迫を加え,イギリス商業全体のパニックをひきおこす。

「評論」では左列のように書かれている。この記述は「エヴァンズ抜粋」の右列の部分に対応している。

評論。5-10月(S. 425)	エヴァンズ抜粋
(22) 4月の末の数週と5月のはじめの四日間は,ほとんどすべての信用取引が麻痺した。しかしそのあいだべつに異常な破産は突発しなかった。[……]最初の,さし迫った危険をこうして征服したことは,信頼感を高めるうえで大いに貢献した。	(22')4月末の3週間と5月はじめの4日間は,ほとんどすべての信用取引が麻痺した。p. 61. 4月の25日から28日のあいだには信頼感がわずかの程度再び現われた(Ⅳ/7, S. 55)。

このパニックが5月末に鎮静したのち,8月はじめに前項でみた穀物商業の破産が始まり,さらに9月には一般の通商,10月には銀行そして各産業へと拡大する。商業・貨幣恐慌について「評論」でつぎに描かれるのはこの破産の

模様である。

まず，9月の「本来の商社」の破産について。左列の描写の基礎は「エヴァンズ抜粋」(右列）にある。

評論。5-10月（S. 426）	エヴァンズ抜粋
（23）9月にはいるまでつづいたこの破産が終わるか終わらないうちに，一般の通商で，とくに東インド，西インド，モーリシャス島貿易で，恐慌が猛威を集中して，しかもロンドン，リヴァプール，マンチェスター，グラスゴーで同時に勃発した。9月中にロンドンだけで20社が倒産し，その負債総額は，9ないし10百万ポンド・スターリングにのぼった。／「われわれはその当時イギリスの商業上の諸王朝の根絶を経験した。それはわれわれが最近きわめてしばしば耳にした大陸の政治上の商社の倒壊に劣らず意外なことであった」とディズレーリは1848年8月30日に下院で述べた。／東インド貿易の諸商社の破産は年末にいたるまでたえまなく荒くるい［……］。	（23'）ロンドンにおける破産とともに，それはスコットランド（グラスゴー），リヴァプールそしてマンチェスターでも。p. 72.［……］今や東インド貿易の大商社の破産が始まった。(p. 72.)「イギリスの商業上の諸王朝の根絶があったが，それはわれわれが最近きわめてしばしば耳にした対岸の政治上の商社の倒産に劣らず著しいものであった」(ディズレーリ，1848年8月30日下院で［p. 72, 73]）9月中に主だった（rank）20の商社が破産し，その負債総額は9ないし10百万ポンド・スターリングと見積られた（Ⅳ/7, S. 56)。

「評論」は翌1848年初頭にぶりかえした破産について左列のように付け加えている。この叙述も右列の「エヴァンズ抜粋」に負っている。

評論。5-10月（S. 426）	エヴァンズ抜粋
（24）東インド貿易の諸商社の破産は年末にいたるまで荒れくるい，1848年のはじめの数ヵ月にぶりかえした。このときカルカッタ，ボンベー，マドラス，モーリシャスの同じような商社が破産した報道が伝わったのである。	（24'）〔1848年〕1月と2月に宣告された破産は，主にイギリスとその保護領に関係していた。カルカッタの諸商社が最悪の予言を的中させ，この二ヵ月間にそのうちの16が倒産したとの報道があった（Ⅳ/7, S. 60)。

つぎに，1847年8月以降のこれらの破産の原因について。「評論」は「商業史上未聞のこの一連の破産は，一般の過度の投機と，これによってひきおこされた植民地商品の過剰輸入がもとになっていた」(S. 426）と述べている。こ

れは，エヴァンズやトゥックにその基礎を見出せない，マルクス／エンゲルス独自の評価であろう[14]。

さらに，10月に入っての銀行の破産（左列）。これは「エヴァンズ抜粋」の右列の箇所に対応している。

評論。5-10月（S. 426）	エヴァンズ抜粋
(25) 10月1日に，イングランド銀行は短期手形の最低割引率を5½パーセントに引き上げ，それと同時に，今後はどんな種類のものであれ，国家証券引当の貸付はもうおこなわないであろうと声明した。こうなっては株式銀行も，個人銀行家もこれ以上圧力に抵抗することができなくなった。ロイヤルバンク・オブ・リヴァプール，リヴァプール・バンキング・カンパニー，ノース・アンド・サウス・ウェールズ・バンク，ニューカースル・ユニオン・ジョイント・ストック・バンク等々が数日のあいだに順々につぶれた。それと同時に，イギリスのすべての州で，多数のより小さい個人銀行の破産宣告が起こった。	(25') 10月1日（1847年），イングランド銀行の理事会（Court）は，10月14日以前に満期になるすべての手形についての最低割引率が5½%になるであろうとの，また同時に，当分はたとえどんな国家証券であろうともそれを引当にした貸付はおこなわれないであろうとの声明を出した……これは全般的パニックを生み出した。p. 75.［……］今や破滅はもはや商社に限られるものではなくなっていた。つまり，株式銀行や個人銀行家はこれ以上その圧力に抵抗することができなかった。ロイヤル・バンク・オブ・リヴァプール，リヴァプール・バンキングCo.，ノース・アンド・サウス・ウェールズ・バンク，ニューカースル・ユニオン・ジョイント・ストック・バンクが数日のうちに順々につぶれた。その他に多数の小さな地方個人銀行家が破産宣告された。（p. 76, 77）（Ⅳ/7, S. 56/57）

この影響は一般の産業にも及ばずにはいない。「評論」は左列のように書い

(14) この箇所に続く商品価格の変動についての記述──「長いあいだ人為的につりあげられていたこれらの商品の価格は，部分的には1847年4月のパニック以前にすでに下落していた。だがそれが全般的に，またいちじるしく下落したのは，ようやくこのパニック以後のことであって，このときになって全信用制度が崩壊し，つぎからつぎへと商社が大量の投売りをよぎなくされたのである。とくに，6・7月から11月までのこの下落はきわめて大きかったので，もっとも古くて堅実な商社でさえもそのために没落せざるをえなかったくらいであった」（S. 426）──は，トゥックに由来するものである（『物価史』第4巻，前掲邦訳85～87ページ。最後の一文については，342ページをも）。なお，最後の一文はエヴァンズ（pp. 70-74）をも踏まえている。

ている。この箇所に対応する「エヴァンズ抜粋」は右列のようである。

評論。5-10月(S. 426/427)	エヴァンズ抜粋
(26) 10月をとくに特徴づける諸銀行のこの全般的な支払停止につづいて，リヴァプール，マンチェスター，オールダム，ハリファックス，グラスゴー等々で，証券業者，手形・株式・船舶・茶・綿花の仲買人，製鉄業者と鉄商，綿紡績業者と羊毛紡績業者，更紗捺染業者等々の多数の破産が起こった。	(26’) モーリエがこの月の破産について与えている表(p. 90-92) のなかにわれわれが見出すのは，1) ロンドン。主要なものは東インド貿易業者，証券業者2，そして手形仲介人1，さらにイングランドの銅山会社。2) リヴァプール。ロイヤル・バンク，リヴァプール・バンキング・カンパニー，ノース・アンド・サウス・ウェールズ・バンク，さらに株式や船舶の仲買人，また茶や綿花の仲買人，しかしながら主要なものは，東インド貿易，製鉄業者等々も。3) マンチェスター。東インドおよび西インド貿易，一銀行業者，紡績業者と代理人2。比較的にわずか。4) アービングドン，ニューカースル，オールダム，サリスバリー等々における多くの銀行業者。5) ハリファックスやグラスゴー等々における若干の綿紡績業者，梳毛紡績業者，更紗捺染業者 [pp. 90-92] (Ⅳ/7, S. 57)。

「評論」はこれらの破産についてのトゥックの評価[15]を引いたあと，1844年のピール銀行法が停止された経緯に触れている(左列)。この箇所は，まったく同一の章句ではないが，右列の「エヴァンズ抜粋」と対応するものであろう。

(15) 「トゥック氏によると，これらの破産は，その数からいってもまた資本総額からいっても，イギリス商業史上に例がなく，1825年の恐慌をはるかにしのぐものであった」(S. 427)。新『メガ』解説はこの箇所について『物価史』第4巻，316(原) ページを指示している(I/10, S. 997) が，それはつぎの章句であろう。「これらの商業界の破産は，その数においても，わが国商業史上のあらゆる先例を越えるものであった」(前掲邦訳342ページ)。この箇所からのマルクスの抜粋は，IV/7, S. 92/93。なお，上記「評論」からの引用句中で1825年恐慌との対比がなされているのは，『物価史』第4巻第3編第二章第18節「1825年の恐慌と1847年の恐慌との比較」の内容を踏まえてのものであろう。

評論。5-10月（S. 427）	エヴァンズ抜粋
(27) 恐慌は10月23〜25日に頂点に達し，すべての商業取引が完全に停止した。そこでシティ代表団が，故サー・ロバート・ピールの英知の果実であった1844年の銀行法の停止をかちとった。	(27') 10月23日にロンドンの主だった銀行業者たちがダウニング・ストリートに出向き，銀行法の停止による「救済」を求めた（Ⅳ/7, S. 57）。

「評論」では，この銀行法の停止がなかったならばという想定がなされている。これはトゥックの記述をそのまま受け容れてのものである。[16]

商業・貨幣恐慌の部分の終りでは，恐慌の大陸への波及が問題となっている（左列）。この記述は「エヴァンズ抜粋」では右列のようになっている。

評論。5-10月（S. 427）	エヴァンズ抜粋
(28) 10月にはすでに恐慌の大陸へのはね返りが生じた。ブリュッセル，ハンブルク，ブレーメン，エルバーフェルト，ジェノヴァ，リヴォルノ，コルトリーク，St. ペテルブルク，リスボン，ヴェネツィアで，同時に大きな破産が勃発した。	(28') 10月には同時に大きな破産が，ブリュッセル，ハンブルク，ブレーメン，エルバーフェルト，ジェノヴァ，リヴォルノ，コルトリーク，St. ペテルブルク，リスボン，ヴェネツィアで。p. 92.（Ⅳ/7, S. 57/58）。

これをつぎのように言うのは，エヴァンズの資料を踏まえているとはいえ，マルクス／エンゲルスに独自のものである。[17]

「イギリスで恐慌の強度がひいていくのにつれて，大陸ではそれがたかまり，これまで及んだことのない地点をとらえた。［……］貨幣市場が，イ

(16) 「評論」での想定とはこうである。「旧制度があと何日かつづいたら，これらの部門の一つである銀行部は，発券部に6百万の金が蓄蔵されているにもかかわらず倒産せざるをえなかったであろう」（S. 427）。『物価史』第4巻では，「もしこの法律が，その意図にしたがって厳格に実施されたとすればその場合十分考えられ得る結果として，発券部には600万〈ポンド〉以上の地金があるのに，銀行部は支払を停止しなければならなくなるという，ばかげた嘆わしい破局が見られるかもしれないということを，私自身とともに指摘してきた人々の予言［……］」（前掲邦訳343ページ）。この箇所からのマルクスの抜粋は，Ⅳ/7, S. 93。

(17) これは，先に〔前項末尾で〕言及した。「大陸で破産が［……］ロンドンからの懸隔にしたがって」（S. 424）起こるという叙述と同じく，「評論。5-10月」の「現実の基礎を観察する」第二の部分末尾で表明される来たるべき恐慌と革命にさいしてのイギリスと大陸との関係についての評価（S. 440）に関わるものである。

ギリスで緩慢となるにおうじて，残りの商業世界では収縮し，ここで恐慌がそれにおうじて拡大したということである」(S. 427)。

上の引用で省略した「評論」の左列の章句はエヴァンズに依っている。「エヴァンズ抜粋」では右列のようである。

評論。5-10月 (*ibid.*)	エヴァンズ抜粋
(29) 最悪の時期のあいだ為替相場はイギリスに順調であったので，イギリスはロシアと大陸だけからでなく，アメリカからも，11月以来たえず増大する金と銀の輸入をひきつけた。	(29') 1847年11月。公債は値上りを続けた。為替相場は，パニックの最悪の時期のあいだイギリスに順調であったので，大陸とロシアからだけでなく，アメリカからも，地金の増大する供給をひきつけた。〔p. 99〕」(Ⅳ/7, S. 58)。

最後に，イギリス以外での破産の模様が記されている（左列)。これらの記述は，エヴァンズがまとめた1847年11月と12月それぞれの破産リストを踏まえたものであり，そのリストをマルクスは「エヴァンズ抜粋」で右列のように読みとっている。

評論。5-10月 (S. 427)	エヴァンズ抜粋
(30) イギリス以外での破産数は11月に増大し，いまではニューヨーク，ロッテルダム，アムステルダム，ルアーブル，バイヨンヌ，アントヴェルペン，モンス，トリエステ，マドリード，ストックホルムでも同しくひどい破産が起こっている。	(30')11月末には信頼感は上昇したが，なお新たな破産がロンドンやリヴァプール，マンチェスター，グラスゴーで，また外国の支払停止は以前よりも増しおびただしく，そのなかにはユニオン・バンク・オブ・マドリッドも含まれている。(ストックホルム，アムステルダム，ルアーブル，アントヴェルペン，ブリュッセル，モンス，トリエステ，バイヨンヌ，ロッテルダム，ニューヨーク。) (p. 103, 104) (Ⅳ/7, S. 58)。
(31) 12月にマルセイユとアルジェでも恐慌が勃発し，ドイツでは激しさをくわえた。	(31')〔1847年12月に〕主要な外国の倒産はアムステルダム，アルジェ，マルセイユ，プラハ，モンス，カールスルーエ，フランクフルト，ハンブルクで起こった。〔p. 106〕(*ibid.*, S. 59)

この1847年10月～12月の時期，すなわち，フランスの二月革命勃発直前の時期が，今見たように，イギリスでは恐慌からの回復過程にあり，他方，大

陸ではすでにこの恐慌による甚大な破産を被っていた時期であること，あらためて留意しておきたい。

4 二月革命

「評論。5-10月」の「現実の基礎を観察する」第一の部分，経済史叙述の末尾は，二月革命についての評価である。それはこの部分最後の章句，「革命が商業恐慌を促進したよりは，商業恐慌が1848年の諸革命を促進したほうが無限に多い」(S. 428) という評価につきる。これをイギリスと大陸との双方について見ているわけである。

まずイギリスについては，二月革命の影響による重要な商社の破産がなかったこと，ならびにコンソル公債の下落の度合が軽微であったことを述べる。これは恐慌からの回復過程にあったイギリスにとっては当然のことであろう。

これらの記述のなかで，「D. M. エヴァンズ氏が彼の『商業恐慌。1847〜1848年』(ロンドン，1848年) に添えている破産リスト」(S. 427) というのは，『商業恐慌』巻末の付録にある「倒産会社のリスト」のことではなくて，本書の各箇所に付されている月ごとの破産会社リストのうち1848年2月〜5月のもの (p. 113, pp. 118-120) である。

同じくこの記述中で，唯一の例外的破産として挙げられている証券取引業への言及 (S. 427) も，このリストに依っている。

また，「株式仲買人にとっては，二月共和政は七月王政にくらべて二倍がた危険であっただけ」(*ibid.*) と評価[(18)]するさいの左列のような論拠も，エヴァンズからのものである。マルクスは抜粋していないが，エヴァンズは右列のように書いている。

評論。5-10月 (S. 427)	エヴァンズ抜粋
イギリスのコンソル公債は6パーセントがた下落した。ところが七月革命後には3パーセントがた下落しただけであった。	7月の三日間はコンソル公債を約3パーセント下落させた [……]。二月革命の影響はそれよりもかなり大きく，6パーセントに達する低下であった [……] (p. 111)。

(18) 「およそ，どんな国家形態にしてもそれにたいするブルジョア的信頼の表現は，ただ一つしかない。すなわち取引所での相場である」(S. 434) という見解に連なる評価である。

大陸については以下のよう。

「2月以後パリで勃発し，革命と同時に全大陸にひろがったパニックは，その経過から見ると，1847年4月のロンドンのパニックと非常に似ていた〔前掲引用文(22)参照〕。突然に信用が消えうせ，取引がほとんどまったく停止した。[……] ところが大体のところ，証券取引以外にはごくわずかしか破産が起こらず，そのわずかな破産にしても，二月革命の必然的結果であると証明することは，ほとんどできない」(S. 428)。

事情は，パリの銀行家の支払停止についても，大陸のほかのところでの破産についても同様であるという。二月革命勃発以前にすでにして1847年の恐慌のため同年10～12月の時期に数多くの破産が生じていた大陸各地についてみれば，この商業恐慌の持続と漸次的拡大という要因をも考慮すべきだからである。1847年恐慌と二月革命というこの二つの要因についてその主導性を問えば，「革命が商業恐慌を促進したよりは，商業恐慌が1848年の諸革命を促進したほうが無限に多い」と結論されるのである。

「評論」の当該経済史叙述部分末では，再びイギリスへ目を移す。革命を避けた大陸の資本の流入によって，3～5月の時期にイギリスでは恐慌が終了したとの評価を下し，これに基づいての現在の各国における新たな繁栄の確認を行う部分へとつなげている。

Ⅱ　エヴァンズ『商業恐慌』とマルクス

前節での対比から,「評論。5-10月」の経済史叙述部分ではエヴァンズの『商業恐慌』が広範に利用されていることが明らかとなった。本節では，マルクスが「エヴァンズ抜粋」を作成し,「評論」にもこれほどに利用した所以を探る。

1　エヴァンズについて

エヴァンズ(David Morier Evans)はイギリスの経済ジャーナリストとして知られている[19]。

---

(19)　本項の叙述は下記の二つの資料に依っている。1) *MEGA*^{2} Ⅳ/7, S. 666/667; 2) *The Dictionary of National Biography*, London since 1917 (Reprinted of the Oxford University Press 1921-1922), Vol. Ⅵ, p. 923.

1819年，モントゴメリーシャーのラニドローズで，ジョシュア・ロイド・エヴァンズの息子として生まれる。『タイムズ』のアシスタント・シィティ・コレスポンデントとして経済ジャーナリズムの世界に入り，この職を数年間務める。1872年には『モーニング・ヘラルド』のマネー・アーティクルズのディレクションの地位に就く。翌1873年の3月に『アワー』という新聞を，自身の全財産を賭して創刊したが，同年の12月19日，破産に瀕する。彼の健康はこの財政的困難という緊張のもと破壊され，1874年1月1日朝，54歳で死去する。

この間，上掲紙以外にも，『バンカーズ・マガジン』や『ブリオニスト』，『ストック・イクスチェンジ・ガゼット』などに寄稿，また，『バンカーズ・アルマナック・アンド・ダイアリー』の文献・統計部門を統轄していた。

エヴァンズの著書は以下のとおりである。[20]

(1) The Commercial Crisis. 1847–1848. London 1848.

(2) History of the Commercial Crisis, 1857–1858 and the Stock Exchange Panic, 1859. London 1859.

(3) Facts, Failures, and Frauds: Revelations, Financial, Mercantile, and Criminal. London 1859.

(4) Speculative Notes and Notes on Speculation, Ideal and Real. London 1864.

(5) City Men and City Manners.

彼の著書ならびに論文の特徴は，経済ジャーナリズムという点にある。すなわち，商業恐慌や経済政策上の諸施策について，諸事実をもっぱら年代順に描写してゆく手法を採りつつ，若干の理論的分析を書き留めるという体裁である。

2 『商業恐慌。1847〜1848年』の構成と叙述様式

前項で掲げたエヴァンズの諸著作のうち最初のものが，マルクスの抜粋の対象となったものである。

その正式の書名は，サブタイトルなどとともに記せばつぎのよう。

---

(20) 主なもののみであると思われる。というのも，他にも匿名での著書 *The city; or, the physiology of London business; with sketches on 'change, and the coffee houses.* London 1845があるからである。なお，マルクスはこの匿名書からも抜粋を行っている（Ⅳ/7, S. 588-590, u. 816）。(5) の著作については詳細を知ることができなかった。

The Commercial Crisis 1847—1848；being Facts and Figures illustrative of the events of that important period, considered in relation to the three epochs of the Railway Mania, the Food and Money Panic, and the French Revolution. To which is added An Appendix, containing an alphabetical list of the English and Foreign Mercantile Failures, with the Balance Sheets and Statements, of the most important houses.

1848 年にロンドンで発行され，翌 1849 年には改訂・増補された再版も現われた。

サブタイトルからも推測されるとおり，1844 年からフランス二月革命の 1848 年に至る期間を三つの画期に編成し，それぞれに「鉄道マニアとその影響」「食料・貨幣パニック」「フランス革命」とタイトルを付し 3 章構成を採っている。この所以をエヴァンズは「序言」でつぎのように述べている。

「著者を喚起して本書を鉄道マニアと食料・貨幣パニックそしてフランス革命という風に分かたれた画期に区分させた構想は，つぎのような確信のなかで生じたのであった。すなわち，第一と第二の画期はかなりの程度において相互に同じものとして扱われているという事実からみれば，〔これらに〕非常に近接して続き，甚だしい厳しさの広範な商業的激変を生み出した第三の画期も同じように有利に紹介され，またその際立った諸特徴が記録されてもよいであろうに，というものであった」(p. iv)

つまり，当時，一般にはフランス二月革命をそれ以前の恐慌と関係のないものとみたり，あるいは，大陸での 1848 年革命勃発の結果として経済的混乱を説明したりしていたのに対して，エヴァンズは，鉄道パニック以来の経済恐慌と同一次元にあるものとして，さらに言えばこの直接の帰結としてフランス二月革命を位置付けようとする立場にあったといえるのである。

『商業恐慌』の叙述様式は，先にも少し触れたように，諸事実をもっぱら年代順に記述して展開させるものである。これについてエヴァンズは述べる。

「著者を動かして本書を準備させた唯一の動機は，現在ないしは将来の関心に鑑みて必ずや注意を奪いうる諸事情の「赤裸々な話 (a plain unvarnished tale)」を，参考のためにまとめあげることにあったと告白すれば，通貨論争の土俵に大胆な侵入を企てているとの告発から著者は免れているといえよう。／努めて学術論文を試みるのを避け，厳に理論を慎むことで，著者は商業関係諸氏にとり重宝と請合いこそすれ，誰も無礼とはとりえぬ「事実と数字」の記述に限定しようと努力した」(pp. v/vi)。

サブタイトルのとおり「事実と数字」が，それも以上の一層の限定を加えて「赤裸々な話」とともに記される。また少しく言及されている通貨論争への態度は，エヴァンズのジャーナリストとしての立場に制約されてのものといえよう。

このような構成と叙述様式を採っているがゆえに，『商業恐慌』の内容は極めて網羅的であって，1844年以来のシィティを中心とするイギリスならびに大陸諸地域の商業・金融上のほとんどの事件に言及している[(21)]。

3 マルクスの抜粋意図

エヴァンズ『商業恐慌』のこのような構成と叙述様式とを知れば，マルクスが本書に着目し抜粋を試みたのもうなづけるところであろう。

---

(21) ちなみに，エヴァンズが本書末尾で三つの画期それぞれを要約している箇所を下記しておく。

「『商業恐慌。1847〜1848年』のテーマを完全に片付けてしまう前に，その経過を際立ったものにしてきた顕著な諸事情のいくつかに立ち戻る機会をもつのがよいであろう。そして，これらのものは，それらの真の性格という点で考察されるとき，長い間に再び同時に生ずることはめったにない諸事件を含んでいるということをはっきりと主張できるであろう。

本書で扱った時期に，鉄道株式市場は，それぞれに顕著なものすごい激変の連続を経験した。すなわち，第一のものは，1845年10月のマニアに続き，第二のものは，1847年10月の商業的困難によって生じた破壊と連動していたし，また，第三のものは，1848年10月の鉄道負債の恐ろしいほどの発展と関連していた。

商業的困難の進展と，1847年4月に受けた信用ショック，それに続く同年秋の完全な衰弱，そして，1844年の銀行条例の告発を含むその付随的諸事情の連続，および，商業界に救助を与えるべく政府によって採られた諸救済策は，それらにともなう不愉快な思い出を記憶に留めておくのを怠ることはできない。そして，これが一方の事情であるのに対して，他方で，列挙された数多くの破産は，本当に信頼するに足る記録の欠けているなかで，その時に支配的であった恐慌の諸結果であったものの一つの痛ましい記憶を後々提供するように思われる。

フランス革命は，強烈な色彩で，周囲の諸国への政治的興奮の影響を描いた。それは，商業に完全な沈滞を与え，また，ヨーロッパの信用の安定に厳しい乱入を行ったので，ヨーロッパ各国にかなりの商業的災害を生じさせた。そして，商業が一般になんらかの撹乱要因から被った損害を別にしても，その打撃が降りかかった場所がどうあれ，厳しいものであったという明白な証拠が，2月，3月，4月，5月の出来事によって提供されている」(pp. 126/127)。

『商業恐慌。1847～1848年』というタイトルからして，当時のマルクスの最大の関心事に合致していた。そのうえ，本書がフランスの二月革命を鉄道マニア，穀物・貨幣パニックに続く一連のものと理解する3章構成を採っていたことは，二月革命以前から革命は恐慌に続いてのみ起こりうると考えていたマルクスにとって，看過することのできない文献であった。

また，本書の提供する「事実と数字」の豊富さは，当時，単行書としては類書を望みえないものであった。年代順に記されている諸事実はもとより，「赤裸々な話」は，ジャーナリスト，エヴァンズをもってしてはじめて提供されうるものであり，鉄道マニア時の人々の熱狂の様子をはじめ，恐慌時の混乱についての生気に満ちた描写はマルクスの関心を大いに惹くものであったろう。

加えてマルクスにとって決定的に重要であったのは，本書の提供するつぎのような「数字」であった。鉄道マニアの本格化した1845年以来のほぼ毎月の各国家証券ならびに各鉄道株式の最高価格・最低価格・月初・月末価格等のリストと1847年8月以降毎月の破産リストとが行論中に添えられ，巻末には1845年以降の毎週のイングランド銀行両部の残高リスト，そして1845年以降各月の小麦・綿花・羊毛等々主要商品の値動きの模様を示すリストが置かれ，さらに付録として，主要な倒産会社の貸借対照表その他の資料，アルファベット順の倒産会社リストが加えられているのである。

マルクスの抜粋の仕方は，3章の区分どおりに各章満遍なく抜粋している。もっぱら事実と資料の収集であり，なんらか恐慌についての内容評価に関わる点での抜粋は見られない。また，「抜粋」中でマルクスの評注とおぼしきものは二箇所あるが，いずれもエヴァンズの記述を要約して述べたものである。

Ⅲ 「評論。5-10月」のエヴァンズ依拠と独自性

第Ⅰ節では「評論。5-10月」経済史叙述部分とマルクスの「エヴァンズ抜粋」との対応を逐一確認した。本節ではこれを踏まえて，まず，「評論」におけるマルクス／エンゲルスのエヴァンズへの依拠の状況をとりまとめ，それにもかかわらず見出される彼らに固有の章句を確認し，そのよってきたる所以を考察する。

1　マルクス／エンゲルスの依拠状況

第Ⅰ節の対応箇所の確認に見られるとおり，「評論。5-10月」経済史叙述部分のほとんどの章句はエヴァンズに由来するものである。

その対応箇所は本章で行った番号付けでも30数箇所に及んでいる。エヴァンズの著作にその根拠を直接に見出すことのできる部分だけでも，新『メガ』Ⅰ/10の「評論」当該行数全283行中，約120行（42.4%）となる。さらに，内容的にエヴァンズを踏まえている箇所（約10行），ならびにトゥック『物価史』に依拠している箇所（約43行）を加え，「評論」当該部分冒頭の序論的箇所（25行）ならびに末尾の『エコノミスト』に依拠した箇所（11行）を除いてみると，全247行中約173行（70.0%）に達する。

そして，このように利用された箇所は，その内容からみて，エヴァンズの著書ならびに「エヴァンズ抜粋」のエッセンスともいうべきところである。

以上の利用状況を考慮に入れれば，「評論」導入部に記されたつぎの章句の解釈も自ずと定まってこよう。

> 「とはいえ，われわれは現在1843～45年の時期[22]の完全な歴史を述べることはできないので，過剰生産のほかならぬこれらの徴候のうちもっとも重要なものだけをまとめておく」(S. 421)。

引用句中，「過剰生産のほかならぬこれらの徴候のうちもっとも重要なもの」というのは，まさしく投機のことである。これに先立つ部分（後論で詳述）で，「過剰生産の一徴候にすぎない過剰投機」とされていることからも明らかである。また，冒頭で「とはいえ」と，但し書きのようになっているのは，先立つ部分で恐慌は過剰生産を中心に把握すべきであり，したがって恐慌史も過剰生産の態様を軸にみるべきであると述べているのに対してのものである。

したがって，この章句は文字どおりに理解されるべきである。すなわち，この時事評論においては，過剰生産の態様に着目した本格的な恐慌前史の叙述は不可能である。その代り，幸便にエヴァンズの著書を利用して，過剰生産の一徴候たる投機を軸にした叙述を行わざるをえない，というのである。

---

(22)　新『メガ』では適切な校合によって「1843～45年の時期の完全な歴史」と改められたことについて，詳しくは本書第1章の脚注（23）ですでに紹介したところである。

「評論」におけるマルクス／エンゲルスのエヴァンズ利用は，このような一定の限定を付したうえでのものであった。このことが史料上の根拠をもって明らかとなるわけである。

2　マルクス／エンゲルス独自の部分

前項で見たとおり，「評論。5-10月」の経済史叙述部分のほとんどは，一定の限定を付したうえで，エヴァンズあるいはトゥックに依拠して書かれた。それでは，マルクス／エンゲルスに独自の，「評論。5-10月」に固有の叙述はないのであろうか。

第Ⅰ節の行論で下線を付してすでにたびたび指摘したように，マルクス／エンゲルスの独自の評価とみなされうる箇所がいくつか存在する。これら11箇所は，その内容に応じてほぼ四つに分類することができる。

第一は，ある現象の根拠を指示したり，逆にある根拠から一つの現象が生じていることを示そうとするものである。例えば，「穀物投機には完全な現実の基礎〔ジャガイモ病と不作〕が与えられていた」(S. 423),「これ〔ジャガイモ病〕は現存社会の根が腐っていることの最初の徴候であった」(*ibid.*) と，ジャガイモ病にかんして述べたり，「イギリスと大陸の鉄道系統の現実の拡張，およびこれと結びついた投機を土台として，[……] ペテンの上部構造【補論】が次第にそびえ立った」(S. 422) と鉄道投機に関して述べる箇所である。

ここでは極めて単純な構図になっているとはいえ，このような問題の立て方はマルクスに固有のものといってよい[(23)]。

第二は，投機を軸に叙述を進めつつも，これをつねに生産の過剰ないしは市場での商品の過剰，さらには恐慌および破産と関連づけて捉えようとしているものである。すなわち，「1845年の鉄道思惑のため非常な高さにあおられた製鉄業は，鉄の供給過剰に見合う販路が減少したのに応じて，当然のこととしてそれだけ打撃をうけた。東インドと中国の市場向けの主要産業部門である木綿工業では，すでに1845年の生産がこれらの市場にとって過剰であり，きわめて早くそれにつりあった反落が始まった [……]」(S. 424)，また「商業史上

(23)　橋本直樹「経済学の批判と疎外＝物神性論――経済学的諸関係＝諸範疇の転倒 (Quid pro quo) 構造――」中川弘編『講座・資本論の研究 第一巻 資本論の形成』青木書店，1981年3月，第Ⅳ章，特に第二節を参照。

未聞のこの一連の破産は，一般の過度の投機と，これによってひきおこされた植民地商品の過剰輸入がもとになっていた」(S. 426)と述べる箇所である。「鉄道恐慌は長びかされ，1848年秋までもつづき，投機や商業と工業の他の分野にも恐慌が始まったために激化した」(S. 423)と記すのも同様である。

これらは，投機が生産の過剰ないしは市場における商品の過剰を生み出し，これが恐慌に至り，破産を惹き起こすという展開を描いているものとみてよい。ただ注意すべきは前項で見たとおり，この投機自体，過剰生産の徴候にすぎないという点である。

第三は，恐慌時における経済的中心とその周辺との関係について言及したものである。すなわち，「[……] 大陸で倒産が遅かれ早かれ生じたが，それはロンドンからの懸隔にしたがっていた」(S. 424)，さらに「イギリスで恐慌の強度がひいていくのにつれて，大陸ではそれがたかまり，これまで及んだことのない地点をとらえた。最悪の時期のあいだ為替相場はイギリスに順調であったので，イギリスはロシアと大陸だけからでなく，アメリカからも11月以来たえず増大する金と銀の輸入をひきつけた。その直接の帰結は，貨幣市場が，イギリスで緩慢となるにおうじて，残りの商業世界では収縮し，ここで恐慌がそれにおうじて拡大したということである」(S. 427)と述べる場合である。

この点については次章で触れることとし，ここでは論及しない。

第四は，二月革命について論じた部分にあるものであり，すでに第I節第4項で見てきたところである。すなわち，革命が恐慌を促進したよりは，恐慌が革命を促進したほうが無限に多いとする評価である。

これら四つに分類しうるマルクス／エンゲルス独自の主張は，「評論。5-10月」中に偶然さしはさまれたのではない。「評論。5-10月」の分析視角と密接に関係しているのである。

3 「評論。5-10月」の問題意識と分析視角

「評論。5-10月」全体の導入部では，1848年革命が退潮して後，ことに1850年5～10月の種々の政治闘争をどのように評価すべきかが問題として設定され，これらの闘争は「うわべの騒動」，「擬戦」にすぎないという評価が下されている。この詳しい展開は，「最近三ヵ月間の政治的出来事」をみる「評論」最後の第三の部分でなされる。本章が対象とした第一の部分と，これに続く

第二の部分は，この評価を根拠づける役割を担っている。

この根拠づけに際しての分析視角は，「うわべの騒動が演じられている現実の基礎を観察する」(S. 421) ことであった。この観察は，最近 10 年間の経済史の概観と，経済の現状分析とであって，それぞれ本章において検討の対象とした第一の部分と，続く第二の部分とに対応している。

この経済史叙述部分の序論に相当する箇所では，「現実の基礎を観察する」さいのマルクス／エンゲルスの基本的な立場が明らかにされている。それは，繁栄，過剰生産，投機，恐慌，生産の撹乱についてのつぎのようにパラフレーズしうる認識である。

「表面的な観察にとっては」生産の撹乱に至る恐慌の原因は，過剰投機とその崩壊から生ずるはねかえりにあるようにみえる。しかしながら，本来の関係はこうである。工業上および商業上の繁栄期はまさに過剰生産をその内実としている。「過剰生産がすでにさかんに進行している時期には，投機が規則的に現われる」。投機は「過剰生産の一徴候にすぎない」。この「投機は過剰生産に一時的なはけ口を与える」。しかし，投機はつぎのようにして「恐慌の爆発をはやめ，その重圧を強める」。すなわち，このはけ口ができたことによって，過剰生産は一層累重化され，この徴候としてのさらなる投機を生み出す。この循環は次第に拡大し，投機の崩壊に至る。「恐慌そのものはまず，投機の分野で勃発し，その後にはじめて生産をとらえる」。「生産の撹乱」である (S. 421)。

マルクス／エンゲルスは，「評論。5-10 月」において，産業循環，ことに投機と恐慌との関係について，以上のように考えていたとみるべきである。ここで注意すべきはつぎの諸点であろう。

まず第一に，マルクス／エンゲルスはあくまでも過剰生産を最奥の根拠として把握していることである。

したがって第二に，投機は過剰生産から生じた過剰資本の無政府的運動の一典型として位置づけられていたとみるべきだということである。

また第三に，〈投機→反動→パニック→恐慌〉というような，投機とその崩壊のみを軸とするいわばタナボタ式の安易な展望はなんら示されていないということである。

さらに，第四として，過剰資本の工業的投入は，投機への投入に比して，確かに繁栄の要因となりはするものの，それはあくまでも一時的であり，結局は価値実現されなければならない過剰生産を創出し恐慌への道をいっそう加速化させる最大の要因となるのである。したがって，その意味では投機よりもなおいっそう始末におえぬものであるとマルクス／エンゲルスは位置づけていたとみなすべきである。

マルクス／エンゲルスの「評論。5-10月」における問題意識と分析視角はこのようなものであった。しかるに，本節第1項でも述べたとおり，過剰生産の態様に着目した前史をも含む本格的な恐慌史叙述は不可能であって，エヴァンズの著書を利用しての投機を軸にした叙述とならざるをえなかった。このような投機中心の叙述の一面性をいくらかでも補うものとして，彼らは各所に生産の過剰や市場での商品の過剰を指摘し，また諸現象の規定，被規定の関係に注意を促したりしていると考えることができよう。

おわりに

以上，見てきたとおり，「評論。5-10月」の経済史叙述部分はそのほとんどがエヴァンズ『商業恐慌。1847～1848年』に依拠してのものであった。したがって投機を軸として展開されるそこでの恐慌に関する叙述も，当然そのままでマルクス／エンゲルスのものではなくエヴァンズに由来するものと見るべきである。マルクス／エンゲルスの恐慌把握は，ここでもやはり過剰生産を中心とするものであることが確認されなければならない。

このように確認したうえで，エヴァンズの著書を読み，抜粋することによって得られた恐慌における投機の意味という問題は，マルクスにとって，ただ単に投機とその崩壊というだけではなくて，貨幣・信用制度ならびに貨幣恐慌の過剰生産に対する関係という問題として把握されることになったといえよう。「ロンドン・ノート」での当初の研究がまさにそれである。

本章において確認したこの時期のマルクスの恐慌観は，1840年代末の「賃労働と資本」でのそれと，「ロンドン・ノート」第Ⅶ冊「省察」でのそれとの間にあって，ロンドンでの経済学研究再開直後の水準を示すものである。

この再開を記録する「ロンドン・ノート」第Ⅰ冊（「エヴァンズ抜粋」をも含む）

の執筆時期が1850年9月であることは[24]，経済学研究のマルクスにおける再出発が，本書の第4章および第5章で見たとおり，同年9月15日の共産主義者同盟ロンドン地区の分離と密接に関係していることをもの語っている。

【補論】用語「上部構造」が『エコノミスト』諸論説の使用例由来である可能性

ここでの「上部構造（Überbau）」という唯物論的歴史観に通じる用語に関連して，以下の事柄を補足したい。

マルクスは，1840年代半ばに端緒的に確立させていた彼の唯物論的歴史観における社会構造把握を，『経済学批判』「序言」(1859年）において定式化するさいに，土台（基礎）・上部構造（Basis, Grundlage, Überbau）という建築物の比喩を用いた。このような用語法は『エコノミスト』誌由来である可能性を考慮に入れておく必要がある。もちろんあくまでも用語の想源の可能性ということであり，発想そのものについてのものではない。

如上の可能性は，つぎの3つの事実が見出されることによる。すなわち，

1. 『エコノミスト』誌は1847年恐慌以降1850年代に，信用制度と現実資本との関係を土台（foundation)・上部構造（superstructure, towering fabric）という建築物の比喩で描く記事をいくつか掲載していること。
2. それらの記事をマルクスは1850年代に読み，手稿で抜粋したり，論説で引用，書簡で言及するなど，明瞭な利用の跡が見られること。
3. そうした利用にさいして，マルクスはsuperstructureをÜberbau, foundationをBasisないしはGrundlageと独訳していること。

以上3つの事実は，以下の〔資料1〕から〔資料3〕までの確実な使用例3点によって立証される。下記の資料中において，1）は『エコノミスト』，2）はそのマルクスによる利用である。

---

(24) *MEGA*², Ⅳ/7, S. 659. 9月中のどの時期かは確定し難い。また，読了時期は，情勢評価の変化との関連もあり正確に把握したいところであるが決め手を欠く。マルクス「1848～1849年〔＝フランスにおける階級闘争〕」Ⅰ～Ⅲでの諸叙述も一義的にエヴァンズから得たものと特定しうるものは見出されない。

〔資料1〕

1)『エコノミスト』, 1847年11月20日（土曜日）付, 1333/1334ページの記事「資本の変化した分配（The changcd distribution of capital)」での叙述（以下, ブロック体, 下線は橋本）:

"It is a principle universally recognised, that merchants, manufacturers, and all other traders, carry on operations much beyond those which the use of their own capital alone would enable them to do; that a capital is rather **the foundation upon which a good credit is built** that［ママ。thanの誤植か？］the limit of the transactions of any commercial establishment."（*The Economist*, Vol. V, Saturday, November 20, 1847, №. 221, p. 1333/1.）

2) この記事のマルクスによる利用（『資本論』第3巻第5篇「利子生み資本」第27章「資本主義的生産における信用の役割」の注87における引用）:

「(87)［……］「製造業者たち, 商人たちなどは, みな資本をはるかに超える事業を営んでいる。［……］資本はこんにちでは, なんらかの商業的事業の取引の限界であるよりは, むしろ, その上に十分な信用が築かれる基礎である（Die Fabrikanten, Kaufleute etc. machen sämtlich Geschäfte weit über ihr Kapital hinaus［……］Das Kapital ist heutzutage viel mehr **die Grundlage, worauf ein guter Kredit gebaut wird**, als die Schranke der Umsätze irgendeines kommerziellen Geschäfts)」(『エコノミスト』, 1847年〔11月20日号〕, 1333ページ)」(新日本出版社, 新書版 第10分冊, 762/763ページ［*MEW*, Bd. 25, S. 455, Anm. 87］)。

なお, この箇所, 第3部主要草稿ではつぎのよう。

„Die manufacturers, merchants, bankers etc treiben alle Geschäfte weit über ihr Capital hinaus"［……］„Das Capital ist eher **die Grundlage geworden, worauf ein guter Credit gebaut wird** als die Schranke der transactions irgend eines commerciellen Geschäfts."（*Econom*. Vol. V Jahrgang '47. p. 1333)（*MEGA*², II/4.2, S. 503, Fußnote 1)

3) この注87が付された『資本論』本文箇所に後続する本文の叙述:

「人が現実に占有しているか, または占有していると世間が考える資本そのものは, いまではもはや信用という上部構造の土台となるだけである

(Das Kapital selbst, das man wirklich oder in der Meinung des Publikums besitzt, wird nur noch **die Basis zum Kreditüberbau**)」(新日本出版社，新書版 第10分冊，761ページ［*MEW*, Bd. 25, S. 455]）。

この箇所，ちなみに，第3部主要草稿では，

„Das Capital selbst, or the "reputed capital", wird nur noch **die Basis zum Creditüberbau**."(*MEGA*², Ⅱ/4.2, S. 503)。

〔資料2〕

1）『エコノミスト』，1855年9月22日（土曜日）付，1037ページの記事「パリの諸銀行（Paris Banks)」における叙述：

"In another respect, **the large superstructure which is built on the small foundation** is anything but satisfactory."(*The Economist*, Vol. XⅢ, Saturday Sept. 22, 1855. №630, p. 1037/r)

2）この記事のマルクスによる利用（『新オーダー新聞』182555年9月28日付，第453号掲載の論説「商業および金融状態」における引用）：

「「この狭小な資本の基礎のうえに信用によって築かれた巨大な上部構造は」，と政府機関紙であるロンドン『エコノミスト』は言っている，「けっして安心なものではない。[……]」(„**Der ungeheure Überbau, den der Kredit auf dieser schmalen Kapital unterlage aufgeführt hat**", sagt der Londoner "Economist", ein Regierungsorgan, „ist keineswegs beruhigend. [……]")。」(*MEW*, Bd. 11, S. 541)。

〔資料3〕

1）『エコノミスト』，1857年12月5日（土曜日）付，1344/1345ページの記事「最近の逼迫のいっそう深い原因（The Deeper Causes of the Recent Pressure)」における叙述：

"[……] the deeper causes of the recent pressure are to be sought in the breaking down at last of **the towering fabric of expectations and speculations, built up on the broad and solid foundation of the annual influx of twenty millions sterling of treasure**.（……最近の逼迫のいっそう深い原因は，2千万スターリングの財宝の年々の流入という広

範かつ堅固な基礎の上に建てられた，思惑と投機の高くそびえ立つ構造が結局のところ崩れ去ったということに捜し求められるべきである)"(*The Economist*, Vol. XV, Saturday, Dec. 5, 1857, №745, p. 1345/r)

2) そのマルクスによる利用(「1857年12月8日付エングルス宛マルクスの手紙」で言及)：

「ループスがいつも僕たちの恐慌予言を帳簿につけていたから，彼に話してやってくれたまえ。先週土曜日の『エコノミスト』によると，1853年最後の数か月，1854年全年をつうじ，1855年秋，そして「1856年の急変」にあたり，ヨーロッパは常に迫りくる崩壊を間一髪でかわしてきた，のだそうだ」(*MEGA*[2], Ⅲ/8, S. 210; Apparat, S. 768)。

第7章 「評論。5-10月」と「エコノミスト抜粋」

はじめに

本章では，前章に引き続き『新ライン新聞。政治経済評論』第5・6合冊号に掲載されたマルクス／エンゲルス「評論。5-10月」の「現実の基礎の確認（第二部分）」を検討する。

この部分の末尾ではつぎのような論述がなされる。

イギリスでは，1848年革命が大陸から多量の資本をもたらしたことによって，3月から5月にかけて恐慌が終了し，「すべての商業部門に改善が生じ，繁栄への決定的傾向をもった新しい産業循環が始まっている」(S. 428)[(1)]。それゆえ，「このような全般的好況の場合は，ブルジョア社会の生産力がおよそブルジョア的諸関係内で発達しうるかぎりの旺盛な発展をとげつつあるのだから，ほんとうの革命は問題にならない」(S. 440) というのである。

ここから，あまりにも有名なつぎの一文が引き出されている。すなわち，「そうした革命は，この二要因，つまり現代的生産力とブルジョア的生産形態が，たがいに矛盾に陥る時期にだけ，可能である」(*ibid.*)。さらに，「新しい革命は新しい恐慌につづいてのみ起こりうる。しかし革命はまた，恐慌が確実であるように確実である」(*ibid.*)。

恐慌および革命の当面する情勢評価の変化との関連で，この一文をどのように理解すべきかは，すでに本書の第2章第Ⅲ節において明らかにした。本章では，このような見解が示される「評論。5-10月」の理解をさらに深めるため，以下のような視角からの接近を試みる。

新『メガ』第Ⅳ部門第7巻には，「ロンドン・ノート」全24冊のうち第Ⅰ～

---

(1)　*Karl Marx/Friedrich Engels Werke*, Bd. 7, Berlin 1960, S. 428. なお，本書からの引用にさいしては，本章においても，本文中に (S. 428) とのみ表示する。

Ⅵ冊が収録されているが，その第Ⅲ冊中に「1850年8月31日～10月12日のエコノミストからの抜粋（Exzerpte aus：The Economist. 31. August–12. Oktober 1850)」〔以下,「エコノミスト抜粋」と呼ぶ〕と題された資料も含まれている[(2)]。これを見ると，その抜粋内容が,「評論。5-10月」の先の一文に至る諸叙述部分にほぼ逐一対応していることが分かる。

しかしながら，このような対応について言及すべきはずの当該新『メガ』第Ⅰ部門第10巻の解説も第Ⅳ部門第7巻のそれも，前者は，都合2ヵ所（Ⅰ/10, S. 997 u. 999)，後者は前者と重複するただの1ヵ所（Ⅳ/7, S. 712）を指摘するのみで，全面的な指示はなされていない。

したがって，本章では，まず第一に，この対応を全面的に指摘することによって，先の一文に至る「評論。5-10月」におけるマルクスならびにエンゲルスの叙述の典拠を，当該「エコノミスト抜粋」中に見出しうる限りで明らかにする。さらに，第二に，このような一定の資料を基礎とする叙述部分を明らかにすることは，他方で，彼らの積極的主張である箇所を逆にあぶり出すことになるであろう。というのは，所拠資料をもたない叙述こそは，マルクス／エンゲルスのオリジナルな叙述であって，彼らの積極的主張とみなしてよいからである。彼らの積極的主張を，このような基礎作業を経ることによって資料的に実証することではじめて，先の一文の妥当な理解も自ずと定まるのではあるまいか。

Ⅰ 「ロンドン・ノート」第Ⅲ冊の組成と「エコノミスト抜粋」

1 ノートⅢの組成と「エコノミスト抜粋」の位置

「エコノミスト抜粋」は,「ロンドン・ノート」第Ⅲ冊〔以下，ノートⅢと略称〕のなかにある。このノートⅢは，用紙10枚を重ねて二つ折りにした自家製ノート（20葉＝40ページ）であり，マルクス自身によって1から〔39〕までページ付けされている。第40ページ目まであるべきところ第39ページ目までしかないのは, 5というページ番号が誤ってであろうか2度打たれているためである。ま

(2) *Marx/Engels Gesamtausgabe*, Abt. Ⅳ, Berlin 1983, S. 227-235. 本章では，本書からの引用にさいしては，本文中に（Ⅳ/7, S. 227-235）とのみ表示する。

た, 38・39ページは当該葉の上半分が失われており，実際に番号が打たれたのかどうかは不明である。[(3)]

当の「エコノミスト抜粋」は，このノートⅢの末尾の部分, 35ページ目から39ページ目までを占めている。しかしながら , そこから単純に「エコノミスト抜粋」がノートⅢを作成した最後の時期に抜粋されたとみるわけにはいかないようである。抜粋された『エコノミスト』の号数の順序をたどってみると，むしろ36ページから39ページまで続き，その後35ページへという順序になるからである。新『メガ』解説は，ここからつぎのように推定している。

> 「おそらく，マルクスは，それ以前の諸ページがまだ空白であったときに36ページで『エコノミスト』からの抜粋を始めた。彼ははじめに36-39（ノートの最終）ページを書き，そして，その後35ページで抜粋を終えた。それゆえ，このページにはまだマルクスがジェイコブからの抜粋（34ページからの）の続きのために利用する余白が空いたままであった」(Ⅳ/7, S. 713)。

「それ以前の諸ページ」が，きわめて蓋然性の低い想定であるものの例えば万一1ページ目からであるとするならば,「エコノミスト抜粋」がノートⅢのうちで最初に書かれた可能性は確かに完全には排除されないわけではある。とはいえ，どこまでが「まだ空白であった」かは確定し難いところである。

ノートⅢの他の抜粋との正確な前後関係はともあれ，このようなノートⅢの組成を考慮するならば,「エコノミスト抜粋」は，それ以前のページに記されている経済学諸著作からの抜粋とはさしあたり別個の目的をもって執筆されたものとみることができよう。この目的とは，以下で論じることになるが,「評論。5-10月」執筆に資するというものであったと，かなり高い蓋然性をもって言うことができる。

2 「エコノミスト抜粋」の概要と執筆時期

マルクスが抜粋している『エコノミスト』の号数ならびに発行年月日と，抜粋の対象とされた記事は，つぎのようである（新『メガ』, Ⅳ/7, S. 736-738に記載されているが後論の便宜のため，ここに掲げておく。なお，配列はノートⅢのページ数の順ではなく，新『メガ』にならい『エコノミスト』の号数・ページ

---

(3) これらのノートⅢの状態については *MEGA*^{2} Ⅳ/7, S. 712に依る。.

数の順とした）。

○『エコノミスト』第 366 号（1850 年 8 月 31 日）

亜麻は綿花の代替物にしうるか？　亜麻栽培のための新しい便宜。（953/954 ページ）

ジョージ・R．ポーター，綿貿易と綿工業。「農業」欄（960～962 ページ）

（Wm. Jas. トンプソン・アンド・サンズ社のサーキュラーから）ロンドン，1850 年 8 月 22 日「スピリット・オブ・ザ・トレード・サーキュラーズ」欄（962 ページ）

商取引概要。金曜夜「ザ・コマーシャル・タイムズ」欄（971/972 ページ）

○『エコノミスト』第 367 号（1850 年 9 月 7 日）

貿易・航海報告。（982/983 ページ）

（トルーマン・アンド・ルーズ社のサーキュラーから）ロンドン，1850 年 9 月 2 日「スピリット・オブ・ザ・トレード・サーキュラーズ」欄（986/987 ページ）

（ド・フェイ社のサーキュラーから）マンチェスター，1850 年 8 月 31 日「同前」欄（987 ページ）

○『エコノミスト』第 368 号（1850 年 9 月 14 日）

節減とその偽り。（1009/1010 ページ）

農業生産。—フランス。（1014～1016 ページ）

○『エコノミスト』第 369 号（1850 年 9 月 21 日）

合衆国における奴隷制。エコノミスト編集者へ。「通信」欄（1049 ページ）

○『エコノミスト』第 370 号（1850 年 9 月 28 日）

（Wm. Jas. トンプソン・アンド・サンズ社のサーキュラーから）ロンドン，1850 年 9 月 21 日「スピリット・オブ・ザ・トレード・サーキュラーズ」欄（1073/1074 ページ）

（ギブソン社のサーキュラーから）マンチェスター，1850 年 9 月 21 日「同前」欄（1074 ページ）

フランス銀行。ヨーロッパのカリフォルニア。（1065～1067 ページ）

○『エコノミスト』第 371 号（1850 年 10 月 5 日）

フランスにおける小麦価格。（1096 ページ）

国民の今後の向上。（1098/1099 ページ）

（ド・フェイ社のサーキュラーから）マンチェスター，1850年10月1日「スピリット・オブ・ザ・トレード・サーキュラーズ」欄（1101ページ）
オーストラリアの人口。「雑録」欄（1116ページ）
○『エコノミスト』第372号（1850年10月12日）
貿易・航海報告。8ヵ月—1月5日から9月5日まで。（1125ページ）
金属。（当誌通信員より）「リヴァプール市場」欄（1140ページ）

見られるように，抜粋された『エコノミスト』のうちもっとも新しい号は10月12日のものである。したがって「エコノミスト抜粋」の執筆はこの日付以降となる。

他方，「エコノミスト抜粋」を利用して執筆された「評論。5-10月」は11月1日の日付が打たれている。さらに，この「評論」では『エコノミスト』第373号（1850年10月19日）を利用している（S. 429）にもかかわらず，「エコノミスト抜粋」にこの号からの抜粋箇所は見出だされない（後論脚注（6））。

これらの点から，「エコノミスト抜粋」は1850年10月12日から10月18日の間に作成されたものと推定される。

II 「評論。5-10月」第二部分と「エコノミスト抜粋」との対比

「評論。5-10月」の第二部分の所拠資料は，マルクスが1850年8月から10月にかけての『エコノミスト』各号の記事を書き留めた「エコノミスト抜粋」である。このことを示すために，以下では両者の対比を試みる。「評論。5-10月」当該部分の叙述——その構成については，前章の「はじめに」を参照——を各ページの左側に掲げ，これに沿って，順次対応する「エコノミスト抜粋」の引用を各ページの右側に掲げる。

1 イギリス

第二部分では「新たな繁栄」を各国ごとに見ているわけだが，その導入部にあたる第一部分の末尾でつぎのように述べられている箇所にまず注目しよう。

「すでに3月と5月のあいだにイギリスはたくさんの大陸の資本の流入をもた

らした革命から直接の利益を得た。この瞬間以来，イギリスでは恐慌が終了したと見なすべきである」と述べている箇所である。それに続けて，「直接の利益」とは言わぬまでも，「大陸の革命がイギリスにおける工業と商業のこの高揚をどんなにわずかしか抑制しなかったか」(S. 428) を示すものとして，加工された綿花量が数値で示されている（左列）。その資料となっているのは，『エコノミスト』第 366 号（1850 年 8 月 31 日）所収の G. R. ポーターの講演をまとめた「綿貿易と綿工業」である。マルクスの「エコノミスト抜粋」における引用を対比的に示せば右列のようである。

ここで加工された綿花の量が 475 百万ポンド（1847 年）から 713 百万ポンド（1848 年）にふえた。(*ibid.*)	イギリスの綿工業の成長はつぎのように原材料の使用のなかに示されている。すなわち， 1800 ……………… 56,010,732 1805 ……………… 59,682,406 1810 …………… 132,488,935 1815 ……………… 99,306,343 1820 ………………151,672,655 1825 …………… 228,005,291 1830 …………… 263,961,452 1835 …………… 363,702,963 1840 …………… 592,488,000 1845 …………… 721,979,953 1846 …………… 422,759,336 1847 ……………… 474,707,615 1848 ………………713,020,161 1849 …………… 775,469,008 (Ⅳ/7, S. 229)。

1847 年と 1848 年の数値が百万ポンド以下四捨五入されて用いられていることが分かるであろう（なお，後論との関係で，引用者による傍点部分にも注意）。

この導入を承けて，第二部分はまずイギリスについての論評から書き出されている。イギリスに関する叙述はおおよそつぎのように小区分できる。

(1) イギリスの繁栄についての例証

(2) 繁栄の根拠としての工業生産の増大とその例証

(3) 工業の繁栄を増大させている諸要因

(4)「木綿の時代」について

(5) 来たるべき恐慌の展望

(6) イギリスの農業地方の状態への一瞥

まず,(1) の冒頭の箇所である。マルクスは新たな繁栄の例証としてイギリスの総輸出高を示している (左列)。この叙述の資料となっているのは, 新『メガ』解説も述べている (I/10, S. 997; IV/7, S. 712) ように,『エコノミスト』第372号 (1850年10月12日) 所収の「貿易・航海報告。8ヵ月──1月5日から9月5日まで──」である。この記事からマルクスは右列のように抜粋を作成した。

この新たな繁栄は, イギリスで1848年, 1849年と1850年の3年間にめだって発展した。1月から8月までの8ヵ月間のイギリスの総輸出高は, 1848年──31 633 214ポンド・スターリング, 1849年──39 263 322ポンド・スターリング*, 1850年──43 851 568ポンド・スターリングであった。(S. 428)	1850年8月5日から9月5日までの1ヵ月間の輸出は, 1849年の同月に比して, ほんのわずか減少しているが, 1848年に比しては大きく増大しており, その額は, 1850年, 6,043,496ポンド。1849年, 6,323,457ポンド, そして, 1848年, 4,507,462ポンドである。このわずかな減退は綿糸の価額の下落によって説明される。今年, 綿糸の輸出は, 1849年の同月に1,016,803ポンドであるのに比して, 554,484ポンドだけである。他のすべての主要部門の輸出は, とりわけリンネルや絹, 毛織物によって, 大きく増大した。1850年1月5日から9月5日までの8ヵ月間の総輸出はつぎのとおりである。**1850**年：43,851,568；**1849**年：39,203,322；**1848** 年：31,633,214。1848年に比して12,218,354ポンドの増加。(IV/7, S. 235)

＊39 203 322ポンド・スターリングの誤記であることについては, *Neue Rheinische Zeitung. Politisch-ökonomische Revue*, redigirt von Karl Marx. [Nachdruck] Mit einer Einleitung und einem Verzeichnis von Druck- und Sachfehlern von Martin Hundt, Leipzig 1982, S. XLII.

1848年, 1849年, 1850年, 3年間の1月から8月まで8ヵ月間の総輸出高の数値が右上のように得られているのである (なお, この数値には, 後論との関係でも留意されたい)。

「評論。5-10月」では続いて小麦の豊作について言及している（左列）。この叙述の資料となっているのは，『エコノミスト』第371号（1850年10月5日）所収の「フランスにおける小麦の価格」である。マルクスの「エコノミスト抜粋」での記載は右列のようである。

製鉄業を除くすべての事業部門に見られたこの著しい高揚に加えて，なおこの3年間のいたるところの豊作がある。1848～50年の小麦1クォーターあたりの平均価格は，イギリスで36シリングに，フランスで32シリングに下落した。（S. 428）	……1817～1820年の非常に高い価格，〔1822年の〕非常に〔低い〕価格，1830～1833年は高い価格，1834年と1836年は非常に低い価格，1846年と1847年は非常に高い価格，1848，49，50年は低い価格。1849年の〔フランスにおける〕小麦の平均価格は，1833年から1848年の16年間の平均価格よりも1クォーターあたり21,78%安い。イングランド〔における小麦〕の最も安い平均価格はわが国の拡大した自由な輸入と最も実りの多かった秋にもかかわらず1クォーターあたり36シリング11ペンスであって，それも，たった1週間(1850年5月4日)であったのに対して，法律によって与えられている厳しい保護にもかかわらずフランスにおける1850年4月全体の平均価格はただの32シリング6ペンスにすぎなかったし，また〔今年の〕初めの6ヵ月間には1クォーターあたり33シリングであった。（Ⅳ/7, S. 234）

「評論。5-10月」での小麦の平均価格の数値は，ペンス以下を切り捨てて，この記事のものを利用したとみてよかろう。

さらに「評論。5-10月」では，繁栄期のめだった特徴として，鉄道，穀物，国家証券という「投機の主たるはけ口が三つともふさがれていたこと」を挙げ，そのため「追加資本は，1848/1850年に……本来の工業に投入されるほかはなく，それによって生産をなおいっそう急速に高めざるをえなかった」(S. 429) と述べている。イギリスではこのことが理解されずに人目を強くひいているのみであることを例示するため，マルクス／エンゲルスは『エコノミスト』1850年10月19日号から引用を行っている。この引用中で注目すべきは，投機の場合はその価値実現がかなり先になるため,「即時の利得をもたらしはしなかった」のに対して,「本来の工業に投入」されている「現在は, われわれの繁栄は, 市場にもたらされるとほとんど同時に消費にはいり, 生産者に適当な利得を与え, 増産を刺激するような直接に有用な物の生産にもとづいている」(S. 429)[4]と述べていることである。

が, この1850年10月19日号からの引用は「エコノミスト抜粋」に見出されない[5]。

つぎに「評論。5-10月」では,(2) 繁栄の根拠としての工業生産の増大とその例証の部分に入って,「1848年と1849年の工業生産がいかに増大したかのもっとも適切な証明は, 主要工業部門である綿花加工が提供している」(S. 429) として, 左下のように述べる。が,そこでの綿花収穫梱数の資料となっているのは, 先に示した『エコノミスト』に掲載されたG. R. ポーターの講演記事の一部であり, マルクスはそこから右列のように抜粋している。

アメリカ合衆国の1849年の綿花収穫は以前のどの年の収穫より豊収であった。それは2¾百万梱, すなわち約1200百万ポンドにのぼった。(*ibid.*)。	合衆国における綿花の収穫は, つぎのような梱数である。すなわち,
	1834 − 35………1,254,328
	1835 − 36………1,367,255
	1836 − 37………1,422,930
	1837 − 38………1,801,497
	1838 − 39………1,360,532
	1839 − 40………2,177,835
	1840 − 41 ………1,634,945
	1841 − 42………1,684,211
	1842 − 43…… 2,378,875
	1843 − 44………2,030,409
	1844 − 45………2,394,503
	1845 − 46………2,100,537
	1846 − 47………1,778,651
	1847 − 48………2,347,634

(4) Commercial epitome. In: *The Economist. London.* №373, October 19, 1850, pp. 1166/1167.

(5) このことは,「エコノミスト抜粋」が『エコノミスト』1850年10月19日号の発行以前に執筆されたとみる推定にとっての一傍証となるであろう。

	1848 − 49……2,728,596 1849 − 50……2,000,000。 （Ⅳ/7, S. 228）

この抜粋中，1848～49年の数値2,728,596梱を概数として示せば，「評論。5-10月」のように2 ¾百万梱となるであろう。

「評論。5-10月」では続いてつぎのように記されている。

「1849年には775百万ポンド以上の綿花が紡がれた。ところがこれまでの最大の繁栄年である1845年には721百万ポンドが加工されたにすぎなかった」(S. 429)。

この部分の資料となっているのは，先に紹介したG. R.ポーターの講演記事にある1800年から1849年までの綿花使用量の統計のうち傍点を付して注意を促した1845年と1849年の数値であろう（本章160ページ右欄参照）。

「評論。5-10月」ではさらに続けて次頁下の表左列のように記されている。この叙述の資料も，同じ記事からの右列のようなマルクスの抜粋である。

木綿工業の拡張はさらに，1850年の収穫が比較的にわずか減退したために綿花価格が暴騰した（55pCt.）ことによっても示されている。(S. 429)	綿工業は，昨年には今世紀初頭の価格の 1/5 から 1/4 程度の原材料の価格の持続的低下にともなわれながら，半世紀に1284%だけ増大した。1849年の輸入は，とりわけ最大であったが，1850年の相対的な減収は原材料の市場価格を1849年の価格の55%以上に高め，アメリカの綿花収穫が今シーズンに見積られたのとイコールであった1846年と同じくらいにした。(Ⅳ/7, S. 229)

1850年の暴騰した綿花価格の上昇率55%はこの記事から得られているわけである。

さらに「評論。5-10月」ではつぎのように述べられている。

「絹，羊毛，混紡物，麻の紡績と織布などその他すべての部門でも，すくなくともこれと同一の進歩が見られる。これらの工業部門の製品の輸出は，とくに1850年に非常に激増したので，これによってこの年の総輸出の激増（はじめの8ヵ月間に，1848年に比べて12百万，1849年に比べて4百万の増加）がもたらされた」(S. 429/430)。

このように述べるさいの資料は，先述した『エコノミスト』第372号（1850年10月12日）の「貿易・航海報告。8ヵ月――1月5日から9月5日まで――」からのマルクスの抜粋のうち，先に留意を促した1848年，1849年，1850年の数値であるとみてよい（本章163ページ右列参照）。

これに続いてリンネル工業の拡張についての資料が示されている（左列）。この叙述中，輸出麻織物の数量，ヤード数と価額の数値の基礎となっているのは，「エコノミスト抜粋」の今見た箇所に続く，右列に示す部分である。

麻織物輸出は，それまでの最高の麻織物輸出年であった1844年に91百万ヤード，その価額2 800 000ポンド・スターリングであったが，1849年には107百万ヤード，その価額3 000 000ポンド・スターリング以上の高さに達した。(S. 430)	**イギリスのリンネル工業の成長は，つぎの輸出報告からうかがわれる。すなわち，** 1832年の輸出49,531,057ヤード，価額1,716,084ポンド；1838年77,195,894ヤード，価額2,717,979ポンド；1844年91,283〔,754ヤード〕，価額2,801,609ポンド；そして1849年106,889,558ヤード，価格3,073,903ポンド。同じ時期にリンネル〔糸〕の輸出は，1832年の8,705ポンドから1849年の737,650ポンドに上昇した。(Ⅳ/7, S. 229)

ヤード数は百万以下，価額は万以下，各々四捨五入されて用いられていることが分かる。

「評論。5-10月」では続けて次頁上の表左列のように記されている。この記述の資料となっているのは，『エコノミスト』第367号（1850年9月7日）の記事「（トルーマン・アンド・ルーズ社のサーキュラーから）ロンドン，1850年9月2日」からのマルクスの抜粋（右列）である。

イギリス工業の成長のいま一つの証明を提供しているのは，主要な植民地商品，とくにコーヒー，砂糖，茶の消費が，少なくともはじめの二つの価格が絶えず騰	市場（8月2日から9月2日まで）は，並外れて活発であり，あらゆる種類の砂糖が，数ヵ月以前におけるよりも有利な引き合いにあった。……**コーヒー価格の**

費しているにもかかわらず，引き続き増加したことである。(S. 430)	上昇が見込まれる。というのは，その供給が，当時，消費の割合に対して甚だ不十分であった 1848～9 年のそれほどにも多くないからである。(Ⅳ/7, S. 230)

「評論。5-10 月」で，とくに「少なくともはじめの二つ」と特定してあるコーヒーと砂糖について，供給不足であるにもかかわらず消費が増え，価格が上昇していることが述べられている。

また，「評論。5-10 月」のつぎの段落では次頁下の表左列のように記されている。「エコノミスト抜粋」の今見たばかりの抜粋に続いて右列のような一文がある。

1849 年の木綿工業の大拡張は，同年の終りの数ヵ月に，東インドと中国の市場をいっぱいに満たそうとする試みを重ねて惹き起した。しかしこれらの地方にまだ未処分の以前からのおびただしい在荷があったので，この試みはまもなく再び阻止された。(S. 430)	インドと中国からの報告は不満足なものである。(Ⅳ/7, S. 230)

この右上の抜粋は，新『メガ』解説によれば『エコノミスト』第 367 号所収の綿工業について触れた，「（ド・フェイ社のサーキュラーから）マンチェスター，1850 年 8 月 31 日」からのものである。この記事ではインドと中国での販売は生産費を割るほどの低価格に終わった事実を指摘している。

「評論。5-10 月」ではつぎの段落から小区分 (3) 工業の繁栄を増大させている諸要因へと入り，1851 年の工業大博覧会についての記述がなされている。しかし，この記述の資料は「エコノミスト抜粋」自体には見出されない。

「評論。5-10 月」の引き続く段落，先の小区分 (4)「木綿の時代」についての冒頭では，「本年のはじめから綿花の減収がブルジョアジーのあいだに全般的な恐慌をひろめている」(S. 431) ことが語られている。その中で典拠を記して引用されている『エコノミスト』1850 年 9 月 21 日号からのマンチェスターの繁栄とアメリカ黒人奴隷との関連についての指摘は，「エコノミスト抜粋」にもそ

のまま見出される。すなわち，

「マンチェスターの繁栄がテキサス，アラバマ〔およびルイ〕ジアナにおける奴隷の待遇にかかっているということは，驚くほどに興味深いことである」(Ⅳ/7, S. 232)。

「評論。5-10月」では以上のようにイギリスにおける新たな繁栄の到来の諸指標を確認したうえで，今度はこの繁栄の先行きを展望している。先の小区分(5)来るべき恐慌の展望と(6)イギリスの農業地方の状態への一瞥である。しかしながら，これらの部分においては，「エコノミスト抜粋」を利用しての叙述は見られない。

2 北アメリカ合衆国

「評論。5-10月」ではイギリスに続いて北アメリカ合衆国における新たな繁栄の様子が大要つぎのとおりに描かれている。

(1) ヨーロッパの物価騰貴や革命はかえってアメリカの利得の源泉にすぎなかったことの例証

(2) 合衆国の繁栄の他の諸原因としての植民・人口増加とカリフォルニア金鉱の発見，太平洋にむかう主要な商業路（道路・鉄道・運河）の建設，汽船による大洋航海の急速な拡張

(3) 汽船航運の拡大について詳述

(4) 汽船航運と地峡の運河化への投機の開始

まず，(1)の部分から見てみよう。「ヨーロッパの物価騰貴にしても革命にしても，アメリカにとっては利得の源泉にすぎなかった」(S. 434)例証として，左列のように述べられている。この記述の基礎となっているのは，『エコノミスト』第371号（1850年10月5日）の記事「（ド・フェイ社のサーキュラーから）マンチェスター，1850年10月1日」であり，そこからの右列のような抜粋である。

1849年にアメリカはこれまでのうち最大の綿花収穫をあげ，1850年には，ヨーロッパの木綿工業の新しい高揚と時を同じくした綿花の減収によって，およそ20百万ドルを儲けた。(S. 434)	……アメリカの綿花収穫は，少なくとも，昨年のそれよりも多い20百万ドルになるであろう。それもこの大きさが631,890梱であったにもかかわらずである。(Ⅳ/7, S. 235)

1850 年のアメリカの綿花収穫による利益高がこの記事から採られているのが分ろう。

つぎに，合衆国の繁栄の他の諸原因を述べる (2) の部分である。この部分の末尾では，「この全世界的な大洋汽船航運の必要が現われたときから，世界ははじめて丸くなりはじめたと，真に言うことができる」(S. 436) という著名な一文が置かれている。この文の直前には，オーストラリア植民地について左列のような叙述がある。この叙述の資料となっているのは『エコノミスト』第371号(1850 年 10月 5 日) の記事「オーストラリアの人口」である。この記事からの抜粋をマルクスは右列のように記している。

オーストラリアの植民地（ニュージーランドを除く）の総人口は，170 676 人 (1839 年) から 1848 年には 333 764 人に増加した。つまり 9 年間に 95 ½ pC. 増えたわけである。イギリス自身がこの植民地を汽船連絡なしに捨てておくことはできない。(*ibid.*)	最近 10 年間の人口の増加に関するする議会報告書はつぎのように示している。すなわち，ニューズートウェルズは 1839 年の 114,386 人から 1848 年の 220,474 人へ，93%の増加である。ファン・ディーマンス・ラントは，1839 年の 44,121 人から 1847 年の 70,164 人へ，あるいは 59%。ズートオーストラリアは，その鉱山の発見によって，もっとも顕著な帰結，すなわち，1839 年の 10,015 人から 1848 年の 38,666 人へ，286%の増加。ヴェストオーストラリアは，インド洋とその交易があり，1839 年の 2,154 人から 1848 年の 4,460 人へ，107%の増加。オーストラリア・グループの全人口についていえば，1839 年の 170,676 人から 1848 年の 333,764 人へ，163,088 の，あるいは，95 ½%の率での増加である。1848 年の貿易差額は，オーストラリアに有利であって，輸入は 2,578,442 ポンド，輸出は 2,854,315 ポンドである。輸出入の総トン数は 694,904 ポンドである。(Ⅳ/7, S. 235)

オーストラリアの全人口についての 1839 年および 1848 年の数値とその増加率がここから採られているとみてよい。

続く，汽船航運にかんする(3),(4)の部分では，特にマルクスの「エコノミスト抜粋」と直接関係する叙述は見出されない。

3 ドイツ

ドイツについては一段落のみあてられているが，そこではこれまでの叙述を承けて，「イギリスとアメリカの繁栄は，まもなくヨーロッパ大陸に反作用を及ぼした」(S. 437) ことが示されている。

そのさい，左列のように述べられている箇所に着目したい。この叙述の資料は，先述の『エコノミスト』第341号（1850年10月5日）の記事「(ド・フェイ社のサーキュラーから）マンチェスター，1850年10月1日」からのマルクスの抜粋であって，右列のとおりである。

わがドイツの市民が素朴にも平穏と秩序の回復のおかげだとしているこの新たな繁栄は，実際にはもっぱら，イギリスにおける更新された繁栄と，<u>アメリカ</u>および熱帯の<u>諸市場における工業製品に対する需要増</u>にもとづくものであった。(S. 437)	ドイツからの報告は，あらゆる政治的事情にもかかわらず，商いに好適というものである。フランクフルトの大市。ドイツの織糸に対する盛んな需要。<u>北アメリカへ向けて極めて多くの船積み</u>がありバイヤーは，現在，来春の買い物を行うために渡って来ている。しかしながら，われわれが恐れているのは，彼らが昨シーズンと同じ確信と規模ではほとんど行動していないということである。(Ⅳ/7, S. 235)

アメリカ市場の需要増については，この抜粋が基になっているといえよう。

続けて「評論。5-10月」では，左下のように記されている。この箇所は，文中で『エコノミスト』を明示しているように，その基礎が同誌第366号（1850年8月31日）の記事「(Wm. Jas.トンプソン・アンド・サンズ社のサーキュラーから）ロンドン，1850年8月22日」にあることは明らかであり，「評論。5-10月」を収めている新『メガ』Ⅰ/10の解説もすでに言及しているところである（Ⅰ/10, S. 999)。マルクスはこの記事から右列の一文のみを抜粋している。

シュレスウィヒ＝ホルシュタインとクールヘッセンのごたごた……も，皮肉なロンドン子的優越感をもった『エコノミスト』誌も述べているように，これらすべての繁栄の徴候が発展するのを一瞬間もくいとめることができなかった。(S. 438)	シュレスウィヒ＝ホルシュタイン事件が繁栄を中断することはなかった。(Ⅳ/7, S. 229)

4　フランス

「評論。5-10月」では続けてフランスにおける繁栄の徴候を列挙している。フランスに関する展開は大要以下のように三つに細分しうる。

(1)「1849年以降，そしてとくに1850年以来，現われた」繁栄の徴候として4点(①パリ等の工業の全力操業，②スペイン，メキシコでの関税率の引き上げ，③カリフォルニア金鉱の大規模な採掘を契機とした多くの投機，④フランスの輸入関税の増加と輸出の増加)

(2)「景気回復のもっとも適切な証明」としての1850年8月[(6)]6日の法律によるフランス銀行の正貨支払いの復活

(3) 農民の状態(国民の大多数である彼らは，非常な不景気に悩んでいるが，革命的な主動性をとる力を全然もっていないこと)

まず，(1) の部分については，「エコノミスト抜粋」中には，これらの叙述の資料に相当するものは見出されない。

注目したいのは，(2) の部分である。ここでは，まず，「景気回復のもっとも適切な証明」(S. 438) としての1850年8月6日の法律（フランス銀行の正貨支払い復活）までの，1843年3月15日以来の銀行券流通高が示され，それと並行して正貨準備も進行し，「金融貴族は革命によって倒されたどころか，かえって強化された」(S. 439) と述べる。つぎに，「この結果をいっそう一目瞭然とさせるものは，最近数年のフランス銀行立法の以下の概観である」(*ibid.*) として，1847年6月10日以降を概観している。そして最後に，「流通額の絶えざる増加，フランスの全信用のフランス銀行の手中への集中，全フランスの金銀の銀行の

(6)　マルクス自身は「8月」ではなく，「9月」と記している。この差異については後述。

地下室への集積」を,「実は極めてあたりまえのブルジョア的出来事にすぎず,ただそれがフランスでは今初めて起ったのだ」(S. 439) と把握する。

直接の引用は控えるが, ここでの「最近数年のフランス銀行立法の……概観」(*ibid.*) は, すでに新『メガ』第I部門第10巻の解説も言及している (I/10, S. 999) とおり,『エコノミスト』第370号 (1850年9月28日) の記事「フランスの銀行。ヨーロッパのカリフォルニア」からのつぎのような抜粋が資料となっている。

> 「フランス銀行立法におけるつぎのような変化 [:1) フランス銀行に200フラン (8ポンド) の額面──最低の額面──の銀行券を発行する権限を与える法律が, 1847年6月10日に通過した。] 200フラン銀行券の最初の発行は, [1847年] 10月28日に起った。[2)] 1848年3月15日の [法] 令, それは, [100フラン (4ポンド) の額面の銀行券を発行する] 権限を与えた。[その最初の発行は,] 同じ日の28日。3) 同じ日, 1848年3月15日の法令は, フランス銀行券を法貨であると宣言し, 正貨支払いの [義務] を免除し, その発行を350,000,000フラン (14,000,000ポンド) に制限した。4) 1848年4月27日と5月2日の二つの法令は, フランス銀行と各州のパブリック・バンクとの [合併] を配慮し, 発行高の限界を, 支店も含めて, 350,000,000フラン [(14,000,000ポンド) ……] から452,000,000フラン (18,080,000ポンド) に高めた。5) 1849年12月22日の法令はその最大限度額を [525,000,000フラン] (22,000,000ポンド) に高めた。6) 1850年9月6日の立法は, 銀行に正貨支払いを再開することを命じた」(IV/7, S. 233. [ ] 内はノートの破損部の編集者による補足部分)。

この引用中 6) で述べられている立法は, 実際には1850年8月6日のものであるが, マルクスはこの抜粋で9月と誤記し, それがそのまま「評論。5-10月」でも踏襲されているのである。このことは, マルクスが「評論。5-10月」の執筆に際してこの「エコノミスト抜粋」を利用したことを明らかに物語っている証拠となる。

また, フランスの部分の農民の状態を述べる小区分 (3) で,「近年の豊作はフランスの穀物の価格を, イギリスにおけるよりもはるかに低く下落させた」(S. 439) と述べている一文の資料も, やはり先に紹介した『エコノミスト』第371号 (1850年10月5日) の記事「フランスにおける小麦価格」からの引用 (IV/7,

S. 234）とみてよかろう。

マルクスとエンゲルスは，以上，「評論。5-10月」で各国に即して新たな繁栄を確認してきた後，イギリスと大陸との関係を述べ，さらに恐慌と来るべき革命との関連について現在の情勢評価をも加えつつ見通している。これらについては，節を改めて見てみよう。

Ⅲ 「評論。5-10月」第二部分での『エコノミスト』利用とマルクス／エンゲルスの積極的主張

1 「評論。5-10月」の第二部分での『エコノミスト』利用

「評論。5-10月」の第二部分のうち前節で検討した諸叙述は，マルクスの「エコノミスト抜粋」を，そしてさらには，その抜粋の藍本たる『エコノミスト』の諸記事に依拠してのものであることが明らかとなった。それでは，それらの諸叙述の特徴は，どこにあるのであろうか。すでに見てきたように，それは，第二部分のテーマである各国に即しての新たな繁栄の確認を試みるうえで，まずもって必要な基本的指標を与えるものばかりであるといえよう[(7)]。したがって，論証のためにどの記事を選択したのかという点を別とすれば，これらの諸叙述自体には，マルクス／エンゲルスの積極的な主張を見てとることはできない。むしろ，これらの叙述以外の箇所にこそ，彼らの積極的な主張を探るべきである。

次項では，このような視角から，残りの諸叙述の主要論点に着目し，そこから当時のマルクス／エンゲルスの変革の展望の一側面を再構成してみよう。

2 マルクス／エンゲルスの積極的主張

このような主要論点を「評論。5-10月」の叙述の流れに沿って拾えば，つぎのような7点になろう。

まず第一に，「追加資本は，1848～1850年間に投機のはけ口がなかったため，本来の工業に投入されるほかはなく，それによって生産をなおいっそう急速に

---

(7) 「新たな繁栄」の確認は「評論。5-10月」での革命情勢評価のさいの理論的基礎である。共産主義者同盟の分裂との関係については，本書の第4・5章を参照。

高めざるをえなかった」(S. 429) とする過剰生産に関わる認識である。

第二は，1851 年に開催されるロンドンの工業大博覧会についての評価である。「至る所で集中された力をもって，民族的境界 (nationalen Schranken) をとりのぞき，生産や社会関係やそれぞれの民族 (Volk) の性格における地方的特殊性をますます消し去っている」ところの「現代工業の生産力の総量を小さな空間に圧縮して観覧に供することによって，……新社会の建設のためにつくりだされた材料，また日ごとにつくりだされつつある材料を展示する」(S. 431) のが大博覧会だというのである。

第三は，アメリカ合衆国南部諸州奴隷制の止揚の必然性に関する指摘とそれになぞらえての賃労働の止揚についての展望である。

奴隷制の廃止についてはつぎのように述べられる。すなわち，綿工業は，アメリカ南部奴隷制が支えることによって可能となっている合衆国の綿花独占を耐え難く思うところまで発展するであろう。この独占に対抗する綿花栽培が他の諸国で進められるが，これは「**自由な労働者**によってのみおこなわれる」(S. 432)。この栽培が競争戦に勝利するならば，「アメリカの綿花独占とともに，アメリカの奴隷制も打破され，奴隷は解放されるであろう」(*ibid.*)。

賃労働の廃止についてはこうである。「それ〔奴隷制―引用者〕とまったく同じように，ヨーロッパの賃労働がもはや生産にとって必然的な形態でなくなるだけでなく，生産にとって桎梏とさえなるやいなや，賃労働は廃止される」(*ibid.*)。

第四は，当面する恐慌の展望，ことにその時期についてのものである。「もし 1848 年に始まる産業発展の新しい循環が，1843～47 年のそれと同一の経過をたどるとしたならば，恐慌は 1852 年に勃発するであろう」(S. 432/433) と述べている箇所である。この一文は，マルクス／エンゲルスによる 1852 年恐慌到来の予言とみなされることが多い。しかしながら，これに続く部分では，産業発展の新しい循環は 1843～47 年の経過と同一になるのではなく，むしろ恐慌の到来がいっそう遅延しそうである旨の判断を基調にした叙述が進められている。すなわち，まず，低い利子率のために「投機はかならずや長くなるであろう」(S. 433) し，さらに，投機可能な主たるはけ口が，綿花栽培とカリフォルニアならびにオーストラリアの開発によって与えられる新しい世界市場の交通とになるため，「今回の投機は，以前のどの繁栄期よりも異常に大きな次元をもつ」(*ibid.*) であろうと記してもいるのである。それゆえ，恐慌予言というよりは，レーニンも評するように，革命家であるマルクス／エンゲルスが「可能な見通しの一つとして書いた」(8)とみるべきである。

第五は，ブルジョアジーにとって「信頼をよせる唯一の国家形態はブルジョア共和国である」こと，また，どのような国家形態であれこれに対するブルジョアジーの信頼の度合は「取引所におけるその相場」(S. 434) となって現われることを述べている箇所である〔七月革命および二月革命後の各々の相場下落の比較 (S. 427) をも参照されたい〕。

第六は，世界交通路の飛躍的発展に言及してのものである。すなわち，カリフォルニアでの金鉱発見は，太平洋を世界でもっとも重要な大洋とした。これは一方で，この太平洋へ通じるパナマ地峡を主要な商業路とし，このための道路，鉄道，運河の建設をも世界貿易にとってもっとも緊要な事とした。他方，スクリュー船をもってする汽船の大洋航運の急速な拡張も同様の緊要事とされた，という。したがって，まさにこの時点以降，「世界ははじめて丸くなりはじめたと，真に言うことができる」(S. 436) わけである。

また，マルクス／エンゲルスは，この大洋汽船航運と投機との関連についても注目している。まず，競合する汽船および新航路の不断の増加は，「一般に資本がどれほど大洋汽船航運に殺到する傾向をもっているか」を示すものであり，この資本の殺到は，「すでにこの分野での過剰投機の基礎」(S. 437) をなすとみる。また，この航運の新しい企てがほとんどすべてニューヨークから発することをもって，従来のロンドンの取引所に代わって「ニューヨークがやはり全思惑の中心であり,1836 年のように真っ先に崩壊を経験することであろう」(S. 437) と予測する。さらに，この崩壊によって無数の企画が破綻しようとも,「1845 年にイギリスの鉄道系統が現われたように，今度は過剰投機から世界的な汽船航運の輪郭ぐらいは少なくとも現われるであろう」(*ibid.*) し，どんなにたくさんの会社が破産しようと，交通量を飛躍的に高め航海日数を著しく短縮する汽船の体系は残るであろう，と見通している。

第七は，第二部分末尾の小括とも関連するイギリスと大陸との関係についてである。ここで展望されている恐慌と革命にかんするイギリスと大陸との関係

(8) В. И. Ленин, О нашей революции. В: В. И. Ленин полное собрание сочинений[5], том. 45, Москва, 1982, стр. 378 (邦訳『レーニン全集』第 33 巻，大月書店，1959 年，496 ページ)。

はつぎのようである。「イギリスはブルジョア的宇宙の造物主である」(S. 440)。したがって,「ブルジョア社会が絶えず新たに経過する循環の種々な局面は,大陸では第二次的,第三次的な形態で現われる」(*ibid.*)。恐慌や好況についてもそうである。このイギリスの主導性をここでマルクス/エンゲルスは世界市場,ことに輸出入におけるイギリスの圧倒的な支配力によって説明している。だから,恐慌はまずイギリスで始まる。この恐慌はイギリスに遅れる形で大陸にも波及する。このイギリスと大陸に広がった「恐慌は,〔イギリスではなしに〕まず最初に大陸に革命を惹き起こす」。というのは「ブルジョア的身体の末端部においては,その心臓部におけるよりも当然,より早く,暴力的爆発が起こらざるをえない。[……]心臓部においては末端部におけるよりも調整の可能性が大きいからである」(*ibid.*)[9]。ここで注意すべきは,革命がまず大陸で起こるとはいえ,「革命の根源はやはり,いつもイギリスにある」ということである。しかし,革命は,大陸にだけとどまり,イギリスとは無関係のままというわけにはいかない。当然,イギリスにもこの大陸で起こった革命の波が及んでいく。この「大陸の諸革命のイギリスに及ぼす反作用の度合いは,同時に,これらの革命がどの程度まで実際にブルジョア的生活関係を脅かしているか,またはその革命がどの程度にその生活関係の政治構造にふれているにすぎないか」(S. 440)に依存しているのである。

これらの諸点は,マルクス/エンゲルスの展望の中で,どのように編成されていたのであろうか。それをさしあたりこの部分のみで,再構成してみるならば以下のようになるであろう。

資本の利潤獲得から生ずる過剰資本は投機へと向う。しかし,この投機の道がふさがれている場合には,まず,「本来の工業に投入されるほかはなく,それによって生産をなおいっそう急速に高めざるをえない」(S. 429)。ここから生じてくる現代大工業の巨大な生産力は,ロンドンでの工業大博覧会において

---

(9) 「イギリスで恐慌の強度がひいていくのにつれて,大陸ではそれがたかまり,これまで及んだことのない地点をとらえた。最悪の時期のあいだ為替相場はイギリスに順調であったので,イギリスはロシアと大陸だけからでなく,アメリカからも11月以来たえず増大する金と銀の輸入をひきつけた。その直接の帰結は,貨幣市場がイギリスで緩慢になるにおうじて,残りの商業世界では収縮し,ここで恐慌がそれにおうじて拡大したということである」(S. 427)と述べる箇所をも参照。

示されるであろう。他方，綿花栽培とカリフォルニア，オーストラリアの開発によって出現した新しい世界市場交通，すなわち，パナマ地峡を媒介とする道路・鉄道・運河および汽船による大洋航運，への投機が開かれる。

このような巨大な生産力の発展は，しかしながらブルジョアジーにとっては大きな脅威である。「ブルジョアジーは，[……] 彼らがつくりだした諸力が，彼らの手に負えなくなったことを，彼ら自身にこれまでになかったほど的確に立証するところの崩壊」(S. 431)，すなわち，恐慌の勃発に直面しているからである。「恐慌はまず最初に大陸に革命をひきおこす」(S. 440)。すでに見たように，「大陸の諸革命のイギリスに及ぼす反作用の度合いは，[……] これらの革命がどの程度まで実際にブルジョア的生産関係を脅かしているか，またはその革命がどの程度にその生活関係の政治的構造にふれているにすぎないか」(*ibid.*) で決まる。したがって，この政治的構造の強固さはブルジョアジーにとっては目の離せない問題である。彼らの望む「唯一の国家形態は**ブルジョア共和国**である」(S. 434) のだけれども，どのような国家形態であれ，彼らの信頼の度合いは取引所の相場の中で示される。

このようなブルジョアジーによるブルジョア的関係内での現代工業の生産力の制御不可能性こそは，その生産力が生み出しまた生み出しつつある新社会の物質的基礎とともに，「ヨーロッパの賃労働がもはや生産にとって必然的な形態でなくなるのみならず，生産にとって桎梏とさえなるやいなや，賃労働は廃止されるであろう」(S. 432) という展望の基礎である。

以上の「評論。5-10月」におけるマルクス／エンゲルスの展望[10]は，1840年

---

(10) エンゲルスは，1895年の時点で，この時期の彼らの革命論について「歴史はわれわれの考えをもまた誤りとし，当時のわれわれの見解が一つの幻想であったことを暴露した」(S. 514)，「歴史はわれわれおよびわれわれと同じように考えたすべての人々の考えを誤りとした」(S. 516) とのべている。しかしながら，この自己批判は，あくまでも当時の彼らの革命の展望のうち，ことにその戦略と戦術に関してのみであることに注意すべきである。本章で見てきた恐慌と革命の見通しの基本線はなんら自己批判の対象とはなっていない。

当時の彼らのヨーロッパ資本主義の生産力水準についての過大評価を，「大陸における経済発達の水準が，当時まだとうてい資本主義的生産を廃止しうるほどに成熟していなかった」という一文で反省してはいる。しかしこれは当時の彼らの現状評価の不当性をいうものではあっても，恐慌と革命の見通しの基本線を崩すものではなかろう。むしろ実際には，かなりに低い生産力水準にあった当時のヨーロッパを分析対象としつつも，よくはるかに先を展望しえていたということになるのではあるまいか。

代後半の『共産党宣言』や「賃労働と資本」に見だされる構想と基本線においてはなんらの乖離も存在しない。また，この展望は，1850年代後半のマルクス『経済学批判』「序言」に見出される生産諸力と生産諸関係の矛盾についての論及とも軌を一にするとみてよい。

第8章　ローラント・ダニエルス作成のマルクス蔵書目録（1850年）

本章は，IとIIの二つの節に分かたれる。

Iは本章の初出稿に所要の加除を行ったものである。その後，オリジナルの実検や，新『メガ』所収に伴う新たな解読や解説を承けて，行論中の（　）内に補足や訂正を施した。

IIには，マルクスの付した星印と番号の問題に限定して，現時点での著者の暫定的推論を置いた。

I

マルクスがロンドンに亡命したさいに，ケルンに残してきた彼の蔵書を，1850年にローラント・ダニエルスがリストアップし，マルクスに送付した蔵書目録[(1)]がある。この目録は，ブルーノ・カイザーが編集した『マルクスとエンゲルスの蔵書目録』[(2)]のなかではじめて公表された。

杉原四郎はこの『蔵書目録』を紹介する論説[(3)]のなかで，ダニエルスが作成した蔵書目録についてはつぎのように述べている。

> 「1849年5月にケルンを，同7月にはパリを追放されたマルクスは，8月にはロンドンに亡命するのだが，ケルンのダニエルスにあづけていった彼の蔵書はその後どうなったのであろうか。カイザーの序文にしたがって経過のあらましをたどって見よう。ダニエルスはケルンの共産主義者事件の

---

(1)　Bestandsverzeichnis der Bibliothek von Karl Marx. Verfaßt von Roland Daniels(1850).

(2)　*Ex Libris Karl Marx und Friedrich Engels. Schicksal und Verzeichnis einer Bibliothek*, Einleitung und Redaktion: Prof. Dr. Bruno Kaiser, Katalog und wissenschaftlicher Apparat: Inge Werchan, Berlin 1967.

(3)　杉原四郎「マルクスとエンゲルスの蔵書」『マルクス・エンゲルス文献抄』（未来社，1972年）198〜212ページ。

裁判で結局無罪になるが，拘禁生活のために36歳の若さで1855年に早世したので，蔵書返還の交渉はマルクスとダニエルス夫人との間ですすめられ，マルクスの友人カール・シーベルの助力で，1860年末に漸くロンドンに到着した。だが実際にマルクスの手にもどった書物は，1850年にダニエルスが書いた明細書とくらべると，かなりの脱漏があった。かえらなかったものの中には，フーリエ，ゲーテ，ヘルダー，ヴォルテールの著作全部や多くのギリシャ古典，ヘーゲルの『精神現象学』と『論理学』，それにデールの編纂した『18世紀の財政・経済学者』（1843年）などがあり，これらの書物に対する愛惜の念を，マルクスは1861年2月27日づけの手紙でエンゲルスに訴えている[(4)]」。

本章で対象とするのは，この「1850年にダニエルスが書いた明細書」である。この資料をマルクスの蔵書目録と呼ぶ。この目録がカイザー編の上掲書において公表されるさいの凡例にはこう記されていた。

「この目録（Verzeichnis）は，各々二欄に分けて，400書目を記載した，六つのページからなっている。これに続いて，末尾に，X，Y，Zへの一括記載（Konvolute）があるが，これらについて詳しい情報はまったく突き止めることができない。目録（Katalog）はすべてインクで書かれている。時折前に付されている星印と番号（die gelegentlich vorgesetzten Sternchen und Bezifferungen）はマルクスの手によるものである。著者名，書名，刊地，刊年はこの目録のはじめての刊行のため一部補足されており，角括弧によって補足であることが示されている」（S. 210[(5)]）。

本章で検討したいのは，ここで言う「星印と番号」である。

本書にあっては，星印は肩付の「*」で，また番号は例えば「48)」のように印刷されている。本書215ページにはこの目録全6ページのうちのある一ページのみ（新『メガ』によれば2ページにあたる）がファクシミリで掲載されており，オリジナルの状態を知るうえでの縁となっている。が，これによれば，番号は印刷のとおりであるものの，星印はまさしく一筆書きの「☆」の形そのもので，

（4） 杉原，同上書，202ページ。

（5） 前記 „Ex Libris“のページ数。同書からの引用ページは，本章において以下，本文中の割注内で示す。下線は引用者による。

肩付になってはおらず，書目の行頭中央部に記されている。また，星印と番号の付される先後関係については，必ずしも確定はしがたいが，やはりファクシミリから見る限りでは，おそらく同じ一連の作業として記入されたものと思われる。というのも，「☆ 20)」「☆ 26)」というように，星印を先記してつぎに番号というのがほとんどではあるが，例えば，「21) ☆」や「28) ☆」のように逆順になっているところも散見されるからである。しかしながら，同時の作業とはいえ総じて星印が先に打たれ，その後に番号が付されたとの印象を抱かざるを得ない。星印と書目との間隔の狭い中に，後から番号を書き入れているように見えるからである。なお，本書では，「~~☆ 27)~~」のような抹消した様子は再現されておらず，「☆ 27)」のまま印刷されているし，オリジナルでは「　)」の無いものにもこれが付されている。

本書によるこの目録の公表が，マルクス研究に対して，例えば、唯物論的歴史観の諸源泉の探索が文献的な面でかなり進捗し確定作業が容易になることなど非常な便宜を提供し，その研究上の価値は極めて高いこと無論である。が，上記のような点への配慮が欠けていることや，著者名，書名の印刷順などについても，必ずしもダニエルスの作成した目録の忠実な再現となっていない点[(6)]は，誠に惜しまれるものである（これらの不備は新『メガ』においても残念ながら完全には改められていない）。

番号の付されたものは全部で45書目あり，これらにはすべて星印も付されている。星印だけのものは３書目。したがって，星印ないしは番号の付されたものは，全部で48書目である。番号は 2) から 48) まで付されている[(7)]。

ブルーノ・カイザーは，その「序文」でつぎのように述べている。

> 「マルクスが自分の手でダニエルスのリストの若干の書目に記入した十字印（Kreuzchen）が，無くなった書籍に関連しているということは，ありうることである」(S. 11)。

---

(6)　例えば，F[riedrich] W[ilhelm] Ⅳ.: Reden Sr. Majestat. [Gutersloh 1847.] は，オリジナルでは書名が先に来ている。

(7)　うち，22)～25) は欠番。また，42) は重複している（新『メガ』でも重複したままだが，Ⅳ/5, S. 301の方は筆者には42) とは読めなかった。S. 305の方は42と読める）。別に1, 2［?］という番号付のものが一書目ある（1, 2［?］の番号付けは新『メガ』では解読が *43) と改められた）。

カイザーが「無くなった書籍」と言っているのは，どのようなことであろうか。このマルクスの蔵書は，ほぼ10年を経てマルクスの手元に還る。杉原が述べているように，カール・ジーベルの助力で1860年12月にロンドンに到着し，1861年1月末から2月初めにマルクスの手に戻るのである。「無くなった書籍」とは，杉原が「実際にマルクスの手にもどった書物は，1850年にダニエルスが書いた明細書とくらべると，かなりの脱漏があった」としている事実を指す。

中身をあらためたマルクスは，1861年2月27日付のエンゲルスに宛てた手紙でこう書いている。

> 「ケルンのやつらは僕の蔵書ではひどいことをやってのけた。フーリエを全部盗んだし，ゲーテもヘルダーもヴォルテールもだ。そして，いちばん腹が立つのは，『18世紀の経済学者』（まったくの新品で僕は約500フランをそれに投じた）だ。それからギリシアの古典の多くの巻やその他の著作集の個々の巻もたくさんやられた。もし僕がケルンに行くようだったら，国民同盟員ビュルガースとこの件について一言話すことにしよう。ヘーゲルの『現象学』や『論理学』もやはりやられた[(8)]」。

カイザーの「序文」に言う「無くなった書籍」というのはこれら書目のことである。杉原はこの箇所のうち『18世紀の経済学者』までの前半部のみを紹介しているわけである。

つぎに，カイザーが「十字印」と呼んでいるものは何かという問題がある。十字印にかんしてのこれ以上の説明は序文に存在しないので，確定はしがたいものの，先の星印に相当するものであるように思われる。というのも，本書で印刷されている目録には，先の星印と番号以外の他のいかなる印も無いからである[(9)]。

このように十字印と星印とが同一のものを表現しているものと前提すると，マルクスの手になる「星印と番号」ないしは「十字印」を，カイザーのように「無くなった書籍」と関連づける推定は，成立しがたいように思われる。それは，マルクスが手紙で具体的に書名を挙げて紛失を訴えているものについて，実際

(8)　*MEW*, Bd. 30, S. 160.

(9)　もし星印と番号以外に別の印として十字印が記入されているとしたならば，それが印刷，再現されていないというのは誠に奇異なことになるであろう。目録を担当したヴェルヒャンと序文を執筆したカイザーとの間で用語上の統一を行わなかったためと推察される。

にダニエルス作成の目録でどのような記入となっているのかを見れば，自ずと明らかになる。

まず，フーリエについて。

「*10) Fourier : Le nouveau monde industriel [et sociétaire. Paris 1829.] 1 Bd.

*11) Fourier : La fausse industrie. [Paris 1835.] 1 Bd.

*12) La Phalange. [Revue de la science sociale. Paris.] 6 Hefte.」(S. 216).

「*1, 2 [?] Fourier, Ch. : Théorie de l' unité un IVerselle. [2. éd.] Paris [1841-] 1843. 4 Bde. [In: Œuvre complèteS. Vol. 2-5.]」(S. 227).

ゲーテについては，

「　　Goethe : Werke. Vollständig in 40 Bden. [Stuttgart, Tübingen 1827-1830]」(S. 223).

ヘルダーとヴォルテールについては書目の記載自体が欠けている。

『18世紀の経済学者』に相当するものについては，

「　　Vauban : [Projet d'une dîme royale. In: Daire:] Économistes financiers du XⅧe siècle. [Paris 1843.] 1 Bd.」(S. 214).

「ギリシアの古典の多くの巻やその他の著作集の個々の巻」については特定し難いのでここでの検討からは除かざるをえない。

ヘーゲルの『現象学』については，

「　　*Hegel : Phänomenologie des GeisteS. [2., unveränd. Aufl. Berlin 1841.]」(S. 227).

ヘーゲルの『論理学』については，書目の記載が見出されない。

このような星印・番号，十字印の記入ならびに書目の記載状況から見ると，なるほどフーリエについては，カイザーの推測が妥当するが，しかし，マルクスがその紛失を最も憤慨している『18世紀の経済学者』についてはなんらの印の記入も見出されないこと，また，40巻ものゲーテの全集へも印の記入が無いことは，カイザーの推測と矛盾している。また，ダニエルスの目録にそもそも書名が欠けているものについても，マルクスが紛失を主張しているのは，カイザーの推測の外にある。さらに，フーリエについても，これだけの書目数で「フーリエを全部」ということになるのであろうか。このようなマルクスの実際の記入状況は，カイザーの推定が成立し難いことを示すものとなるのではなかろうか。

なお，『18世紀の経済学者』とフーリエの「10)」，「11)」，「12)」の書目が，幸いにも先のファクシミリに見出されるので，これによる確認が可能である。若干不鮮明なきらいはあるが，『18世紀の経済学者』の箇所には十字印も星印も番号もなんらの印も記入されていないように見受けられる(10)。

カイザーの推測が成立し難いとするならば，その外にはどのような推測の余地が残されているであろうか。

番号ないしは星印が付された書目には，つぎのような一定の特徴を見出しうる。第一は，フランス語の文献を数多く含んでいるということであり，第二は，フランス語文献といってもそれはもっぱら初期社会主義・共産主義関係の文献であるということ，そして，第三には，ドイツ語の文献は少数で，ヘーゲルのものと初期社会主義・共産主義関係の文献であること，第四は，各種辞典・文法書類を含んでいること，である。

このような特徴からするならば，このマルクスによる星印・番号は，マルクスがロンドンへ亡命してほど無く必要とした文献ばかりではないか，との推測が湧き上がる。

1850年代初期の諸史料のなかで，「1851年2月26日付マルクス宛のエンゲルスの手紙」ないしは1851年10月4～8日の間に書かれたと推測されている「マルクス夫人のダニエルス夫人宛手紙」への「マルクスの追って書き」などとの関連が考慮されるべきではなかろうか。

以上述べてきた諸問題の考察とも併せて，いずれにせよこの蔵書目録のオリジナルの再調査が必要とされているように思われる。

II

この蔵書目録のオリジナルの所在は筆者にとって長く疑問であった。モスクワのロシア・センター所蔵であることを知ったのは，筆者がアムステルダム社会史国際研究所に滞在中の1998年6月下旬のことであった。研究所の雑誌書

---

(10)　このことは，十字印が星印とは別の印として記入されている可能性を排除する傍証にもなるかもしれない。

架でMEGA-Studien, 1997/1を見た折である。同誌は，上記研究所のマルクス／エンゲルス財団によって編集されており，この号は多少遅れてこの時期に発行され直ちに研究所の雑誌書架に配架されもののごとくであった。同号には，Audring, Gert／Sperl, Richard："Welch sonderbares Geschick diese library hat！" Weitere Bände entdeckt が収録されていた。この論文に目を通すと，Verzeichnis der persönlichen Bibliothek von Karl Marx. Zusammengestellt von Roland Daniels. RC, 1/1/385との記載があったのである[(11)]。同稿によれば，この蔵書目録は*MEGA*² Ⅳ/5に収録される予定であり，その準備作業が進められていることが分かった。

その後，筆者は2011年6月にモスクワを訪れ，ロシア・センターでオリジナルを実検する機会に恵まれた。また*MEGA*² Ⅳ/5も2015年ようやく刊行され，1ボーゲンと1ブラットからなる6ページすべてのフォトコピーとともに掲載されている[(12)]。しかしながら，オリジナルの所見からも，また新『メガ』の解説からも，前節で提出した疑問を解決する手掛かりは遺憾ながら得られなかった。

ここでは前節末の筆者の推測を敷衍して述べておくことにしたい。

蔵書目録がロンドンにいるマルクスに送られたのは1850年12月7日以前である。その日付の「マルクス宛ダニエルスの手紙」では，目録を送料の節約のために衣装ケースに同梱して送ったことを伝え，蔵書の処分方について尋ねているからである[(13)]。

翌「1851年2月26日付マルクス宛のエンゲルスの手紙」では，マンチェスターに「居を構えて落ち着くことができるのは確定的だ」と述べたうえで，こう書いている。

「だから，すぐにもブリュッセルから僕の書物を取り寄せよう。もし君もケルンからなにか取り寄せるべきものがあったら，僕に知らせてくれれば，僕は近日中に僕の物のことでダニエルスに手紙を出すから，そうすれば僕たちはそれを一つの荷物にさせることができる。注意。なんでもかまわな

(11)　*MEGA-Studien*, 1997/1, S. 121, Anm. 3.

(12)　*MEGA*² Ⅳ/5, S. 295-312.

(13)　*MEGA*² Ⅲ/3, S. 693.

いが，ただ大陸で複製された英語の書物だけはいけない」[14]。

エンゲルスの手紙を受けたマルクスは，エンゲルスの促しに応じて彼同様，みずからもケルンのダニエルスのもとに預けた蔵書から，当面必要な書目を取り寄せようしたのではなかろうか。

その場合，それに要する作業はつぎのようになるであろう。1）ダニエルスの記した蔵書目録から，送ってもらうべき当面必要な書目を選び出す。2）そのためには，まず，ダニエルスの記した蔵書目録の該当する書目になんらかの印を付けることになる。これが星印である。つぎに，3）星印の付けられた書目を別紙に書き写していく。この別紙リストがダニエルスに送られるわけである。その際，4）全体で何冊になるかを知る必要もあり，この別紙リストの各書目には番号付けがなされる。最後に，5）蔵書目録とこの別紙リストとを照合して，蔵書目録に付けた星印の書目が漏れなく抜き出されているかをチェックする。その折に，6）蔵書目録の方に，別紙リストに付した番号を書き写してチェックする。

このような作業を想定することによって，まず星印，つぎに番号という二つの異なった印が残されたことに一応の合理的な説明が与えられる。

別紙のリストが作成されたことにはつぎのような傍証がある。

マルクス夫人は，ローラント・ダニエルスがケルン共産党裁判に至る一連の逮捕の流れの中で，1851年6月13日に逮捕された後の1851年10月4～8日頃に，その夫人アマーリエに宛てて手紙をしたためた。マルクスはこの手紙の末尾にこう付記した。

「この手紙を持参する者に次の書物を私のためにお渡しいただけるならば，たいへんありがたく存じます」[15]。

この付記には「次の書物」に該当する文面は見出されない。そのため，「次の書物」を記載した別紙が同封されていたものと考えなければならない。この

(14) *MEW*, Bd. 27, S. 204.

(15) 「アマーリエ・ダニエルス（在ケルン）宛イエニー・マルクスの手紙」へのマルクスのあとがき（*MEW*, Bd. 27, S. 581）。この手紙はヴィルヘルム・ピーパーによって大陸にもたらされ，ケルンに届けられた（*MEGA*², Ⅳ/ 5, S. 497）。また，彼のロンドンへの帰路の途中，1851年11月28日にブリュッセルからマルクスに宛てた手紙において，蔵書目録で☆1）の印が付されたMontheilを持参している旨，記している（*Ibid.*：*MEGA*², Ⅲ / 4, S. 507）。

同封された別紙こそが上記の必要書目を番号付けした別紙リストであるということになろう[16]。

(16)　新『メガ』では，ピーパーは「マルクスが印をつけたダニエルスのリストないしはマルクスが選び出した書目の写しを持参した」ものと推定している（*MEGA*², Ⅳ / 5, S. 497. 下線は橋本による）。筆者の推測は，下線を付した後者の類のリストを想定しているが，その推測の重点は星印と番号付がなぜ，どのようになされたのかの解明にこそある。

第9章　レーニン『なにをなすべきか?』エピグラフ中の「党派闘争」の原義

──「1852年6月24日付マルクス宛ラサールの手紙」の一章句──

はじめに

「1852年6月24日付マルクス宛の手紙」で，ラサールは，まだ見ぬマルクスの新著『ルイ・ボナパルトのブリュメール18日』に対する期待を述べたのち，続けてつぎのような叙述を行っている。

> 「ドロンケの伝えるところによれば君が彼と共同で執筆した，偉人（les grands' hommes）キンケル，ルーゲ等にかんする君の著作は，当地で警察の障害に出会うことは［『ルイ·ボナパルトのブリュメール18日』に比して］いっそうわずかであると思う。というのも，僕の信ずる限りでは，政府はそのような著作の出現は大歓迎だからだ。つまり，政府は，「革命はそれによって自分で自分を食いちぎる」と考えるからだ。党派闘争（die Parteikämpfe）こそが，まさしく党（eine Partei）に力（Kraft）と生命（Leben）を与えるということ，党の境界が朦朧としており（Verschwimmen）はっきりした相違点がぼやけていること（Abstumpfung）はその党の弱さの最大の証拠であるということ，党は自身を純化する（purifizieren）ことによって強くなるということ，これらのことを当局の論理（Behördenlogik）はほとんど知らず，また気づかってもいない[(1)]」。

本章で考察するのは，上に引用した後半部の章句である。一読して明らかなとおり，その内容は「党派闘争」が「党」にとって有する意義にかかわるものである。社会思想史や労働運動史を研究するうえでは少なからぬ重大な内容を持っている。しかしながら，これまで，この章句にかんしてその含意を明らか

---

(1)　*MEGA*^{2} Ⅲ/5, S. 421.

にした研究はなされてこなかったように見受けられる[(2)]。本章の課題は，その含意の解明にとって不可欠の，この章句が記されることとなった直接の経緯にまで立ち入って考慮することである。

さて，当の章句は，「偉人キンケル，ルーゲ等にかんする君［マルクス］の著作」についてのラサールの評価として記されている。ここで話題となっている「偉人キンケル，ルーゲ等にかんする君の著作」とは，『亡命者偉人伝（Die großen Männer des Exils）』[(3)]にほかならない。この手紙に記されている内容およびこの手紙の日付（1852 年 6 月 24 日），さらにその執筆にさいしてのドロンケとの「共同」といった諸点からみて，ちょうどマルクスらがこの頃に執筆を終了していたと考えられるからである。

したがってラサールのこの章句は，本来マルクスとエンゲルスそしてドロンケが共筆した『亡命者偉人伝』についてのラサールの評価と関連して記されたものなのである。

それはどのような評価なのであろうか。

これを考察するための前提として，『亡命者偉人伝』とはいかなる文献であるかがまず明らかにされなければならない。

---

(2)　レーニン『なにをなすべきか?』のエピグラフに用いられている章句であるにもかかわらず。その方面からの研究もない模様である。

(3)　『亡命者偉人伝』は，マルクスおよびエンゲルスの在世中には公刊されなかった。この事情を知ることは，この著作の執筆に至る背景と本書の概要をもっとも容易に理解させてくれるものではあるが，これについては，マルクス自身が「ヒルシュの告白」（*MEGA*² I/12, S. 100-103；*MEW*, Bd. 9, S. 39-42.『全集』北条元一訳）で明らかにしているところでもあり，ここでは詳述しない。このため，全文がはじめて公表されたのは，1930 年に Архив К. Маркса и Ф. Энгельса, т. V, Москва 1930, стр. 295-376 のなかで，ロシア語に翻訳されてのことであった。原語（ドイツ語）では，1960 年の *MEW*, Bd. 8, S. 233-335 が初出であって，比較的新しい史料であり，その内容も直接理論にかかわるような論争書ではなかったために，これまでほとんど注目されずにきた。『亡命者偉人伝』にかんしては，ロシア語初出時のエルンスト・ツォーベルの解説（Э. Цобель: Вступительная Статья, стр. 261-294），ならびに新『メガ』解説「成立と来歴」（*MEGA*² I/11, S. 794-807）が詳しい。

I 『亡命者偉人伝』執筆にさいしての「躊躇」

1　執筆に至る背景

『亡命者偉人伝』の内容は，ゴットフリート・キンケル，アーノルト・ルーゲ，カール・ハインツェン，ルードルフ・シュラム，グスタフ・フォン・シュトゥルーヴェ，ハロー・ハリング，ヨハネス・ロンゲ，エルンスト・ハウク，エードゥアルト・マイエン，ハインリヒ・ベルンハルト・オッペンハイム，ユーリウス・ファウハー，フランツ・ジーゲル，ヨーゼフ・フィッツラー，アマント・ゲック，カール・タウゼナウ，アウグスト・ヴィリヒ等，1848年革命敗北後ロンドンに亡命し，1850年代初頭ロンドンに在住していた，ドイツ人の小ブルジョア革命運動の指導者ならびに共産主義者同盟分離派メンバーにたいする伝記的・年代記的な批判である。(4)

1848年革命が退潮に向かいつつあることは，マルクスとエンゲルスにとって1850年6月末頃から明瞭となっていた。(5)同年11月に発行された『新ライン新聞。政治経済評論』第5･6合冊号末尾の「評論。5-10月」では，現状を全般的好況と判断し，周知のつぎの認識を表明するに至っている。

> 「このような全般的好況の場合は，ブルジョア社会の生産力がおよそブルジョア的諸関係内で発達しうるかぎりの旺盛な発達をとげつつあるのだから，本当の革命は問題にならない。そうした革命は，この二要因，つまり近代的生産力とブルジョア的生産形態が，たがいに矛盾に陥る時期にだけ可能である。[……] こうした基礎にぶつかっては，ブルジョア的発展をおさえようとする反動のあらゆるこころみも，民主主義のあらゆる道徳的憤慨や感激的宣言も，ともにはじき返される。新しい革命は新しい

---

(4)　*MEGA*² I/11, S. 795.

(5)　1850年中におけるマルクスの構想の推移にかんしては，Herwig Förder: Zu einigen Fragen der Reorganisation des Bundes der Kommunisten nach der Revolution von 1848/49. In: *Beiträge zur Marx-Engels-Forschung*, H. 4, Berlin 1978, S. 23-67（拙訳「1848/49年革命後の共産主義者同盟の再組織の若干の問題について」(上)『研究』第2号，1988年1月，81～103ページ；(中)『研究』第3号，1988年4月，49～59ページ；(下)『研究』第4号，1988年7月，19～35ページ）参照。

恐慌につづいてのみ起こりうる。しかし革命はまた，恐慌が確実であるように確実である」[(6)]。

しかるに，小ブルジョア民主主義者たちは，こうした情勢の変化を深く認識することなく，小ブルジョア民主主義的な亡命者詐欺と無責任なさまざまの革命ごっこに没頭していた。これに加えて，1850年9月15日の共産主義者同盟分裂の張本人であるヴィリヒらは，即座の革命を主張していた。このような動きは，客観的には非常に危険な意味をもっていた。すなわち，

「この[亡命者たちの] ごたごたはドイツ国内で多数の人々を逮捕し，国内の運動を至る所で阻止し，ロンドンのみすぼらしい藁ぼうきをドイツ市民をおどかす案山子として立てるためのお誂えむきの口実を諸政府に与えた」[(7)]。

このような動きは，すでに1850年中から存在しており，前述の「評論。5-10月」のうちヨーロッパ各国の政治情勢を概観している最後の部分の末尾では，特にこれら亡命者の結成した臨時政府「ヨーロッパ中央指導部」ならびにその宣言が批判されていた[(8)]し，とりわけ1850年末頃から1851年にかけて（ことに1851年中）のマルクスとエンゲルスの往復書簡の分析からは，彼らがこれら亡命者の妄動をつねに警戒し，この妄動への批判的コメントをしたため，さらにその批判をなんらかの形で公にしようと努めていたことが分かる[(9)]。

---

(6)　*MEGA*^{2} I/10, S. 466/467; *MEW*, Bd. 7, S. 440 (『全集』石堂清倫訳).
なお，「この箇所は，しばしば「マルクス批判家」によって，あたかもマルクスが「恐慌待望」論者であったかのようにゆがめて理解されているが，「同盟」中央委員会内部における論争の経過を一べつするだけでも，そのような見かたが誤りであることは明白であろう」（服部文男『マルクス主義の発展』青木書店，1985年5月，211ページ。初出は，黒滝正昭・服部文男「『共産主義者同盟　文書および史料』の意義について」『季刊　科学と思想』第51号，新日本出版社，1984年1月）ことに注意すべきである。なお詳しくは，本書第2章ならびに第5章を参照。

(7)　*MEGA*^{2} I/11, S. 298; *MEW*, Bd. 8, S. 319 (『全集』石堂訳). この典型例をケルン共産党裁判に見ることができよう。

(8)　*MEGA*^{2} I/10, S. 484-488; *MEW*, Bd. 7, S. 459-463 (『全集』石堂訳).

(9)　この詳細については，Левиова, С.: О первоначальном замысле памфлета Маркса и Энгельса „Вельикие мужи эмиграции“, в: Институт Марксизма-Ленинизма при ЦК КПСС Научно-Информационный Бюллетень Сектора Произведений К. Маркса и Ф. Энгельса, № . 8, Москва 1962, стр. 76-80.

2　執筆の機縁と「躊躇」

1852年春には，とうとうこの構想を具体化するに至る一機縁が生ずる。この年4月30日付の手紙で，マルクスはエンゲルスに宛ててこう書いた。

「ところで，僕は，セメレのために，ロンドンにいるドイツ人の偉人たちのいくつかの人物素描（einige Federskizzen der grossen deutschen Männer in London）をバンジャに渡しておいた。この手紙が，どうしてかはわからないが，あるドイツ人の本屋に読んで聞かされた。そのさい僕の名は本屋には知らされなかったらしいが。彼は今これらの諸氏の「列伝（Charakterbilder）」をほしがっている。そして，バンジャの言うところでは，印刷紙の何ボーゲンかにたいして25ポンド支払う用意があるという。もちろん匿名か変名でのことだ。さて，君はどう思うだろうか？　もともと僕たちはこの種のユモレスク（eine solche Humoreske）をいっしょに作りたかったのだが。僕はいくらか躊躇を感じている。もし君が，僕がこいつを引き受けるべきだ，と思ったら，僕の手紙のなかから，またそのほかにも君のもっているものであいつらの評伝（Charakteristik der Hunde）の断片を含んでいるもののなかから，集録（Collection）を一つ作ってもらいたいものだ。いずれにせよ，「作戦行動中」および「スイス滞在中」のヴィリヒについては，君から多少の評釈（Glossen）を送ってもらわなければならないだろう[(10)]」。

セメレとはハンガリーの政論家ベルタラン・セメレ（バルトロメーウス）で，1848/49年革命にハンガリーで参加し，内相，革命政府の首班をも務めたが，革命敗北後ロンドンに亡命していたのであった[(11)]。ヨーロッパ各国のロンドン在住亡命者たち――ことにセメレのような大きな影響力をもつ亡命者たち――に，「ロンドンにいるドイツ人の偉人たちのいくつかの人物素描」を渡し，彼らに対する警戒を促しておくことは，共産主義者同盟本来の真の国際主義を形成するためにはぜひとも必要なことであったろう[(12)]。

（10）　*MEGA*^{2} Ⅲ/5, S. 106；*MEW*, Bd. 28, S. 62（『全集』岡崎次郎訳）.

（11）　*MEW*, Bd. 28, S. 809, Personenverzeichnis（『全集』岡崎訳）.

（12）　この「人物素描」そのものは伝承されていない（*MEGA*^{2} Ⅲ/5, S. 699）。おそらく「ヘルマン・エーブナー宛手紙」（1851年8月付および12月2日付）とほぼ同じ内容ではなかったかと推察される。

この人物素描がドイツ人の本屋に読んで聞かされたのを「どうしてかはわからないが」と述べているのは正当な疑念であって，これが実は的を射ていたわけである。この本屋が「列伝」をほしがっているなどというのは，実はスパイ，バンジャの偽りであった。

ただ，「もちろん匿名か変名でのことだ」という条件については，このような執筆依頼がもし実際にもあったとするならば，やはり出版社からマルクスらに加えられる条件の一つとなったであろう。1848/49 年革命に加わった共産主義者として名高いマルクスらの書いたものをドイツで発行するにはかなりの困難が予想されることだったからである。しかし，マルクスやエンゲルスにすれば，こうした内容の出版物ならば，むしろ実名で出したかったことであろう。

「もともと僕たちはこの種のユモレスクをいっしょに作りたかった」という一句からは，先述の小ブルジョア民主主義者らにたいする批判公表の意図がすでに存在していたことも容易に見てとれる。だが，ここでもっとも問題なのは，マルクスが，「僕はいくらか躊躇を感じている」と記していることである。この「躊躇」のためにエンゲルスにたいして，この仕事を引き受けるべきかどうかの助言さえ求めることとなっている。いったいこの「躊躇」とは何ゆえのものであろうか。

それは，このマルクスの手紙にたいするエンゲルスの返信（5 月 1 日付）から明らかとなる。

「問題の，偉人たちの伝記的スケッチ（die fraglichen biographischen Skizzen der großen Männer）のことだが，おかしいことには，僕にも少し前から，同じようなやり方でアルファベット順に配列したその種の伝記集（eine alphabetisch geordnete Collektion derartiger Biographieen）を作っていくらでも書き足せるようにして，いよいよ「始まり」という大瞬間のために用意しておいて，そのとき突然世間に投げ出せたら，という思いつきが頭の中を往来していたのだ。本屋の申し出としては，25 ポンドでもまあいいが，考えておくべきことは，いかに匿名や変名にしてみても，その矢がどこから飛んできたかが誰にも分かってしまって，僕たち二人に責任がかかるだろうということだ。こいつは，ドイツで現在の政府のもとで印刷されれば，反動を支持するもののように思われるかもしれない。そして，どんなに誠意のある序文をつけても，それは防げないかもしれない。これはやはりおもしろくない。もし話をわずかばかりの，たとえば1ダースほどの，もっとも音に聞こえた愚物たち——キンケル，ヘッカー，シュトゥルーヴェ，ヴィリヒ，フォークトの類——だけに限れば，むしろそのほうがうまくいくだろう。そうすれば，僕ら自身の名が出てこなくてもたいしたことにはならないだろう。そして，そいつは直接に反動の側から出たものと思われるかもしれない。いずれにせよ，僕らはできればこれを一緒にやりたいものだ。とにかく，どうすれば一番いいか，考えてみたまえ。そしてやってみよう。25ポンドなら少しぐらいの悪声はがまんするに値する(13)」。

この初めの部分からエンゲルスもマルクスと同様の構想を持っていたことが分かる。ただそれは，「いよいよ「始まり」という大瞬間のため」のものであり，革命の再度の勃発，そしてマルクスとエンゲルスの執筆になる共産主義者同盟中央指導部の1850年の「三月のよびかけ」で想定されていたような，小ブルジョア層にたいする批判が決定的に必要となる事態を想定してのものであったろう。

しかし，このエンゲルスの返信でもっとも重要なのは，マルクスの手紙での「躊躇」の原因について，そのよって来る所以をかなりはっきりと明らかにしていることである。

小ブルジョア民主主義者らにたいする批判の書を著すにしても，「ドイツで現在の政府のもとで印刷されれば，反動を支持するもののように思われるかもしれない」という危惧である。実際は，また客観的には，けっしてそうではなく，誤った革命騒ぎ等を正当に批判する真に革命的な立場——それゆえ，まったく反動に敵対する立場——であるにもかかわらず，そのような立場のものであるとは受け取られないであろうことにたいする懸念である。たとえ「どんなに誠意のある序文を付けても，それは防げないかもしれない」とするならば，マルクスとエンゲルスにとっては，「これはやはりおもしろくない」ことであり，「躊躇」を生じさせるものであったといえよう。

だが，すでに見たように，小ブルジョア民主主義者らにたいする批判が喫緊の課題となる情勢が存在していた。マルクスとエンゲルスの往復書簡からは，この「躊躇」が批判遂行の決心を放棄させるほどのものではないことも容易に

---

(13)　*MEGA*[2] Ⅲ/5, S. 111; *MEW*, Bd. 28, S. 64/65 (『全集』岡崎訳).

見てとれる[14]。したがって，マルクスとエンゲルスにあっては，「躊躇」なく取り組める批判の手法が吟味されなければならないことになる。エンゲルスは書く。「とにかく，どうすれば一番いいか，考えてみたまえ，そしてやってみよう」。

当初のエンゲルスの手法は，「いかに匿名や変名にしてみても，その矢がどこから飛んできたかが誰にも分かってしまって，僕たち二人に責任がかかる」というのであるから，おそらく「アルファベット順に配列した」網羅的な批判であり，その基準も「三月のよびかけ」を軸とし，共産主義者同盟色を明確に打ち出した，この時期の二人の往復書簡に見出されるようなきわめて辛辣な表現のものであったろう。

エンゲルスが，「むしろそのほうがうまくいくだろう」として，この手紙で提起している「話を僅かばかりの，たとえば1ダースほどの，もっとも音に聞こえた愚物たち［……］だけに限る」手法が，実際の『亡命者偉人伝』では用いられていると見てよい。この場合は共産主義者同盟の見地を前面に押し出しての批判ではなく，一般的な道義性の見地からするものである。それゆえ，「僕ら自身の名が出てこなくてもたいしたことにはならない」のであろうし，「直接に反動の側から出たものと思われるかもしれない」という可能性さえ生じるのである。

ここでエンゲルスが抱いているのは，このように非常に限定された見地からの批判のみによっても，キンケル，シュトゥルーヴェらが反政府のための共同戦線における共闘の相手としてはまったくふさわしからぬ人物であるということを明らかにしてみせることができるという構想であろう。したがって，さまざまなスキャンダルの暴露がなされ，当然ジャーナリスティックな批判という性格を帯ることにもなる。

II　ラサールの手紙執筆の経緯

『亡命者偉人伝』執筆にさいしてのマルクスとエンゲルスのこの「躊躇」を確

(14)　後に「ヒルシュの告白」でマルクスはこの点を，「この原稿は，ほら吹き連中を攻撃したものである。といって，もちろん，国家に危険な革命家としてなどではなく，むしろ，反革命的な藁ぼうきとしてである」（*MEGA*^{2} I/12, S. 101 ; *MEW*, Bd. 9, S. 41,『全集』北条訳）と明確にしている。

認しておくことが，ラサールの手紙での「党派闘争」にかんする章句の含意を理解するための第一の前提であるとすれば，当のラサールの手紙がしたためられた経緯を確認しておくことは，その第二の前提である。

1　手紙執筆の直接的な機縁

「1852年6月24日付マルクス宛ラサールの手紙」は，新『メガ』の推定[(15)]によれば，1852年4月14日以前にラサール宛に書かれた伝承されていないマルクスの手紙にたいする返信であるという。このマルクスの手紙が，ロンドン在住の小ブルジョア民主主義者らの革命妄動について伝えていることはラサールの返信からも明らかである。だが，推定されているその日付は，『亡命者偉人伝』執筆の直接のきっかけとなったバンジャによる執筆依頼をエンゲルスに伝えるマルクスの手紙，すなわち，執筆への「躊躇」を伝える先に見た手紙，の日付（1852年4月30日）よりも前である。したがって，その後もマルクスからラサールになんら手紙が書き送られていないとするならば，ラサールは，『亡命者偉人伝』執筆のきっかけや「躊躇」について，直接マルクスからは伝えられていなかったことになろう。

このような推定が妥当であるとするならば，ラサールの手紙の少なくとも『亡命者偉人伝』にかんするここで問題としている部分にかんしては，ラサールの手紙にある「ドロンケの伝えるところによれば」という語句をも考慮に入れると，マルクスからではなく，ドロンケから伝えられた情報と判断すべきであろう。

想定されるのは，マルクスがロンドンでドロンケと『亡命者偉人伝』を書いていた時期，あるいはその後マルクスがマンチェスターのエンゲルスのもとに赴いて共筆していた時期，このいずれかの時期にドロンケがラサールに宛ててこの『亡命者偉人伝』にかんする，伝承されなかった手紙を書き送ったということである。このドロンケの手紙には，おそらく『亡命者偉人伝』の内容の紹介が，また非常に高い蓋然性でその執筆にあたってのマルクスとエンゲルスの「躊躇」が，ドロンケなりの仕方で記されていたはずである。さらに，『亡命者偉人伝』のような内容をもつ著書のドイツでの出版の可能性，したがって当局の圧力の程度，といった点についての問い合わせも含まれていたことであろう。

---

(15)　*MEGA*² Ⅲ/5, S. 986, S. 1090.

2　1848年革命直後のマルクスとラサールとの関係

1848年革命直後のラサールは，最終的に加盟するには至らなかったと思われるものの，マルクスから共産主義者同盟への加盟を促される[16]ほど，マルクスや同盟と深い関係をもっていた。

ラサールは，この手紙の末尾近くでも，「党はケルンにおいて［……］」という言い方で，具体的には，ケルン共産党裁判によって共産主義者同盟ケルン中央指導部が余儀なくされた無活動状態にかんして，我が事のように書いている。こうした書きぶりから見るならば，その内容をどのように把握するかという問題は残るものの，ここで言われている「党」には，マルクスら共産主義者同盟メンバーのみならず，ラサールも当然加わっているものと少なくとも彼自身は考えていたように思われる[17]。

したがって，マルクスならびに同盟──すなわち「党」の指導部──が置かれていた当時の，すでに見たような状況を，同じ「党」に属すると考えるラサールは，ドイツ国内にあって十分に考慮したうえで，マルクスに宛てて「党派闘争」の章句を書き記したものと見るべきである。この章句に続く段落では，マルクスからの手紙で得たドイツ人小ブルジョア亡命者らの子供じみた革命騒ぎにかんして，それが非常に有害ではあるものの，ドイツの大衆はそれになんら注目しておらず，したがって影響力ももちえていないため，実害はそれ程でないことを伝えている。

いずれにせよ，ラサールの「党派闘争」にかんする章句は，なんらかの形で

（16）*BdK* 2, S. 213, S. 639（Anm. 443）.

（17）Vgl. Friederici, H. J.: *Ferdinand Lassalle. Eine politische Biographie*, Berlin 1985, S. 49.

なお，多くの問題を含んでいるラサールの言う「マルクス党」，ならびにマルクス，エンゲルスらの言う「わが党」の含意についての検討には別稿を要するが，さしあたり，第3章の脚注（40）で参照を求めたマルティン・フントの理解（Hundt, M.: Zur Entwicklung der Parteiauffassungen von Marx und Engels in der Zeit des Bundes der Kommunisten. In: *Beiträge zur Geschichte der Arbeiterbewegung*, 1981, H. 4, S. 512-527［のち，*Bund der Kommunisten 1863-1852*, hrsg. v. M. Hundt, Berlin 1988, S. 289-310に収録］. 拙訳「共産主義者同盟の時期におけるマルクスおよびエンゲルスによる党把握の発展について」鹿児島大学法文学部紀要『経済学論集』第77号，2011年10月，115〜136ページ）がこれまでのところでは史料にもっとも忠実な理解であろう。

伝えられた『亡命者偉人伝』執筆にさいしてのマルクスとエンゲルスの「躊躇」にたいするラサールの見解として記されたのである。

Ⅲ　ラサールの「党派闘争」の含意

1　ラサールの『亡命者偉人伝』評価と「躊躇」にたいする見解

ドロンケは先のマルクスとエンゲルスの往復書簡で見たような意見交換までもラサールに伝えてはいなかったであろうが，ラサールのマルクスへの返信は，執筆にさいしての「躊躇」の問題とかなり緊密に咬み合っている。

ラサールは，「政府はその［『亡命者偉人伝』の］ような著作の出現は大歓迎である」ことを知らせている。ラサールに言わせれば，「政府は，「革命はそれによって自分で自分を食いちぎる」と考えるからだ」。これは，エンゲルスの先の手紙での懸念，「反動を支持するもののように思われるかもしれない」という事態そのままとは言えないまでも，これにかなり近い事態であろう。したがって，この「著作は，当地［ドイツ］で警察の障害に出会うことは［『ルイ・ボナパルトのブリュメール18日』に比して］いっそうわずかである」ということにもなるわけである。

しかし，ラサールは，たとえ事態がそうなろうとも『亡命者偉人伝』の刊行を強く勧奨している。というのも，まず，ラサールは『亡命者偉人伝』を，おそらくドロンケによると思われるその内容紹介から，「党派闘争」の書と特徴づけ，大きな意義を見出すからである。

このような評価を下すのは，そのさいラサールが，もはや政府・警察当局の見方やその抑圧の程度といった問題を論じるだけでなく，そのような著作の出現が運動にとってどのような意味をもっているのかというもっとも核心に触れる事柄に移っているからである。核心とは，「党派闘争」が「党」にとってもつ意義いかんである。

ラサールによれば，「当局の論理はほとんど知らず，また気づかってもいない」意義である。再掲すれば，すなわち，

> 「党派闘争（die Parteikämpfe）こそが，まさしく党（eine Partei）に力と生命を与えるということ，党の境界が朦朧としており（Verschwimmen）はっ

きりした相違点がぼやけていること (Abstumpfung) はその党の弱さの最大の証拠であるということ，党は自身を純化する (purifizieren) ことによって強くなるということ [……]」。

このような「党派闘争」の意義を鮮明にすることによって，ラサールは，伝えられたマルクスらの先の「躊躇」に応えているのである。

つまり，ラサールの章句は，マルクス／エンゲルス／ドロンケが小ブルジョア民主主義者ならびに共産主義者同盟分離派の批判を意図していた『亡命者偉人伝』執筆にさいして抱いたところの彼らの先の「躊躇」を，「党派闘争」の意義を鮮明にすることによって，払拭しようとした章句であると理解しなければならない。

2　ラサールの章句における「党」と「党派闘争」

ラサールの章句についてのこのような文脈理解を前提としたならば，当の章句自体はどのように理解されるであろうか。

まず，「党派闘争 (Parteikämpfe)」とは，原語の字面どおりに，党の諸闘争，党が主体となる諸闘争，党独自の諸闘争，と理解されるべきであろう。

また，「はっきりした相違点がぼやけている」のを「純化する」などして「強くなる」と言っているのは，党外の党的ではないさまざまな諸理論・運動と党自身のそれとの相違点」を「はっきり」させることによって，党そのものの「純化」が果たされてくるがゆえに，「強くなる」ということを想定しているものと理解されるべきである。そして，ラサールはまさにこの点に党派闘争，党が主体となって行う党独自の諸闘争，の意義を見出しているのである。

具体的には，「党」は，小ブルジョア民主主義者ならびに共産主義者同盟分離派を批判するための「党としての闘争」を，共産主義者同盟を中核として躊躇することなく遂行せよ，というのがラサールの意図であろう。このような批判の遂行が，共産主義者同盟を主体とする「党」に，「力と生命をあたえる」ことになるというのである。

当の章句の記された経緯にまで立ち入って得られたこのような理解が妥当であるとするならば，このラサールの章句を，「党派闘争」という邦訳からあるいは誤って連想されがちであるように思われる「党内闘争」あるいは「諸党派間闘争」といった内容で理解することは，この章句の本来の趣旨とまったく逆の結果さえ惹き起こしかねないような致命的な誤りであることが明らかとなる。

というのも，例えば「党内闘争」の称揚であると理解した場合は，ここでラサールが示しているような党派闘争の意義を生かせないばかりか，最終的には党自体の分裂をも招きかねないような党組織の弱体化に客観的にはくみしていることにならざるをえないだろうからである。

また，「諸党派間闘争」の奨励と理解するのも要点を逸した誤解となるであろう。なるほど，ラサールはその手紙で，『亡命者偉人伝』のような著作が出現した場合，政府は大歓迎するが，それというのも，「政府は，「革命はそれによって自分で自分をくいちぎる」と考えるからだ」と述べて，そうした内容の著書の出版によって，革命を行う反政府勢力内部のいわば「諸党派」間に闘争の発生することを想定している。ここには，いわば他の「諸党派」との理論闘争の，さらには「諸党派間闘争」の奨励の言葉として理解する余地もあるように見える。しかしながら，ここでの「党」とは，ラサールにあっては，先述（Ⅱ2）のとおりの内実に加えて，さらに少なくとも反政府勢力中もっとも革命的な党派という性格が込められており，まさにそのような党としての，固有の主体的でかつ多面的な論争を奨励するところにこそ，ラサールの章句の主眼はある。この点を捉え損ねているからにはやはり一面的な誤解ということになろう。

Ⅳ　ラサールの手紙にたいするマルクスの対応

この「党派闘争」にかんする章句を含む「1852年６月24日付のラサールの手紙」にたいして，マルクスが直ちにどのような対応をとったのかは不明である。

マルクスの返信が重要な手掛りとなりうるが，残念ながら返信そのものも，またそのような返信が書かれたことを証するなんらの史料も，まったく伝承されていない。さらに，ラサールの手紙がマルクスのもとに届いた時には，『亡命者偉人伝』の原稿は，すでにその「依頼人」バンジャに手渡されていたのであるから，ラサールの手紙が『亡命者偉人伝』の執筆・公表にさいしてのマルクスらの「躊躇」に直接どのような影響を及ぼしたのかを判断することはそもそもできないことである。

しかしながら，ここで留意しておくべきは，先述のように，ラサールがマルクスおよび共産主義者同盟とともに，同じ「党」に属していると考えていたということに加えて，当時のマルクスとラサールとの関係に見出すことのできるつぎのような側面である。つまり，一方のマルクスは，1848年革命に敗れてロンドンに亡命してまだ三年を経ない共産主義者同盟の指導者であるのに対して，他方でラサールは，同じ党に属するという意識をもっていることはもちろん，マルクスに親近感を抱き共産主義者同盟に非常に近い立場から，故国ドイツにあって実地の運動にたずさわっている活動家である。

この側面からすれば，ラサールの党派闘争の意義にかんする章句は，マルクスにとってはおそらく，自身の影響下にある故国の活動家が，共産主義者同盟とマルクスとを相当によく理解してくれていることを知らせる大変心強い通信に思われたことであろう[18]。

また，依然考慮に入れておかなければならないのは，この時期にマルクスからラサールに宛てた手紙類が現在それほど伝承されておらず，その内容を吟味することができないことから生ずるつぎの可能性である。つまり，このラサールの章句に示された「党派闘争」にかんする見解は，そもそもラサール自身に発するのではなく，これらの手紙を通してラサールが基本的にはマルクスから得ており，当の章句ではラサールはこれを単に表明したにすぎないと見る可能性である。

いずれにせよ，ロンドン在住ドイツ人小ブルジョア民主主義者ならびに分離派同盟メンバー批判を具体的内容とする「党派闘争」については，マルクスらもその必要性を認めていたものと見てよい。それは，本章Ⅰ，Ⅱからも自明であるが，この「躊躇」がラサールの「党派闘争」の意義からする出版勧奨以前に払拭されていたこと，また，脚注(14)などでも触れたその後のマルクス「ヒルシュの告白」での『亡命者偉人伝』評価，さらに「1860年2月29日付フェルディナント・フライリヒラート宛マルクスの手紙」での，この時期のこうした活動についての評価などからも，いっそうよく了解されるところであろう。ことに，「フライリヒラート宛手紙」でのつぎの評価は，マルクス自身の言葉ではないが，マルクスが肯定的に紹介しているものである。

「1852年以後，大西洋のかなたの数人の意見を同じくする仲間といっしょに，そうすることが必要だった期間に，すなわち，1853年末までに，

(18)　Friederici, *ibid.*, S. 57/58.

僕が続けた唯一の行動は，民主主義的な亡命者詐欺と革命ごっこに反対した，1851年『トリビューン』紙上におけるルートヴィヒ・ジーモン氏の命名によれば，「嘲笑と軽蔑の体系」であった」[19]。

おわりに

最後に，ラサールの「党派闘争」の意義にかんする章句をめぐる以上の考察から，新たに検討すべく展望される諸課題を整理してみれば，つぎのようである。

第一に，このようなラサールの「党派闘争」についての考え方にたいして，マルクスらがどのような立場に立つのか，ひいてはマルクスらの「党派闘争」についての考え方いかんという問題は，上掲「フライリヒラート宛手紙」に見出される「大きな歴史的意味での党」というマルクスらの党概念の解明と併せて，固有に詳細な検討を必要とするものであろう。

第二に，ラサールがこの手紙で示した「党派闘争」理解は，ラサール自身の思想にあっていかなる位置づけが与えられるのか，また彼自身のどのような思想的発展の脈絡のなかから生じてきたものであるのか，といった問題が解明されなければならない[20]。

第三に，このラサールの「党派闘争」にかんする章句の影響史についての研究である。

なかでも，このラサールの章句をそのエピグラフに用いているレーニンの『なにをなすべきか?』において，レーニンは果たしていかなる理解に立っていたのかという問題は重要である。

さらに，わが国の運動史においてもこうした視点から再検討するべきいくつかの問題が浮上するのではなかろうか。

---

(19)　*MEW*, Bd. 30 , S. 491（『全集』川口浩訳）.

(20)　このような「党派闘争」観が生じる背景として，ラサールがこの前年の1851年頃に，フランス革命の展開過程にかんする研究を行っていることが考慮されてよい（Vgl. Geschichte der sozialen Entwicklung. In: Ferdinand Lassalle Nachgelassene Briefe und Schriften, Bd. Ⅳ, Stuttgart/Berlin 1925)。

第10章 「1852年6月24日付マルクス宛ラサールの手紙」の初出について

ある史料がいつどの文献によって初めて世間に公表されたのか? この問いに応えるいわゆる初出の確定は，非常に重要な基礎作業である。その史料に盛られている考え方が，その後の理論や思想，運動に，いつの時点から影響を与え始めたのか，あるいは，いつの時点までは影響を与えることがなかったのか――これが，確証されるからである。

レーニンに『なにをなすべきか? われわれの運動の焦眉の諸問題』と題する著作がある。1902年3月，彼の当時の亡命地シュトゥットガルトにあったディーツ出版社から刊行された。もとより表題はチェルヌイシェフスキーの同名の小説を踏まえている。本書は，帝政ロシアで革命を目指す，マルクス主義のいわゆる「新しい型の党」[(1)]の理論を初めて体系化した著作として，思想史上の古典となっている。そのエピグラフにはこうある。

> 「[……] 党の諸闘争こそが，党に力と生命を与える。党の境界が朦朧としており，はっきりとした相違点がぼやけていることは，その党の弱さの最大の証拠である。党は自身を純化することによって強くなる。[……]」。

これは「1852年6月24日付マルクス宛のラサールの手紙」からの引用なのだが，その内容はマルクスやラサールの思想のレーニンへの影響を見る場合，看過し難いものであろう。

この手紙の初出は，F. メーリング編の4冊本『カール・マルクス，フリードリヒ・エンゲルス，フェルディナント・ラサールの文献的ナーッハラスから』である。マルクスとエンゲルスの比較的まとまった初めての著作集3冊（第1～3巻）

(1) 「いわゆる」と限定したのは，実際には「新しい型の党」ではないと理解しているからである。当時のレーニンにとってはドイツ型の党組織こそがお手本であって，それを特殊なロシアにどのように具体化するかということこそが彼の課題であり，その模索が『なにをなすべきか?』の内容であろう。したがって，どのような点にロシア的・レーニン的特殊性があるのかということこそが問われなければならないはずである。

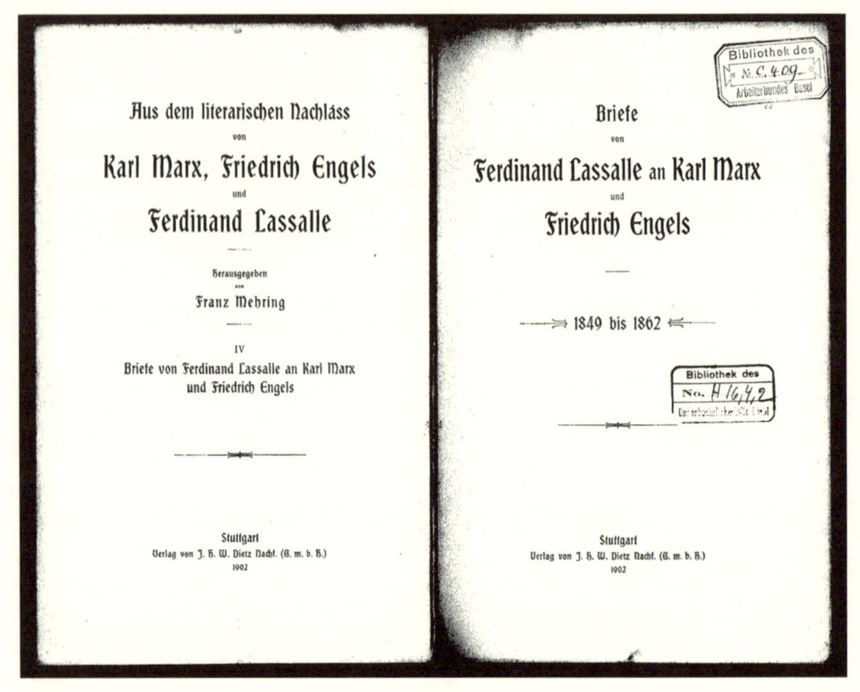
Aus dem literarischen Nachlass von Karl Marx, Friedrich Engels und Ferdinand Lassalle
Herausgegeben von Franz Mehring
IV
Briefe von Ferdinand Lassalle an Karl Marx und Friedrich Engels
Stuttgart
Verlag von J. H. W. Dietz Nachf. (G. m. b. H.)
1902

Briefe von Ferdinand Lassalle an Karl Marx und Friedrich Engels
1849 bis 1862
Stuttgart
Verlag von J. H. W. Dietz Nachf. (G. m. b. H.)
1902

写真① ***Aus dem literarischen Nachlass von Karl Marx, Friedrich Engels und Ferdinand Lassalle***, Bd. Ⅳ Briefe von Ferdinand Lassalle an Karl Marx und Friedrich Engels, 1849 bis 1862, hrsg. v. Franz Mehring, Stuttgart 1902.（筆者所蔵）の扉（実際の刊行は1901年中。1ページの原寸は縦227㎜，横147㎜）

と，マルクス，エンゲルスに宛てられたラサールの書簡集1冊とから成り，上記手紙は書簡集にある。4冊とも扉には，シュトゥットガルト，ディーツ出版社，1902年と記載されている〔写真①〕。

以上のデータからは，この書簡集の刊行が1902年の1～3月中となる。ところが，同じ章句をレーニンはこれ以前に利用している。前年，1901年12月6日付『イスクラ』第12号掲載の論説「経済主義の擁護者との対話」である。手紙の初出が書簡集であることは確実であり，『イスクラ』の刊行年月日の信頼性も比較的高く，またレーニンが特別に史料を利用した形跡もないので，『ナーッハラス』各冊，ことに書簡集の刊行年がにわかに問題となる。

実際にいつ市場に出たのかを知る有力な資料としては，当時の『ドイツ書籍

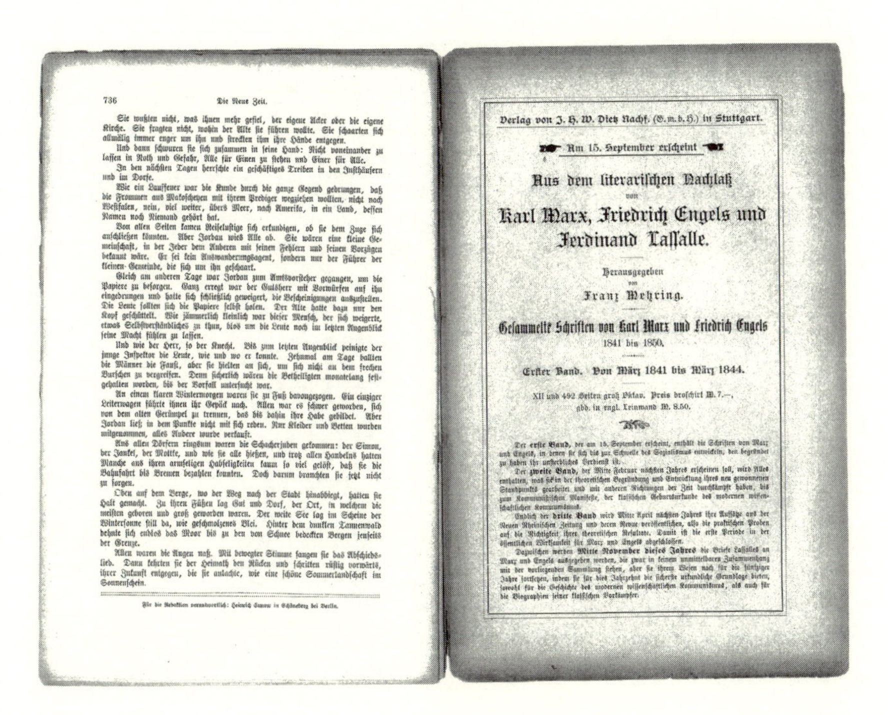

736 Die Neue Zeit.

Sie wußten nicht, was ihnen mehr gefiel, der eigene Acker oder die eigene Kirche. Sie fragten nicht, wohin der Alte sie führen wollte. Sie schaarten sich allmälig immer enger um ihn und streckten ihm ihre Hände entgegen.

Und dann schwuren sie sich zusammen in seine Hand: Nicht voneinander zu lassen in Noth und Gefahr, Alle für Einen zu stehen und Einer für Alle.

In den nächsten Tagen herrschte ein geschäftiges Treiben in den Insthäusern und im Dorfe.

Wie ein Lauffeuer war die Kunde durch die ganze Gegend gedrungen, daß die Frommen aus Makoschetzen mit ihrem Prediger wegziehen wollten, nicht nach Westfalen, nein, viel weiter, übers Meer, nach Amerika, in ein Land, dessen Namen noch Niemand gehört hat.

Von allen Seiten kamen Reiselustige sich erkundigen, ob sie dem Zuge sich anschließen könnten. Aber Jordan wies Alle ab. Sie wären eine kleine Gemeinschaft, in der Jeder dem Anderen mit seinen Fehlern und seinen Vorzügen bekannt wäre. Er sei kein Auswanderungsagent, sondern nur der Führer der kleinen Gemeinde, die sich um ihn geschaart.

Gleich am anderen Tage war Jordan zum Amtsvorsteher gegangen, um die Papiere zu besorgen. Ganz erregt war der Gutsherr mit Vorwürfen auf ihn eingedrungen und hatte sich schließlich geweigert, die Bescheinigungen auszustellen. Die Leute sollten sich die Papiere selbst holen. Der Alte hatte dazu nur den Kopf geschüttelt. Wie jämmerlich kleinlich war dieser Mensch, der sich weigerte, etwas Selbstverständliches zu thun, blos um die Leute noch im letzten Augenblick seine Macht fühlen zu lassen.

Und wie der Herr, so der Knecht. Bis zum letzten Augenblick peinigte der junge Inspektor die Leute, wie und wo er konnte. Zehnmal am Tage ballten die Männer die Faust, aber sie hielten an sich, um sich nicht an dem frechen Burschen zu vergreifen. Denn sicherlich wären die Betheiligten monatelang festgehalten worden, bis der Vorfall untersucht war.

An einem klaren Wintermorgen waren sie zu Fuß davongezogen. Ein einziger Leiterwagen führte ihnen ihr Gepäck nach. Allen war es schwer geworden, sich von dem alten Gerümpel zu trennen, das bis dahin ihre Habe gebildet. Aber Jordan ließ in dem Punkte nicht mit sich reden. Nur Kleider und Betten wurden mitgenommen, alles Andere wurde verkauft.

Aus allen Dörfern ringsum waren die Schacherjuden gekommen: der Simon, der Jankel, der Moitke, und wie sie alle hießen, und trotz allen Handelns hatten Manche aus ihren armseligen Habseligkeiten kaum so viel gelöst, daß sie die Bahnfahrt bis Bremen bezahlen konnten. Doch darum brauchten sie jetzt nicht zu sorgen.

Oben auf dem Berge, wo der Weg nach der Stadt hinabbiegt, hatten sie Halt gemacht. Zu ihren Füßen lag Gut und Dorf, der Ort, in welchem die meisten geboren und groß geworden waren. Der weite See lag im Scheine der Wintersonne still da, wie geschmolzenes Blei. Hinter dem dunklen Tannenwald dehnte sich endlos das Moor bis zu den von Schnee bedeckten Bergen jenseits der Grenze.

Allen waren die Augen naß. Mit bewegter Stimme sangen sie das Abschiedslied. Dann kehrten sie der Heimath den Rücken und schritten rüstig vorwärts, ihrer Zukunft entgegen, die sie anlachte, wie eine schöne Sommerlandschaft im Sonnenschein.

Für die Redaktion verantwortlich: Heinrich Cunow in Schöneberg bei Berlin.

Verlag von J. H. W. Dietz Nachf. (G.m.b.H.) in Stuttgart.

Am 15. September erscheint

Aus dem literarischen Nachlaß
von
Karl Marx, Friedrich Engels und Ferdinand Lassalle.

Herausgegeben
von
Franz Mehring.

Gesammelte Schriften von Karl Marx und Friedrich Engels
1841 bis 1850.

Erster Band. Von März 1841 bis März 1844.

XII und 492 Seiten groß Oktav. Preis broschirt M. 7.—,
gbd. in engl. Leinwand M. 8.50.

Der **erste Band**, der am 15. September erscheint, enthält die Schriften von Marx und Engels, in denen sie sich bis zur Schwelle des Sozialismus entwickeln, den begründet zu haben ihr unsterbliches Verdienst ist.

Der **zweite Band**, der Mitte Februar nächsten Jahres erscheinen soll, wird Alles enthalten, was sie in der theoretischen Begründung und Entwicklung ihres neu gewonnenen Standpunkts gearbeitet und mit anderen Richtungen der Zeit durchkämpft haben, bis zum Kommunistischen Manifeste, der klassischen Geburtsurkunde des modernen wissenschaftlichen Kommunismus.

Endlich der **dritte Band** wird Mitte April nächsten Jahres ihre Aufsätze aus der Neuen Rheinischen Zeitung und deren Revue veröffentlichen, also die praktischen Proben auf die Richtigkeit ihrer theoretischen Resultate. Damit ist die erste Periode in der öffentlichen Wirksamkeit für Marx und Engels abgeschlossen.

Dazwischen werden **Mitte November dieses Jahres** die Briefe Lassalles an Marx und Engels ausgegeben werden, die zwar in keinem unmittelbaren Zusammenhang mit der vorliegenden Sammlung stehen, aber sie ihrem Wesen nach für die fünfziger Jahre fortsetzen, indem sie für dies Jahrzehnt die sicherste urkundliche Grundlage bieten, sowohl für die Geschichte des modernen wissenschaftlichen Kommunismus, als auch für die Biographien seiner klassischen Vorkämpfer.

写真②　*Die Neue Zeit*, Nr. 49. 19 Jg, II. Bd. 1900-1901, Stuttgart, den 7. September 1901.（筆者所蔵）の最終736ページと裏表紙裏（後者は『ナーッハラス』全4巻の広告。最後の段落でⅣの1901年11月半ば刊行を予告している。1ページの原寸は縦244mm，横161mm）

商通報』といったものがあるが，その入手と利用は容易でない。新聞や雑誌の広告，特に当時のドイツ社会民主党の週刊理論誌『ノイエ・ツァイト』のものを当たることにした。その年（第19年次）の同誌第2巻第49号（1901年9月7日付）表紙諸頁の第3表紙頁（裏表紙裏）にちょうど本書の広告があり，第1巻の9月15日刊行，書簡集のこの年11月半ばの発行予定が宣伝してある〔写真②〕。さらに，翌週の第50号では同じ広告を同じ場所に配するのみならず，本文にも編者自身の同趣旨の広告記事が掲載されていること，翌年次第1巻第10号（1901年12月）のメーリングの論説中には，書簡集の刊行済を前提した行文のあることも確認しえた。

こうして，問題の書簡集は1901年11月半ばにすでに発行されていた可能性

Verlag von J. H. W. Dietz Nachf. (G.m.b.H.) in Stuttgart.

Soeben ist erschienen:

Sozialpolitische Essais

Von

A. A. Issaieff.

VIII und 351 Seiten gr. Oktav. Preis broschirt M. 6.50,
gebunden in engl. Leinwand M. 7.50.

Inhalt:

I. Technik und Wirthschaft als Grundlagen der Kultur.
II. Eigennutz, Gemeinsinn, Klasseninteresse.
III. Der Kampf der sozialen Gruppen.
IV. Persönlichkeit und Milieu.
V. Gemeinsames und Besonderheiten in der Geschichte der Völker.

Der Verfasser gehört zu den seiner Zeit gemaßregelten Professoren der St. Petersburger Universität. In dem vorliegenden Buche, das unter Mitwirkung des Verfassers aus dem Russischen übersetzt worden ist, wird in dem ersten Essai die Bedeutung der Technik und der Wirthschaft für das soziale Leben erörtert. Einer Darstellung der wesentlichsten Triebkräfte des sozialen Lebens: des Eigennutzes, des Gemeinsinns und des Klasseninteresses ist die zweite, der Darstellung des Kampfes der sozialen, durch Gemeinsamkeit der egoistisch-individuellen Ziele zusammengehaltenen Gruppen die dritte Studie gewidmet. Die Individuen, welche die Gruppen bilden, sind an Begabung natürlich sehr verschieden. Es fragt sich, welche Rolle den großen, hervorragend begabten Persönlichkeiten in der Geschichte zufällt. Es ist das die Frage nach dem Verhältniß von Persönlichkeit und Milieu, die in dem vierten Essai behandelt wird. Die fünfte abschließende Studie endlich weist auf die nationalen Verschiedenheiten innerhalb des allgemeinen gesellschaftlichen Entwicklungsganges hin.

Druck von J. H. W. Dietz Nachf. (G.m.b.H.) in Stuttgart.

Nr. 49. Stuttgart, den 7. September 1901. 1900-1901.

Die Neue Zeit

Revue des geistigen und öffentlichen Lebens

Nr. 49. XIX. Jahrgang, II. Band. 1900-1901

Inhalt.

Der Parteitag und der Hamburger Gewerkschaftsstreit. Von Rosa Luxemburg.
Kritisches zur Gewerkschaftsbewegung. Von Wilhelm Düwell.
Jugendschriften und Bildungswesen in der Partei. Von Julian Borchardt.
Jahresberichte der sächsischen Gewerbe-Aufsichtsbeamten. Von Helene Simon.
Literarische Rundschau.
Notizen.
Feuilleton. Wie die Heimath stirbt! Bilder aus dem Osten von Fritz Skowronnek. (Schluß.)

Stuttgart
Verlag v. J. H. W. Dietz
Nachf. (G.m.b.H.)

写真③　同上誌の表紙および裏表紙（表紙に刊地，発行年月日，巻号の記載がある）

の高いことがようやく突き止められ，レーニンはそれをいち早く入手，読了のうえ，まず『イスクラ』で，後にエピグラフに利用したのであろうことが推定された。

だが，『ノイエ・ツァイト』の表紙諸頁の書籍広告調査には非常に困惑した。表紙諸頁の参看が容易でないからである。各研究機関所蔵の同誌は，ほぼどこにおいても巻号と年間通し頁に従って，1年分を2巻に製本してある。ところが，すべて表紙諸頁を取り去っての製本なのである。各号の刊行年月日は，第1表紙頁（表表紙）上端に印刷されている〔写真③〕。表紙を欠いた製本ではこのもっとも基礎的なデータさえ直接には知りえない事態となる。これは他の雑誌についても多少の相違はあれほとんど同じである。

だが，幸いなことにこのような製本は以前の古いやり方であって，今では図書のカヴァーの保存などと同様，表紙諸頁を残すのが一般化している。むしろ，製本せずに原形のまま所蔵することも多いようである。

あとがき

1921年，エヴェレスト（チョモランマ）へ向けて，イギリスのアルペン・クラブと王立地理学協会はその自然条件ならびに登頂ルートにかんする共同調査隊を派遣，未到の世界最高峰への挑戦の第一歩がここに踏み出された。

同年，新生ソ連では「戦時共産主義」の経済体制が崩壊し，ウラジーミル・イリイッチ・レーニンは「新経済政策（ネップ）」を提案，資本主義的経済形態の戦略的な一部導入の試みが開始された。

翌年2月末，レーニンは「前代未聞の困難と危険を克服し，先人よりもはるかに高く登ることに成功したが，しかしまだ頂上には到達していない」登山家のたとえ話を書いた。はじめに選んでいたルートからの山頂アタックはまったく不可能な状態におかれ，いったん引き返し，別のルートから登頂せざるをえなくなった登山家のたとえ話である。

この退却は，世界でまだ誰も見たことのない高みからの降下である。危険だし，登りに比べれば困難の度は高まっている。つまずきやすい。自分の位置を確かめようにも難しい。目標とした山頂からはますます遠ざかり，目指していたときのような気負い込んだ気持ちももはや失せている。しかも，この恐ろしく危険な，苦しい下降が終わりになるのかどうか，もう一度，頂上に向かって，より大胆に，より遠く，よりまっすぐに前進できるような，いくらかでも確かな回り道がはたしてあるのかどうか，まるで分からないのである。

レーニンは困難な後退の中で意気消沈したりすることはなかった。

> 「ロシアのプロレタリアートはその革命のなかで，1789年と1793年に比べてはもちろんのこと，1871年に比べてさえ，非常に高いところに登ったのである。われわれがいったい何を「成しとげた」のか，何を成しとげるに至っていないのかを，できるだけ冷静に，明瞭に，はっきりと自覚すべきである。そうすれば頭はすっきりとするであろうし，吐き気も，幻想も，意気消沈もおきないであろう。」

レーニンは，続けて比喩なしで，ロシア革命において「成しとげた」ことと，まだ「成しとげるに至っていない」こととを整理した後，こう書いている。

「幻想にも，意気消沈にも陥ることなく，からだの力と柔軟さを保持しながら，困難きわまる任務を取りあつかって再び「まったくはじめからやり直す」ような共産主義者は，失敗しなかった（また，おそらく失敗しはしないであろう）」[(1)]

文中，下線を付した引用句の典拠をレーニンは明示していない。マルクスが『経済学批判』「序言」(1859年）において，二月・三月革命の敗退後ロンドンへ亡命し，経済学研究を再度やり直す決意を回顧して述べた著名な言葉だからである。

「1848年と1849年の『新ライン新聞』の発行とその後に起こった諸事件とは，私の経済学研究を中断させたが，ようやく1850年になってロンドンで私は再び経済学研究にとりかかることができた。大英博物館に積み上げられている経済学の歴史に関する膨大な資料，ブルジョア社会の観察にたいしてロンドンが提供している好都合な位置，最後にカリフォルニアおよびオーストラリアの金の発見とともにブルジョア社会がはいりこむように見えた新たな発展段階，これらのことが，私に，再びまったくはじめからやり直して，新しい材料を批判的に研究しつくそうと決意させた。」[(2)]

絶体絶命の危機にあったレーニンを，60余年を経て勇気づけ励まし，その活動の模範となったのは，まさしくマルクスのこの言葉なのであった。

『1850年のマルクスによる経済学研究の再出発』と題する本書において，著者は，再び経済学研究にとりかかり，まったくはじめからやり直したマルクスの経済学研究の再出発が，具体的にどのようなものであったのかをつぶさに明らかにした。

なお，当時のマルクスの経済学研究の背景を知るには，拙著『『共産党宣言』普及史序説』(八朔社，2016年）の第8章「共産主義者同盟再組織の試み――マルクスのロンドン亡命（1849年8月）から「三月のよびかけ」(1850年3月）直

(1)　ここまでのレーニンからの引用および要約は「政論家の覚え書」Ⅰ，Ⅱから（В. И. Ленин, Заметки Публициста. В: В. И. Ленин полное собрание сочинений[5], том. 44, Москва, 1982, стр. 415-418. 邦訳『レーニン全集』第33巻，大月書店，1959年，201～204ページ)。下線は引用者。

(2)　*MEW*, Bd. 13, S. 10/11（『資本論草稿集』第3巻，大月書店，1984年，208ページ）．下線は引用者。

前まで──」を併せ読まれたい。本書第３章で扱った「六月のよびかけ」に先立つ時期が扱われている。

1850年は，『資本論』に直接連なる研究が始められた時期であり，共産主義者同盟の「よびかけ」や『新ライン新聞。政治経済評論』掲載稿等，ある意味では最もマルクスらしい諸論説が連続して書かれた時期でもある。

本書に収録した諸論文の初出等はつぎのとおりである。執筆の機会を与えてくださった初出各誌の関係の方々には，厚く御礼申し上げる。いずれも可能な限り最新の成果を盛り込もうと努め，種々の加除を施した。(3)

まえがき　1850年のマルクス／エンゲルスの恐慌・革命観

経済学史学会西南部会第79回例会（福岡女学院大学，1995年6月）における報告［報告要旨は，経済学史学会『経済学史学会ニュース』，1995年8月，14ページ］。

第１章　恐慌と革命── 1849/50年のマルクス・エンゲルスの活動と経済学研究──

服部文男･佐藤金三郎編『資本論体系　第1巻　資本論体系の成立』有斐閣（2000年12月），67～81ページ〔南九州商経学会昭和60年度第2回例会（鹿児島経済大学［現 鹿児島国際大学]，1985年10月）における報告「1849/50年のマルクスの経済学研究」に，上記「まえがき」の元となった報告内容を加味して改稿を加えたもの〕。

第２章　『新ライン新聞。政治経済評論』の「評論〔1-2月〕」「評論〔3-4月〕」と「1849年の『エコノミスト』からの覚え書」

東北大学経済学会研究年報『経済学』第46巻第4号（1985年2月），91～103ページ。

第３章　「六月のよびかけ」の執筆者問題

東北大学経済学会研究年報『経済学』第48巻第3号（1986年11月），167～179ページ。

(3)　各初出稿を取りまとめるにあたっては，著者が代表者であった1996年度科学研究費助成事業補助金（基盤研究(C)）研究課題名「1850年代における『エコノミスト』とマルクス」研究課題／領域番号：08630008）並びに1994年度科学研究費助成事業補助金（一般研究(C)）研究課題名「恐慌理論形成期のマルクスの「エコノミスト」利用について」（研究課題／領域番号：06630008）および著者も分担者であった二つの鹿児島大学学長裁量経費［平成4（1992）年度教育研究学内特別経費（研究課題名「社会と文化に見るダイナミズムの研究──対立と依存の構図」研究代表者：三輪伸春）並びに［昭和62（1987）年度教育研究学内特別経費（研究課題名「環境と人間の調和に関する研究」研究代表者：池田紘一）の交付を得た。

第４章　時機尚早の政権掌握についてのエンゲルス

鹿児島大学法文学部紀要『経済学論集』第 36 号（1992 年 3 月），65～84 ページ。

第５章　J·G·エッカリウス「ロンドンにおける仕立て業」とマルクス

『経済』第 246 号（新日本出版社，1984 年 10 月），206～227 ページ。

第６章　「評論。5-10 月」と「エヴァンズ抜萃」

鹿児島大学法文学部紀要『経済学論集』第 26 号（1986 年 3 月），65～82 ページ。

【補論】

1996 年度科学研究費助成事業補助金（基盤研究(C)）研究課題名「1850 年代における『エコノミスト』とマルクス」研究代表者：橋本直樹，研究課題／領域番号：08630008）実績報告書「研究概要」（URL は，https://kaken.nii.ac.jp/ja/report/KAKENHI-PROJECT-08630008/086300081996jisseki/）。この概要は，当時の OCR による読み取りのためか，文字化けが多く，そのため，社会思想史学会第 34 回大会（2009 年 11 月，神戸大学国際文化学部）セッション「マルクス主義の展開」における「平子友長報告「MEGA 第４部門が切り開くマルクス研究の新しい諸課題」について」と題するコメンテイター報告資料に改めて記載した。

第７章　『新ライン新聞。政治経済評論』第 5·6 号「評論。5-10 月」と「ロンドン・ノート」第Ⅲ冊の「エコノミスト抜萃」

東北大学経済学会研究年報『経済学』第 47 巻第 2 号（1985 年 9 月），95～108 ページ。

第８章　ローラント・ダニエルス作成のマルクス蔵書目録（1850 年）について

マルクス・エンゲルス研究者の会『マルクス・エンゲルス・マルクス主義研究』第 31 号（八朔社，1997 年 12 月），44～47 ページ〔「ローラント・ダニエルス作成のマルクス蔵書目録（1850 年）の一考察」『東北社会思想史アルヒーフ』［会員にのみ頒布］第 91 号，1989 年 1 月，3～6 ページに若干の補訂を加えたもの〕。

第９章　「1852 年 6 月 24 日付マルクス宛ラサールの手紙」の一章句をめぐって

服部文男・大野節夫・大村 泉編『マルクス主義の生成と発展』（梓出版社，1989 年），46～61 ページ〔『社会思想史研究会』第 18 回（1987 年 8 月 9～11 日，仙台「茂庭荘」）における報告「『亡命者偉人伝』の意義」に，南九州商経学会昭和 62 年度第 2 回例会（鹿児島経済大学，1988 年 2 月）における報告「レーニン『なにをなすべきか?』のエピグラフについて」および経済学史学会西南部会第 64 回例会（久留米大学，1988 年 2 月）における報告・話題提供「『亡命者偉人伝』の意義」［要旨は，経済学史学会『経済学史学会年報』第 26 号（1988 年 11 月）107/108 ページ］の内容を加味し，若干の加除を施して成ったもの〕。

第 10 章　雑誌の製本と原型の保持

『鹿児島大学図書館報』第 38 号（1991 年 7 月），2 ～ 4 ページ。

あとがき　史的唯物論の形成と基本概念

後藤 洋・黒滝正昭・大和田 寛編『社会科学の世界』（梓出版社，1992 年），75 ～81 ページの導入部前半。

これまで多くの支援と協力を惜しまれなかった師友，同学の諸兄姉，勤務先の同僚・職員・学生の皆さんそして家族には，衷心より謝意を表する次第である。

また，著者の研究にいつも暖かい眼差しを注いでくださっている八朔社の片倉和夫氏に改めて深甚の感謝を捧げたい。

マルクスの『資本論』第 1 巻刊行 150 年である本年とマルクス生誕 200 年となる来年との，両年にわたるマルクス年に本書を出版できるのは大変幸運なことである。

2017 年　小雪

著者 識

〔著者略歴〕

橋本　直樹（はしもと　なおき）

1953 年　福島県相馬市に生まれる
1976 年　福島大学経済学部卒業
1985 年　東北大学大学院経済学研究科博士課程退学
鹿児島大学法文学部講師，助教授を経て
現　在　鹿児島大学法文学部教授（社会思想史，経済原論，
社会運動史担当）
博士（経済学）［東北大学，2007 年］

主要著作
『『共産党宣言』普及史序説』（八朔社，2016 年）
『『共産党宣言』はいかに成立したか』（マルティン・フント著，
橋本直樹訳，八朔社，2002 年）
『［新訳］ドイツ・イデオロギー』（カール・マルクス，フリード
リヒ・エンゲルス著，服部文男［監訳］，渋谷正・橋本直
樹訳，新日本出版社，1996 年）
「『ドイツ・イデオロギー』における「疎外」についての一考察」
（鹿児島大学経済学会『経済学論集』第45号，1996年12月）
「《パリ草稿》における「私的所有」批判」（福島大学経済学
会『商学論集』第48巻第2号，1979年10月）他多数

1850 年のマルクスによる
経済学研究の再出発

2018年1月18日　第1刷発行

著　者　　橋本　直樹
発行者　　片倉　和夫

発行所　株式会社 八朔社（はっさくしゃ）
東京都新宿区神楽坂2-19 銀鈴会館内
Tel 03-3235-1553　Fax 03-3235-5910
E-mail : hassaku-sha@nifty. com

組版/鈴木まり 印刷・製本/藤原印刷
ISBN 978-4-86014-087-8